W0044891

Norbert Teupert

DIE WAAGE
und ihre Lebensrätsel

Lesen Sie zu diesem Buch auch den ebenfalls im Ariston Verlag erschienenen Einführungsband von

Norbert Teupert

DIE RÄTSEL DES LEBENS
Energetische Astrologie und Traumarbeit

Norbert Teupert, 1957 in Kulmbach geboren, ist diplomierter Sozialpädagoge. Nach einer dreijährigen Ausbildung zum astroenergetischen Berater bei Hans Taeger hat er eine eigene Traumtherapie und eine Ausbildung zum Traumtherapeuten bei der Traumtherapeutin Hildegard Schwarz absolviert, mit der er auch das »*Bilderbuch der Träume*« im Ariston Verlag veröffentlicht hat (1992). In freier Praxis führt er Traumseminare und Beratungen durch. Er arbeitet in Bayreuth, wo er auch mit seiner Familie lebt.

Norbert Teupert

DIE WAAGE
UND IHRE LEBENSRÄTSEL

Astroenergetische Deutungen
für Alltag und Traumerleben

Ariston Verlag

Die Deutsche Bibliothek – CIP-Einheitsaufnahme

TEUPERT, NORBERT:
Die Waage und ihre Lebensrätsel: astroenergetische Deutungen für Alltag
und Traumerleben / Norbert Teupert. – Erstaufl. – Kreuzlingen;
München: Ariston Verlag, 1996
ISBN 3-7205-1869-8

© Copyright 1996 by Ariston Verlag, Kreuzlingen

Alle Rechte, insbesondere des – auch auszugsweisen – Nachdrucks, der
phono- und photomechanischen Reproduktion, Photokopie, Mikroverfil-
mung sowie der Übersetzung und jeglicher anderen Aufzeichnung und Wie-
dergabe durch bestehende und künftige Medien, vorbehalten.

Gestaltung des Einbandes:
Studio Höpfner-Thoma, GraphicDesign BDG, München
Einbandmotiv: The Bedford Hours (AKG, Berlin)

Satz: FotoSatz Pfeifer, Gräfelfing/München
Druck und Bindung: Wiener Verlag, Himberg bei Wien

Erstauflage: Februar 1996
Printed in Austria 1996

ISBN 3-7205-1869-8

Inhalt

Widmung
Dem WAAGE-Archetypen gewidmet
und allen, die vom Liebestrank der VENUS gekostet haben.

Auf ein Wort – bevor wir mit der WAAGE eine Beziehung eingehen

Jeder ist (auch) eine WAAGE – und hat Anteil an dieser kosmischen *Liebesenergie*, der wir unsere *Liebes-* und *Beziehungsfähigkeit* verdanken und die das *Schöne*, das *Harmonische* und die *Kunst* in die Welt bringt. Die WAAGE ist das Urbild der Liebesgöttinnen und Liebesgötter, auf seelischer Ebene ist sie die »innere Geliebte« (die *Anima*), und esoterisch bedeutet sie unsere seelischen Wahlverwandtschaften. Wenn es darum geht, die richtigen – wesensverwandten – Partner anzuziehen, dann wirkt die WAAGE-Energie durch die Kraft der *Sympathie* wie ein Magnet. Schließlich ist im Horoskop eines *jeden* Zeitgenossen das WAAGE-Zeichen und dessen »Planetenherrscherin« VENUS konstelliert!

Wie wichtig die Integration dieser Energie für jeden von uns ist, damit wir zu wahrer Harmonie, überirdischer Liebe und glücklichen Beziehungen gelangen, soll in diesem Buch der Tierkreisreihe *»Lebensrätsel«* vermittelt werden. Auch wenn Sie, liebe Leserin und lieber Leser, nicht im Monat der WAAGE geboren wurden und WAAGE nicht »Ihr« Tierkreiszeichen ist, so darf ich doch versprechen, daß Sie anhand der Ausführungen und Beispiele einen Bezug zu Ihrem individuellen Dasein herstellen werden. Die Vorstellung, daß die Astrologie jeden Menschen auf *ein* Tierkreiszeichen festlegt, ist *das* grundlegende Mißverständnis! Dem ist Gott sei Dank nicht so; wir wären sonst erschreckend einseitig ausgerichtet und müßten die charakteristischen Merkmale dieses Zeichens auf Gedeih und Verderb ausleben. Jeder WAAGE-Geborene gebärdete sich dann ausschließlich als ein oberflächlicher und beziehungssüchtiger Dandy, jeder JUNGFRAU-Geborene als kritiksüchtiger Nörgler oder Moralapostel, jeder KREBS als realitätsfremder und introvertierter Träumer, jeder STIER als purer Materialist, jeder WIDDER als brutaler Kämpfer und so fort.

Der gesunde Menschenverstand verbietet eine derart einseitige, pauschalisierende Sichtweise des Lebens. Eine Astrologie, die sich auf solche Vereinfachungen beruft, wäre als Vermittler eines geistlosen Schubladendenkens abzulehnen. Aber so ist die Astrologie ja gar nicht. Sie ist vielmehr die differenzierteste Methode zur Darstellung und Lösung der Lebensrätsel, welche die Menschheit jemals hervorgebracht hat, auch wenn so manche »Stilblüten« die astrologische Praxis in Mißkredit gebracht haben. Aber wie sich die Menschheitsseele in einer Entwicklung befindet, so eben auch ihr Umgang mit den Praktiken der Selbsterkenntnis. Je stärker sich das menschliche Bewußtsein erweitert, desto größer wird auch das Verständnis der Astrologie und damit der Lebensrätsel werden.

Jeder Mensch trägt in sich die *Einheit* (die wir astrosymbolisch im Tierkreis erkennen) und hat somit teil an allen zwölf Tierkreiszeichen und Planetenkräften. Durch die *individuelle Konstellation* dieser archetypischen Urbausteine des Lebens und durch den *Reifegrad der Seele* unterscheiden sich die Menschen voneinander. Jede verantwortliche astrologische Arbeit und Traumtherapie wird sich deshalb vor pauschalen Deutungen hüten und das Individuum vorrangig in den Deutungsprozeß einbeziehen. Unser Schicksal ist nicht so stark determiniert, wie wir vielleicht befürchten. Und wenn der Volksmund behauptet, daß »jeder seines eigenen Glückes Schmied« sei, dann ist damit die menschliche Freiheit, das Leben zum Guten oder Schlechten hin mitzugestalten, angesprochen – im Rahmen unserer Möglichkeiten, versteht sich! Freies Handeln und Entscheiden setzen jedoch bewußtes Erkennen voraus. Wem seine Handlungsmöglichkeiten und sein Spielraum bei der Lebensgestaltung nicht bewußt sind, der kann auch nicht frei wählen und muß sich mit dem zufriedengeben, was ihm zufällt. Ob wir das WAAGE-Prinzip beziehungsweise die VENUS-Energie *erlösen* können und die »innere WAAGE« ins Gleichgewicht kommt, ist eine Frage des Bewußtseins, das im Gegensatz zum bloßen Wissen auch die Gefühlsebene umfaßt.

Die von mir entwickelte Methode der *energetischen Astrologie und Traumarbeit* kombiniert eine lebendig nachvollziehbare Astrologie mit unseren Träumen. Über die bloße Wissensvermittlung hinaus will diese Buchreihe die Bedeutung der einzelnen astroenergetischen Symbole und Archetypen *ganzheitlich* vermitteln, das heißt Gefühl und Verstand gleichermaßen ansprechen. Es handelt sich hier also keineswegs um die üblichen astrologischen Lehrbücher; *astrologische Vorkenntnisse sind nicht erforderlich!* Die theoretischen Grundlagen, Hintergründe und nähere Erläuterungen zu den einzelnen Themen enthält der Einführungsband »*Die Rätsel des Lebens*«; sie können dort bei Bedarf nachgeschlagen werden. Ich habe diesen Weg der Darstellung gewählt, um nicht in jedem Tierkreisband Grundlegendes erläutern zu müssen. Statt dessen ist jedem Kapitel eine komprimierte Einführung vorangestellt, die in aller Kürze die wesentlichen Punkte nennt.

Ich bin davon überzeugt, daß neben den interessierten Laien auch die »*Astroprofis*« auf ihre Kosten kommen werden, da der *energetische* Blickwinkel und die Einbeziehung der *Träume* die astrologische Praxis bereichern. Die Traumarbeit erhält durch die Berücksichtigung der astrologischen Symbolik eine neue »Höhendimension«. Wir werden dabei erkennen, daß wir in kosmische Zusammenhänge eingebettet sind, und wir werden unsere Träume besser verstehen.

Die Astrologie gewinnt durch die Einbeziehung der Träume an Lebensnähe, während die astroenergetische Sichtweise der Alltagserlebnisse deren tiefere Bedeutung erschließt. Mir ist dabei die Allgemeinverständlichkeit der Ausführungen wichtig. Statt komplizierte Astrokonstellationen zu analysieren, konzentrieren wir uns bei der Deutung von Träumen und Ereignissen auf den Stand der SONNE im Tierkreis zum jeweiligen Traum- und Erlebniszeitpunkt – in diesem Fall ist das die WAAGE. Die SONNE ist unser Zentralgestirn und deutet auf das *zentrale* Thema, um das es im jeweiligen (Tierkreis-)Monat geht. Als Ursymbol der *Ganzheit* spiegelt ihre Position im Tierkreis ein *ganzheitliches Bild* unseres Seins und unserer Entwicklung wider. Und als Quelle des Lichts, der Erleuchtung und des Bewußtseins verkörpert die SONNE genau jene Qualität, die dem nach Erkenntnis suchenden Menschen am Herzen liegt: durch das Lösen der Lebensrätsel ein glückliches, weil *bewußtes* und *selbstbestimmtes* Leben zu führen. C. G. JUNG bezeichnete diesen lebenslangen Prozeß als *Individuationsweg*.

Diese Buchreihe will Impulse und Anregungen für die Auseinandersetzung mit den zwölf Lebensrätseln geben. Dem Leser wird ein geeignetes Hilfsmittel an die Hand gegeben, um ihn bei der Auflösung seiner individuellen Rätsel zu unterstützen. Die zwölf Tierkreisbände und der Einführungsband bilden eine Einheit. Die einzelnen Bücher beziehen sich aufeinander und ergänzen sich, sind aber auch so weit in sich abgeschlossen, daß sie einzeln gelesen werden können.

Zahlreiche Traum- beziehungsweise Fallbeispiele erlauben es, einen Bezug zur Praxis herzustellen – dies gilt vor allem auch für die astroenergetische Traumdeutung, die hier als Novum präsentiert wird. Jeder Band behandelt ausführlich Träume, die im Monat des betreffenden Tierkreiszeichens geträumt wurden; im WAAGE-Buch geht es um die Träume des WAAGE-Monats, also der Zeit vom 23.9. bis zum 23.10. eines jeden Jahres. Bei dieser Deutungsmethode ist es zunächst ohne Belang, unter welchem »Stern« der Träumer geboren ist. Jeder Mensch träumt in jeder Nacht des Jahres, wie in

Schlaflabors wissenschaftlich nachgewiesen wurde. Man muß also kein WAAGE-Geborener sein, um in dieser Zeit zu träumen. Wie sich uns die Träume darstellen und wie sich die WAAGE-Energie in den Träumen niederschlägt, das hängt dann von unserer persönlichen Prägung und von unserem Reifegrad ab. Die ersten Buchkapitel führen Sie in die Thematik und Symbolik der WAAGE ein und bereiten Sie auf die Trauminterpretation vor.

Herzlich bedanken möchte ich mich bei allen Traumfreundinnen und Traumfreunden, die durch ihre Träume und kreativen Beiträge das Buch wesentlich bereichert haben; Namensangaben wurden zur Wahrung der Anonymität verändert.

Norbert Teupert

1
Einführung in die Lebensrätsel der WAAGE und der VENUS

Initiation in die WAAGE-Energie

Harmonie. Wenn der »kosmische Putztrupp« der JUNGFRAU-Energie sein Reinigungswerk vollendet hat, erstrahlt die Welt in neuem Glanz. Die Welt ist schön, das Leben ist bunt: Die WAAGE-Energie betritt die Bühne des Geschehens – und in ihrem Gefolge die Göttinnen und Götter der *Liebe*, der *Kunst*, der *Schönheit* und der *Erotik*. WAAGE-Energie ist Luftenergie – leicht, beschwingt, anregend und erotisch.

WAAGE-Energie ist die Kraft, die die beiden Pole des Lebens, YIN und YANG, Mann und Frau, zueinander hinzieht und sie Beziehungen eingehen läßt. Sie ist der »kosmische Magnetismus«, der zusammenführt und verbindet, was zusammengehört – im Makrokosmos wie im Mikrokosmos. Liebe und Sympathie sind die wesentlichen Elemente dieser Bindungskraft. Und dennoch ist das Wesen des Luftzeichens WAAGE – vom Blickwinkel des Erdelementes aus betrachtet – *Unverbindlichkeit*. Die Verbindungen, die von der WAAGE-Energie geschaffen werden, die Beziehungen, die die Liebesgöttin VENUS stiftet, kommen nicht aufgrund erdhafter Notwendigkeiten, Verpflichtungen oder Zwänge zustande. Sie beruhen im Gegenteil auf völliger *Freiwilligkeit*, angezogen durch den psychischen Magnetismus, der die verwandten Seelen zueinanderführt. Es entstehen »unverbindliche Verbindungen« – das bedeutet, daß nicht festgehalten zu werden braucht, sondern daß eine natürliche Anziehung besteht: zwischen den Menschen, die zusammengehören, zwischen den Atomen im Atomkern, zwischen den Sternen und Galaxien.

Auf seelisch-geistiger Ebene gibt es nur »freiwillige« Bindungen, sehen wir einmal von neurotischen Zwanghaftigkeiten ab. Alle erdhaften Verpflichtungen und Verträge, die zwischen den Menschen geschlossen werden – auch der Ehevertrag –, mögen auf irdischer Ebene Gültigkeit haben, das ei-

gentliche, innere Wesen der Partnerschaft jedoch berühren diese für die äußere Welt geschaffenen Kontrakte nicht. Schließlich ist es nicht möglich,
zwei sich völlig fremde Seelen – die nicht im Einklang miteinander schwingen – per »Handelsabkommen« zur Liebe zu verpflichten. Liebe vom
Standpunkt des Luftzeichens WAAGE aus betrachtet ist eine *überpersönliche*, »*himmlische*« Macht, die nicht durch das Ego beeinflußt werden
kann. Die Liebe »überkommt« uns, wenn wir dafür bereit sind: ein offenes
Gefäß, in das die Liebesgöttin VENUS ihr Aphrodisiakum eingießen
kann.

Die Wesensart der Luftzeichen ist jedoch *kühl* und *unpersönlich*. Auch die
»himmlische« Liebe der WAAGE beruht nicht auf persönlichen Gefühlen.
Diese gehören einer anderen Kategorie an: den Wasserzeichen, speziell dem
KREBS. Das heißt nun nicht, daß Liebe nicht mit persönlichen Gefühlen
gepaart sein kann. Im Gegenteil gehört es zum Menschsein dazu, ganz individuelle Empfindungen zu den Menschen zu entwickeln, die man liebt.
Aber wo liegt der Unterschied? In der deutschen Sprache herrscht allerlei
Verwirrung über den Begriff der Liebe, auf den ich im zweiten Kapitel näher
eingehe. Nach astroenergetischem Verständnis ist (überpersönliche) Liebe
weder romantisches Gefühl noch Leidenschaft, noch sexuelle Regung, noch
Mitleid oder Mütterlichkeit. Mit leidenschaftlichem Begehren hat die »platonische Liebe« (nach dem Liebesverständnis des griechischen Philosophen
PLATO benannt) der WAAGE wenig zu tun – diese Spielart des menschlichen Lebens ist ein anderes astrologisches Kapitel, das hier nicht zur De-
batte stehen soll.

Auf dem Weg der Individuation und Selbsterkenntnis ist es zunächst
wichtig, daß wir – um es mit GOETHES Worten zu sagen – »erst trennen und
dann verbinden«. Der Bereich der Gefühle gehört dem KREBS-Zeichen an,
das im Tierkreis drei Stationen vor dem Liebeszeichen WAAGE steht (wenn
wir die Reihenfolge in Richtung der Planetenbewegungen gegen den Uhrzeigersinn betrachten). Unsere persönlichen Gefühle (KREBS/MOND)
sind eine Voraussetzung dafür, daß sich die WAAGE-Energie, das heißt die
überpersönliche Liebe, in uns ereignen kann. Günstig ist es, wenn unsere
persönlichen Gefühle im Einklang mit den überpersönlichen Regungen stehen. Ist das zunächst nicht der Fall – etwa bei einem Spannungsaspekt zwischen MOND und VENUS im Geburtshoroskop –, dann können wir daran
arbeiten, die beiden Kräfte ins Lot zu bringen. Dafür ist die WAAGE-Energie ja insbesondere da: für Ausgleich zu sorgen.

Das Wesen der Liebe läßt sich ebensowenig greifen wie die Luft. Aber wir können ein Gespür dafür entwickeln und die Liebe intuitiv erfahren. Um zu einem liebesfähigen Individuum heranzureifen, ist die Integration der WAAGE-Energie eine Voraussetzung. Und Integration bedeutet immer auch Bewußtwerdung, Eingliederung einer Wesenskraft in den Bestand unserer Gesamtpersönlichkeit. Liebe ist trotz – oder gerade wegen – ihrer Freiwilligkeit und Leichtigkeit eine große Macht, die Berge versetzen kann. Das beweisen jene Menschen, die um ihrer Liebe willen bereit sind, alle Mühen und Gefahren auf sich zu nehmen. Für die Liebe läßt sich alles vollbringen. Von GUSTAVE FLAUBERT stammt der Satz: »Liebe erblüht im Staunen einer Seele, die nichts erwartet, und sie stirbt an der Enttäuschung eines Ichs, das alles fordert.«

Beim Schreiben dieses Bandes hatte ich längere Zeit das Gefühl, »daß da noch was kommen muß«. Bildhaft ausgedrückt: Ich meinte, daß sich die WAAGE vor meinen forschenden Blicken versteckt und daß die VENUS sich noch in ihrer Muschel verborgen hält. Doch nach und nach wurde mir klar, daß das, was ich im Blickfeld hatte, bereits die WAAGE-Energie war. Es gab nicht *mehr*, nichts *dahinter*! Das ist natürlich nicht wertend gemeint. Mir wurde bewußt, daß die WAAGE eben nicht nur theoretisch die »Oberfläche« der Welt ist. Wer sich mit der WAAGE beschäftigt, hat es mit einer »hauchdünnen« *ätherischen Oberflächenenergie* zu tun. WAAGE-Energie ist so leicht, daß sie »nach oben« steigt – im Gegensatz zum nachfolgenden fixen Wasserzeichen SKORPION, das uns mit in die Tiefe nimmt. Wenn sich also wasserbetonte Zeitgenossen über die oberflächliche (leichte) Wirkung der »Luftmenschen« echauffieren, dann liegt das an ihrer eigenen Fixierung auf den Tiefenpol, und umgekehrt haben luftbetonte Menschen zunächst meist Probleme mit dem gefühlsbeladenen Wasserelement.

WAAGE ist die anmutige Sphäre, die sich auf der Oberfläche der Welt widerspiegelt, die Schönheit der Kulisse, das charmante Antlitz, in dem uns die Welt entgegenlacht. WAAGE ist der *Liebreiz*, die *Anmut* der wohlproportionierten Gestalt, die Kunst, welche die *göttliche Harmonie* an die Oberfläche der Welt und damit ins Sichtbare rückt. Die Oberfläche ist nicht das Wesentliche (das innere Wesen), aber Wesenhaftes zeigt sich auch an der Außenseite der Dinge. Wie sonst sollte unser Ich-Bewußtsein es wahrnehmen? Wie wohltuend ist es, wenn das, was nach außen in die Sichtbarkeit tritt, durch die WAAGE-Energie verschönt wird und von der Harmonie der himmlischen Sphären zeugt! So zu tun, »als ob«, oder sich eine heile Welt vorzugaukeln, ist dagegen die »seichte« Ebene jener Erfahrung von wirklichem »Liebeszauber«, der uns zuteil wird, wenn wir uns der VENUS öffnen.

An der Oberfläche spiegelt sich wider, was in den Tiefen der Psyche, ungreifbar für unseren Verstand, vor sich geht. Denken wir beispielsweise an die Körpersymptome bei Krankheiten: Sie sind Botschaften der Seele, die an die Oberfläche gedrungen sind. Oberfläche in diesem Sinne ist aber auch unsere »dritte Haut«, die Umwelt. Durch das, was uns die Umwelt beziehungsweise unsere äußere Lebenslage zeigt, blicken wir in einen Spiegel. Innere Befindlichkeit wird über die äußere Situation an der »Hülle des Lebens« gespiegelt. Wir brauchen die Oberfläche, doch wenn wir zu Oberflächlichkeit in unserem Wesen neigen, dann haben wir die WAAGE noch nicht verstanden. Ob wir die WAAGE-Energie ihrem Wesen gemäß leben und ihr Ausdruck verleihen, hängt von unserer Reife ab und davon, ob wir die vorherigen Lektionen (von WIDDER bis JUNGFRAU) gelernt haben.

Die WAAGE-Energie bewirkt, daß sich das Ego nach außen hin öffnet und dem Du zuwendet. Archetypisch ist es die Begegnung mit dem »kosmischen Freier« in unserer Seele. Auf geschlechtlicher Ebene ist es die Erotik, welche Mann und Frau einander zuwenden läßt, und auf geistiger Ebene ist es die Kraft der Sympathie, die Gleiches verbindet. Die »Wellenlänge« der individuellen Seele ist dafür ausschlaggebend, was angezogen wird (Sympathie) und was abgestoßen wird (Antipathie). Wir haben es hier noch nicht mit dem Einheitsprinzip der FISCHE zu tun, wo kein Unterschied mehr zwischen Sympathie und Antipathie gemacht wird, da die Trennung zwischen Subjekt und Objekt aufgehoben ist. FISCHE/NEPTUN sind die »höhere Oktave« von WAAGE/VENUS. Aber bevor wir – ganz am Schluß unserer kosmischen Pilgerschaft – auf der (erlösten) Bewußtseinsebene der FISCHE angelangt sind, müssen wir die Lebensrätsel der WAAGE, als »Vorstufe« sozusagen, lösen.

Der Beginn des WAAGE-Monats – wenn die SONNE in das Kraftfeld dieses Zeichens eintritt – fällt mit der Herbst-Tagundnachtgleiche, dem Herbst-Äquinoktium, zusammen. Es markiert den Übergang, die ausgeglichenen Verhältnisse: zwischen Sommer und Winter, Licht und Dunkelheit, außen und innen, YANG und YIN. Das ist auch der Grund, weshalb unsere Urväter das Bild einer Waage an diese astrologische Stelle gesetzt haben.

Die WAAGE-Energie hat die Aufgabe, einen *Ausgleich* zwischen den archetypischen Gegensätzen herzustellen: zwischen den Kräften des Lichts und des Schattenreiches oder, moderner ausgedrückt, zwischen dem Bewußtsein und dem Unbewußten. Unsere aktuelle Lektion als Mensch ist es,

eine *Brücke* zu bauen zwischen diesen beiden Ufern. Gelingt es uns, eine Verbindung zwischen den Bereichen des Ich und des »Nicht-Ich« in unserer Psyche herzustellen, dann haben wir die besten Voraussetzungen dafür, daß uns auch die Beziehungen zwischen Ich und Du im Außen gelingen werden. Denn Brücken nach innen führen sozusagen gleichzeitig auch nach außen. Wer dagegen innerlich gespalten ist, wird auch nicht wirklich mit der Umwelt in Beziehung treten können. Der Schein mag da häufig trügen, denn in unserer heutigen oberflächlichen Welt fällt es ja kaum auf, ob eine Beziehung echt ist oder nur Fassade. Häufig sitzen sich zwar physische Körper gegenüber, aber Seele und Geist der Betreffenden sind abwesend.

Im Gegensatz zum KREBS, der die Blutsverwandtschaften betrifft, haben wir es bei der WAAGE mit den *Wahlverwandtschaften* zu tun. Seelenverwandte Menschen erkennen wir daran, daß sie uns – auch ohne sie vorher näher gekannt zu haben – ein spontanes Gefühl von Vertrautheit vermitteln. Auch wenn unser auf diese Existenz begrenzter Verstand keine Erklärung dafür haben mag, erkennt unsere zeitlose Psyche wesensverwandte Seelen wieder, zu denen vielleicht in früheren Inkarnationen innige Beziehungen

bestanden. Astroenergetisch handelt es sich dabei häufig um SONNE-
MOND-Konjunktionen zwischen den Beteiligten (siehe dazu im fünften
Kapitel »Der astroenergetische Partnervergleich«). Seelenpartner lassen sich
in der Regel nicht per Heiratsannonce finden. Ist die Zeit dafür reif geworden und haben wir alle inneren Hindernisse beseitigt, dann »weht« der geistige Wind der WAAGE die verwandten Seelen aufeinander zu.

Gehen wir mit einer »fremden Seele« eine Partnerschaft ein, so muß das
nicht automatisch eine baldige Trennung bedeuten. Unser Ego allein ist sowieso nicht in der Lage, Seelenverwandtschaften zu beurteilen, geschweige
denn zu erkennen, wofür diese Inkarnation (für unsere Seele) gut ist! Vielleicht haben wir uns für dieses Erdenleben zum Ziel gesetzt, neue Seelenverwandtschaften aufzubauen, freilich zunächst um den Preis, die Fremdheit
des Partners auszuhalten, miteinander zu lernen, diese Fremdheit zu überwinden, und damit eine Basis zu schaffen, die sich in weiteren Existenzen
vertiefen kann. Auch wenn wir in einer Inkarnation mit unseren innigsten
Seelenverwandten oder unserer sogannanten *Dualseele* nicht zusammen-
kommen oder nur periphere Verbindungen eingehen konnten, sind wir doch
durch das unzerreißbare Band der Liebe in Ewigkeit auf seelischer (feinstofflicher) Ebene miteinander verbunden, und wir werden auch in den un-
endlichen Weiten des Jenseits durch den »Liebesmagnetismus« zueinander
hingezogen.

Gerade wenn es um solch »zeitlose« Belange wie Seelenverwandtschaft
geht, sind die Träume kompetente Ratgeber, da sie als Botschaften der Seele
der Zeitlosigkeit angehören. Eine Seminarteilnehmerin träumte im
WAAGE-Monat:

»Ich gehe mit Elke durch eine Art Markthalle. Ich hab' sie untergehakt
und frage, wie sie nur so leben kann, ohne *den* Mann ihres Lebens gefunden
zu haben. Da meint sie, daß sie ja eine Tochter hätte. Ich antworte, daß sie es
in einem anderen Leben nachholen kann. Damit entlasse ich sie. Wir sind
während dieses Gespräches auf unsere beiden Ehemänner zugelaufen.«

Gegensätze machen bewußt. Am Negativbeispiel der Partnerschaft ihrer
Freundin Elke erlebt sie, daß sie selbst »den Mann ihres Lebens« gefunden
hat. Die Markthalle symbolisiert die Fülle des Lebens, bei der man nur zuzugreifen braucht. Ob man sich allerdings auch das nimmt, was einem entspricht und guttut, steht auf einem anderen Blatt. Unsere Träumerin jedenfalls hat sich einen Partner gewählt, den sie mittlerweile als Seelenverwandten erkannt hat. Im Gegensatz dazu hat sie bezüglich der Partnerschaft ihrer

Freundin Elke den Eindruck, daß deren Gatte überhaupt nicht zu ihr paßt. Ihrer Meinung nach hat sich Elke in der »Markthalle des Lebens« bei dem so wesentlichen »Griff« nach dem Partner »vergriffen«. Ihre Aussage, daß Elke in einem anderen Leben eine neue Chance erhalte, hat schon fast prophetischen Charakter: Wenige Zeit später verunglückte ihre Freundin Elke tödlich. Die Trennung der beiden Freundinnen wurde durch den Traum vorweggenommen. Vom Blickwinkel der Hinterbliebenen ist das sicher eine tragische Angelegenheit, die um so schmerzhafter wird, je begrenzter wir Leben und Tod ansehen. Vor dem Hintergrund des ewigen Lebens der zeitlosen Seelen erblicken wir dagegen eine andere Dimension: Vielleicht hat unsere Träumerin von Elke (über die Verbindung von Unbewußtem zu Unbewußtem) ja tatsächlich deren Wunsch aufgeschnappt, sich dieser irdischen Existenz zu entledigen und einen neuen Anlauf in einem anderen Körper zu

nehmen. Wenn das so sein sollte, dann muß das dem Ego Elkes nicht unbedingt bewußt gewesen sein. Leidet die Seele im Übermaß, dann entscheidet sie sich vielleicht dafür, ihren gegenwärtigen Erdenbesuch vorzeitig zu beenden. Und vielleicht hat Elkes Dualseele in der »anderen Welt« bereits sehnsüchtig auf ihre Rückkehr gewartet?

Um zur WAAGE zu gelangen, muß der WIDDER (die MARS- beziehungsweise Triebkraft in unserer Psyche) integriert sein. WIDDER ist die andere Seite der WAAGE. Während die WIDDER-Energie auf schnellstmöglichste Triebbefriedigung ausgerichtet ist, befähigt uns die WAAGE-/VENUS-Energie dazu, zugunsten der Mitmenschen Triebaufschub zu leisten und Kompromisse zu schließen. Das gelingt uns natürlich erst, wenn wir die WIDDER-/MARS-Energie integriert haben und diese nicht bloß verdrängen und als Erwachsene weiterhin das »Spiel« betreiben, nach außen hin brav und fügsam zu sein, um anerkannt und akzeptiert zu werden.

Um beide »Waagschalen« in ein lebendiges Gleichgewicht zueinander zu bringen, müssen die beiden Seiten gleich gewichtet werden. Ein Übergewicht, ob auf der Ich-Seite oder auf der Du-Seite, bedeutet Disharmonie. Aber so ist nun mal das lebendige Leben: Wir sind immer wieder aufs neue gefordert, Disharmonien auszugleichen und neue Harmonien zu schaffen. WAAGE ohne die Auseinandersetzungsbereitschaft des WIDDERS ist Stagnation, Langeweile und oberflächliche Harmonie.

Betrachten wir den Tierkreis als Entwicklungsmodell, dann ist das JUNGFRAU-Zeichen die Basis der WAAGE. Die Erfahrungsebene der JUNGFRAU (siehe JUNGFRAU-Band) ist die Vorstufe für die »Initiation zum wahren Menschsein«, die nun in der zweiten Hälfte des Tierkreises mit der WAAGE beginnt. Die WAAGE eröffnet den Reigen innerhalb der »sozialen Hemisphäre« des Zodiak; ab jetzt steht die *Sozialisation* im Vordergrund, während in der ersten Hälfte – von WIDDER bis JUNGFRAU – die Ich-Entwicklung überwog. Mit dem Zeichen der WAAGE rückt also die »soziale Komponente« der Individuation in den Mittelpunkt.

Voraussetzung für eine wirkliche Beziehung zum Du – im Außen und in unserer Seele – ist die Reinigungsphase der JUNGFRAU. Erst wenn wir frei sind von allen psychischen »Schlacken« und Verdunkelungen, werden wir diese lichte Erfahrungsebene realisieren, auf der sich zwei Seelen erkennen.

Jedes Tierkreiszeichen hat die Aufgabe und die Kraft, Stagnationen des vorangegangenen Zeichens zu überwinden. Die WAAGE-Energie soll »frischen Wind« in die festgefahrenen Angelegenheiten der JUNGFRAU (Moralvorstellungen, Reinheitskodex) bringen. Medien dafür sind WAAGE-betonte Mitmenschen, beispielsweise JOHN LENNON (geboren am 9.10.1940), der Wortführer, Sänger und Texter der legendären »Beatles«. Diese Band, unter Federführung des WAAGE-Geborenen LENNON, »half einer ganzen Generation von Jugendlichen bei der Loslösung von etablierten gesellschaftlichen Normen und bei der Entfaltung einer persönlichen Eigenständigkeit«

In dieser Graphik interpretiert die Künstlerin ELVIRA WALSCH das Wesen der WAAGE.

(aus: »*Personenlexikon*«, Chronik Verlag). Vor allem ihre langen Haare, ihre
lässige Kleidung und ihr ungezwungenes Benehmen entsprachen dem freizügigen, lockeren WAAGE-Geist, der die Biederkeit der unerlösten (weil
veräußerlicht gelebten) JUNGFRAU-Energie entlarvt und überwindet.

Das Luftzeichen WAAGE bringt also »frischen Wind« in unser Dasein,
befreit vom Muff veralteter Gebote und löst die Ketten moralischer Zwänge.
WAAGE-Geborene bieten hierfür eine gute Projektionsfläche, so etwa die
französische Filmschauspielerin BRIGITTE BARDOT (28.9.1934): »Mit der ihr
eigenen naiv-natürlichen erotischen Ausstrahlungskraft wurde sie zum
heimlichen oder offenen Leitbild einer Generation, die den Moral-Muff vergangener Jahrzehnte abzuschütteln versuchte und geradezu einen Kult um
Brigitte Bardot entfesselte« (aus: »*Berühmte Persönlichkeiten*«, Band I, Edition Astrodata). Der Gegensatz zwischen dem vorherrschenden Moralkodex (JUNGFRAU) und freigeistigen Lebensvorstellungen (WAAGE) fand
in dem WAAGE-geborenen Schriftsteller OSCAR WILDE seinen Ausdruck.
Den Widerspruch zwischen seiner WAAGE-SONNE und seinem JUNG-
FRAU-Aszendenten vermochte er innerlich nicht zu lösen, was sich
schließlich in einer gerichtlichen Anklage wegen seiner Homosexualität manifestierte. Diese brachte ihm zwei Jahre Zwangsarbeit ein und katapultierte
ihn vom sorglos-leichten Dasein eines schöngeistigen Dandys gewaltsam in
das Arbeitsfeld der JUNGFRAU. WILDE ist ein Beispiel dafür, daß die
WAAGE-Energie zu damaligen Zeiten (1905!) nur auf oberflächlicher
Ebene gelebt werden konnte – eben in Form von Müßiggang und Schöngei-
stigkeit – und sich nicht in wirklich freizügiger Lebensgestaltung ausdrückte. Das zeigt, daß das zur WAAGE oppositionelle WIDDER-Thema
der Sexualität zu jener Zeit kollektiv nicht integriert war.

Die WAAGE führt zum SKORPION. Haben wir die Aufgaben und Rätsel
des Luftzeichens befriedigend gelöst und die VENUS integriert, gehen wir
gut vorbereitet in die Wandlungsphase des SKORPIONS. Eine gut funktionierende Partnerschaft wird sich dabei als wundervolles Medium erweisen,
um in der Entwicklung von der (seelischen) »Raupe« zum »Schmetterling«
einen entscheidenden Schritt zu machen. Wir werden diese Entwicklung
dann im SKORPION-Band verfolgen.

Das Sigel der WAAGE

Im WAAGE-Sigel erblicken wir zunächst die *Brücke*, die zwischen den beiden »Ufern« des Seins, zwischen dem Ich und dem Du, der Innen- und der Außenwelt, YIN und YANG, eine Verbindung herstellt; der konvexe Bogen in der Mitte der oberen Linie hat die Form einer Bogenbrücke.

Ein weiterer Blick auf das Sigel zeigt seine Einzelteile: Die obere Hälfte besteht aus zwei gleich langen Balken, die durch den Bogen miteinander verbunden sind. Darin drückt sich die Tagundnachtgleiche zu Beginn des WAAGE-Monats aus. Jetzt, zum Herbstanfang, besteht ein ideales Gleichgewicht zwischen den Kräften des Lichts (YANG) und denen der Dunkelheit (YIN). Wir wissen natürlich, daß dieses exakte Gleichgewicht nicht von Dauer ist, sondern nur einen kurzen Moment währt. Deshalb ist die WAAGE gleichermaßen das Zeichen des *Übergangs*, so, wie der Herbst die Übergangszeit zwischen Sommer und Winter darstellt. Das Symbol der Brücke ist mit dem Prinzip des Übergangs eng verbunden (siehe unter »Symbole«).

Die beiden gleich langen Balken der oberen Hälfte des Sigels verkörpern den kurzen Moment der idealen Harmonie innerhalb der Polarität. So gesehen können wir uns das Sigel auch als Balkenwaage vorstellen, deren beide Seiten im Lot sind. Das stellt das Bestreben der WAAGE-Energie dar, diesen absoluten Ausgleich zu schaffen. Es ist das Harmonieprinzip des Kosmos, das innerhalb der dualen Welt den Ausgleich der Pole bewirkt. Die WAAGE-Energie kompensiert Einseitigkeiten, indem sie die jeweils vernachlässigte Waagschale stärkt. Wir können das in der Natur, in unserem Alltagsleben und in unseren Träumen immer wieder nachvollziehen.

Wenn der obere Bogen die Sonne zeigt, dann in ihrem »herbstlichen Kleid«. Es ist kein ganzer Kreis, sondern ein halbierter, der – wie die gleich langen Balken – ebenfalls auf das Gleichgewicht zwischen Tag und Nacht hinweist, einem Gleichgewicht mit abnehmenden Lichtkräften. Deshalb liegt auch die Assoziation nahe, eine untergehende Sonne in dem Bogen zu

erblicken. Herbst und Sonnenuntergang stehen zueinander in Entsprechung. Die untere, durchgehende Linie ist die Erde, über der – in dem Bogen – die Herbstsonne steht. Hier ist die Polarität zwischen dem aktiven
Schöpfungsprinzip (SONNE oder YANG) und dem empfangenden Prinzip
(ERDE oder YIN) ausgedrückt. Daß beide Linien, die obere und die untere,
parallel zueinander laufen, drückt noch einmal aus, daß beide Kräfte im
Gleichmaß zueinander stehen. Sie folgen einander, aber kommen sich nicht
in die Quere. Das ist das Bild einer Beziehung zweier verwirklichter Individuen, die sich nicht in symbiotischen Tendenzen vermischen, sondern in
Freiheit und mit der nötigen Distanz und Respekt miteinander und nebeneinander den Lebensweg gehen.

Die Sigel der Tierkreiszeichen und Planeten laden förmlich dazu ein, sich
imaginativ damit auseinanderzusetzen. Jeder ist dazu eingeladen, seine eigenen, individuellen Phantasien zum WAAGE-Sigel zu entwickeln; die obigen
Ausführungen wollen Impulse dazu geben und erheben keinen Anspruch
auf Vollständigkeit und Allgemeingültigkeit. Die persönlichen Empfindungen bezüglich der WAAGE-Signatur sind ein Stück Selbsterfahrung.

Assoziationen zum Sigel anzustellen oder es zu malen, sind Möglichkeiten, sich in das WAAGE-Prinzip einzufühlen. Wenn wir uns für eine Weile
darauf einlassen und die Gestalt dieses Symbols immer wieder nachvollziehen, werden innere Reaktionen nicht ausbleiben, die entsprechend dem persönlichen Bezug zu dieser Energie gefärbt sind. Erscheint uns das Sigel im
Traum, stellen wir fest, in welchem Zusammenhang es auftaucht. Markante
Abweichungen von der »Norm« (auch bei spontan gemalten Sigel-Bildern)
können auf ein individuelles Rätsel mit dem WAAGE-Prinzip hinweisen.
Ein Vergleich zu den obigen Erläuterungen kann die Diagnose des jeweiligen
Defizites erleichtern.

WAAGE – das kardinale Luftelement

Die Energie, die das Luftelement initiiert, wurde von unseren Vorvätern im
Symbol der WAAGE ausgedrückt. Als »bewegender« Aspekt der Luftkraft
steht es für das Beziehungsprinzip. WAAGE ist der Geist, der weht wie der
Wind, wohin er will und wann er will. Und er schafft damit Verbindungen.

Wir atmen alle von derselben Luft auf diesem Planeten, und wir stehen über dieses Medium miteinander in Verbindung. Diese Kraft ist mit dem Ego nicht zu steuern. Egal, um welche Art von Beziehung es sich handelt – ob Liebes- oder Arbeitsbeziehung, Freundschaft oder heilende Verbindung –, wenn die Zeit reif geworden ist, dann »weht« uns der Geist an die Stelle, wo wir dem passenden Partner begegnen. Sind wir offen für spontane Begegnungen, finden wir die Menschen, die zu uns in einer inneren Entsprechung stehen, zur rechten Zeit. »Geist« meint hier nicht den Intellekt, sondern eine überpersönliche, gütige, höhere Intelligenz, ungreifbar für unsere Ratio – wie Wind und Luft. Ein historisches Beispiel für diese Kraft ist die »zufällige«, das heißt unbeabsichtigte Entdeckung Amerikas durch CHRISTOPH KOLUMBUS in einem WAAGE-Monat, am 12.10.1492. So wie die Winde die Segel seines Schiffes an die Gestade trieben, die wir heute als Amerika bezeichnen, so »weht« uns der überpersönliche Geist zu den Menschen, Situationen und Dingen, die für unsere spirituelle Entfaltung wichtig sind.

Die kardinale »Station« eines jeden Elementes hat »feurige« Wirkung. Beim Luftelement im WAAGE-Zeichen geht es darum, einen Ausgleich und eine Verbindung zu schaffen zwischen den Triebbedürfnissen des Egos und den Belangen der Mitmenschen beziehungsweise der Partnerschaft. Daraus leitet sich das eigentliche Menschsein als geistiges Individualwesen ab. Die kardinale Kraft hat *erneuernde* Wirkung; der in der Entwicklung befindliche Mensch wird durch die Beziehung zu einem Du »wiederbelebt«. Herbeigeführt durch die Kraft von Erotik und Sympathie, entsteht eine Verbindung, die im günstigen Falle die Betreffenden auf freiwilliger Basis zusammenschweißt und sie miteinander »durch dick und dünn« (vor allem durch die Wandlungsphase des nachfolgenden SKORPIONS) gehen läßt.

Das kardinale Luftelement ist die kosmische Kraft, die alle Beziehungen im Makrokosmos wie im Mikrokosmos bewirkt. Nehmen wir als Beispiel das Wirken des WAAGE-geborenen dänischen Physikers und Nobelpreisträgers NIELS BOHR (7.10.1885), dessen Lebenswerk um die Frage nach den *Beziehungen* der Teile innerhalb des Atomkerns kreiste (»Bohrsches Atommodell«). Daß das Luftelement kein Entweder-Oder kennt, demonstrierte er in seiner physikalischen Theorie. Er vertrat in der »Kopenhagener Deutung« der Quantentheorie die Auffassung, daß gleichermaßen und sich ergänzend sowohl die Teilchen- als auch die Wellentheorie für die elektromagnetische Strahlung zutreffen. Ist dieses »Sowohl-als-auch«-Prinzip des Luftelements mit der köperlich-sexuellen Ebene verbunden, dann haben wir hier die Mitmenschen mit bisexuellen Neigungen, wie wir am Beispiel OSCAR WILDES gesehen haben.

Das kardinale Luftelement ist, bildlich gesehen, »erhitzte« Luft; der Heißluftballon ist ein Symbol dafür. Ein junger Mann, der kurz vor einer Urlaubsreise mit der Freundin vom Absturz eines Heißluftballons träumte, nahm darin vorweg, daß es Beziehungsprobleme geben würde, die schließlich zur Trennung (Absturz) führten. Der freie (Beziehungs-)Flug wurde unterbrochen; im Traum diagnostizierte er als Ursache für den Absturz, daß das verwendete Gas zu schwer gewesen sei, was seine Probleme als JUNG-FRAU-Geborener mit der Leichtigkeit und Unverbindlichkeit des Luftelementes symbolisiert.

Wenn wir dem Luftelement den überpersönlichen Geist zuordnen, dann steht dies in Abgrenzung zum Ich-Bewußtsein und zur Willenskraft des Feuerelementes, zur Seelendimension des Wasserelementes und zu den Form- und Gestaltkräften des Erdelementes; die Elementenlehre hilft uns hier zu differenzieren. Betrachten wir die Elemente vor dem Hintergrund der Polarität, dann ist das Luftelement Ausdruck des *männlichen* Aspektes des YIN-Pols (die aktiv-»verführerische« Seite des Weiblichen), im Gegensatz zum Wasserelement als der weiblich-empfangenden Seite der YIN-Kraft. In dieser Differenzierung finden wir die Ahnung bestätigt, daß Weibliches nicht ausschließlich feminin ist und Männliches nicht nur maskuline Züge trägt.

VENUS – die Botschafterin des WAAGE-Archetypen

Als Göttin der Liebe ist die VENUS wie geschaffen für das Amt der Botschafterin der WAAGE. Im himmlischen Kabinett fungiert sie als Ministerin für Beziehungen, Kunst und Erotik. WAAGE und VENUS beinhalten dieselben Qualitäten, und wenn wir in diesem Buch von WAAGE-Energie oder VENUS-Kraft sprechen, so sind diese Bezeichnungen relativ austauschbar. Der Unterschied besteht allein in der Ebene, auf der die Tierkreiszeichen beziehungsweise Planeten wirken. Die Planeten (zu denen wir hier auch SONNE, MOND und die Asteroiden rechnen) verkörpern in der Astrologie die lebendig erfahrbaren Wesenskräfte, die den Tierkreisarchetypen in der irdischen Welt Ausdruck und Geltung verleihen. Der WAAGE-Archetyp ist das Urbild des Ausgleichs, der Beziehung und der himmlischen Liebe, und VENUS ist die Wirkkraft, die den WAAGE-Archetypen in unsere Welt vermittelt. Wenn die VENUS-Energie beispielsweise eine Partnerschaft stiftet, dann handelt sie »im Auftrag« des WAAGE-Archetypen.

Astronomen gehen davon aus, daß bereits seit dem 2. Jahrtausend v. Chr. der Planet VENUS am Firmament bewußt registriert und beobachtet wird. Interessanterweise fällt dies mit dem beginnenden (zur WAAGE/VENUS oppositionellen) WIDDER-Zeitalter (2000 v. Chr. bis zur Zeitenwende) zusammen und betont den ausgleichenden Charakter der VENUS-Energie. Weitere Hinweise dafür, daß die VENUS eine geeignete Botschafterin für die WAAGE ist, liefert uns die Astronomie. Die äußeren (physikalischen) Gegebenheiten deuten wir als Entsprechung des energetischen Wesens der Planetenkräfte. Der Planet VENUS ist jeweils etwa ein Dreivierteljahr als Morgenstern und als Abendstern am Himmel sichtbar. Darin erkennen wir das WAAGE-Prinzip des Ausgleichs beziehungsweise Brückenbaus zwischen den Tag- und Nachtkräften, YANG und YIN. Die beiden Seiten der VENUS werden astrologisch als »Venus Pandemos« (Verkörperung der sinnlichen Liebe) und »Venus Urania« (Verkörperung der himmlischen Liebe) bezeichnet.

Ein weiteres astrologisches Deutungskriterium ist die Position der VENUS zwischen der Umlaufbahn der ERDE und der des MERKUR. VENUS ist der SONNE näher als die ERDE, was übertragen bedeutet, daß die VENUS-Energie dichter an das solare Geistprinzip (die SONNE als das höhere Selbst) heranreicht als die ERD-Kraft. Als gut sichtbarer Stern gehört die VENUS zu den Energien, die grundsätzlich bewußtseinsfähig sind und Bewußtsein vermitteln. Niemand würde bezweifeln, daß es gerade unsere Partnerschaften sind, die einen Bewußtseinsprozeß in Gang setzen.

Ein VENUS-Umlauf dauert etwa 225 Tage. Der Psychoanalytiker und Astrologe FRITZ RIEMANN hat hierin eine weitere Verbindung zwischen der VENUS und dem WAAGE-Thema Bindung und Beziehung gefunden: »... wir können den Zeitpunkt ihres ersten vollendeten Umlaufs mit der ersten vollzogenen geglückten Bindung des Kindes an die Mutter zusammenschauen, die in der ›Achtmonatsangst‹, wie sie RENE SPITZ beschrieben hat, zum Ausdruck kommt: Um diese Zeit erkennt das Kind seine Mutter, unterscheidet sie von anderen Menschen und beginnt zu ›fremdeln‹, wenn sich statt ihrer jemand anderer ihm nähert« (aus: »*Lebenshilfe Astrologie*«).

Eine weitere astronomische Entsprechung des ausgeglichenen und ausgleichenden WAAGE-Prinzips finden wir darin, daß die Bahnexzentrizität der VENUS unter allen Planeten am geringsten ist und die Oberflächentemperatur auf der Tag- wie auf der Nachtseite gleichermaßen etwa 480 Grad Celsius beträgt. Auch die VENUS-Sonden haben die Verbindung dieses Planeten zur WAAGE »bestätigt«. Mit »Venus 4« drang in einem WAAGE-Monat, am 18.10.1967, die erste VENUS-Sonde in die Atmosphäre dieses Planeten ein und lieferte die ersten Meßergebnisse. Und die ersten Aufnahmen von der VENUS-Oberfläche wurden ebenfalls in einem WAAGE-Monat, am 22.10.1975, von »Venus 9« gemacht.

Auch die mythologische Bedeutung der Planetennamen ist von astroenergetischer Relevanz. In der römischen Mythologie ist die VENUS die Liebesgöttin (griechisches Pendant ist Aphrodite). VENUS gilt sowohl als Gattin des Göttervaters Jupiter (griechisch: Zeus) als auch als Gemahlin des Höllenfürsten Pluto (Hades), was ihre doppelseitige, beide Pole verbindende Wirkkraft unterstreicht.

VENUS-Energie ist – parallel zum Umlauf der VENUS im Sonnensystem – in variierenden »Gewändern« ständig vorhanden. Die Umrundung des Tierkreises durch die VENUS können wir uns als permanentes Beziehungs- und Liebeswerk vorstellen. Das Zeichen, das die VENUS gerade passiert, symbolisiert den Lebensbereich, in dem die Liebesgöttin harmonisierend und ausgleichend wirkt. Die aktuellen VENUS-Positionen können den Ephemeriden oder Astrokalendern entnommen werden.

Auch persönlich ist jeder von uns mit der VENUS-Energie verbunden. Ihre Tierkreisstellung im Geburtshoroskop charakterisiert die individuelle Färbung, Prägung und Veranlagung dieser Wesenskraft, beispielsweise:

o die Art und Weise, Beziehungen herzustellen und einzugehen;
o worauf es in der Partnerschaft am meisten ankommt;
o wie wir Beziehungen in erster Linie empfinden;
o unsere generelle Einstellung gegenüber den Mitmenschen, der sozialen Umwelt;
o auf welche Art uns die Elternbeziehung geprägt hat;
o was wir brauchen, um einen Zustand der Harmonie zu erlangen; was uns harmonisch stimmt;

o wie wir Harmonie erleben;

o worüber wir uns am meisten freuen, was wir brauchen, um Freude zu empfinden;

o welcher Bereich uns einen Ausgleich verschafft;

o die Art und Weise, (platonische) Liebe zu empfinden und auszudrücken;

o wie wir Liebe definieren beziehungsweise was uns Liebe bedeutet;

o was wir besonders lieben, unsere individuelle »Spielart« der Liebe;

o wem oder was wir mit Sympathie begegnen;

o was wir als Schönheit empfinden und wie wir darauf reagieren;

o unseren Sinn für Erotik, was wir als erotisch empfinden und unsere eigene erotische Ausstrahlung.

Je nach Tierkreiszeichen sind die genannten Themenbereiche geprägt. Eine VENUS im WIDDER-Zeichen beispielsweise wird immer wieder damit konfrontiert sein oder das Bedürfnis haben, *neue* Beziehungen einzugehen. Die Stärke dieser Konstellation liegt in der Fähigkeit, *erneuernd* auf Beziehungen einzuwirken und die Partnerschaft stets *lebendig* zu erhalten. Besonderes Gewicht wird auf Beweglichkeit und das Ausleben der Triebnatur gelegt. Die Partnerschaft sollte etwas Elektrisierendes haben. Das mag durchaus konträr zu anderen Wesenskräften stehen.

Die *Häuserstellung* der VENUS zeigt an, welche *Lebensbereiche* unsere »innere Geliebte« beziehungsweise unsere partnerschaftlichen Bestrebungen insbesondere aktivieren und in welche Richtung sich die VENUS-Kraft entwickeln soll. Das Haus zeigt die Aufgabenstellung, mit der unsere VENUS konfrontiert ist. Ein Erdhaus (zweites, sechstes und zehntes Haus) fordert zu Realitätsbezug, Distanz und Verwirklichung auf, ein Wasserhaus (viertes, achtes und zwölftes Haus) zum Loslassen und Einfühlen, ein Lufthaus (drittes, siebtes und elftes Haus) zur gedanklichen Auseinandersetzung und ein Feuerhaus (erstes, fünftes und neuntes Haus) zur bewußten Identifikation und Auseinandersetzung.

Bei VENUS im ersten Haus (WIDDER-Haus, siehe dort) etwa werden wir auf der Beziehungsebene eine Neugeburt durchleben; neue Impulse und erstmalige Situationen werden unsere innere VENUS besonders stark stimulieren.

Im *Geburtshoroskop* deuten wir die VENUS-Stellung als das generelle Lebensrätsel, das wir in diesem Bereich im Laufe dieser Inkarnation zu lösen haben.

Auf der Ebene des *Solar-* beziehungsweise *Jahreshoroskopes* beziehen wir die obigen Feststellungen auf das jeweilige Lebensjahr, in dem das Solar gültig ist. Eine WAAGE-/VENUS-Betonung im Solar – vor allem bei WAAGE-Aszendent oder VENUS am Aszendenten – weist darauf hin, daß in diesem Jahr WAAGEhafte Themen im Vordergrund stehen werden. Das kann sich zum Beispiel in verstärkter künstlerischer Betätigung oder in intensiven partnerschaftlichen Begegnungen ausdrücken.

Im *Compositehoroskop* symbolisiert die VENUS unter anderem die Beziehungsfähigkeit in der Partnerschaft. Und die VENUS-Positionen im *astrologischen Partnervergleich* geben an, wo wir die VENUS des Partners am deutlichsten spüren und wie diese uns berührt.

VENUS-*Transite* durch die Häuser unseres Geburtshoroskopes zeigen an, in welchen Lebensbereichen sich die genannten Themen momentan am deutlichsten offenbaren. VENUS-Transite auf unsere Planeten im Geburtshoroskop lassen uns wissen, welche Wesensseiten derzeit in besonderem Maße »harmonisiert« werden (sollen).

Zur Deutung Ihrer individuellen VENUS-Konstellation empfehle ich Ihnen, die Aussagen zu diesem Prinzip mit den Darstellungen »Ihres« VENUS-Zeichens im entsprechenden Band dieser Reihe zu kombinieren. Nehmen wir als Beispiel eine VENUS im SCHÜTZEN im achten Haus (SKORPION-Haus): Die Themen im SCHÜTZE-Band beschreiben die anlagemäßige Prägung dieser VENUS, und das SKORPION-Buch gibt Auskünfte zu den Umwelteinflüssen und Lebensaufgaben, die sich der VENUS-Energie in dieser Existenz gegenüberstellen; weiterhin werden dort die Lebensbereiche/Umfelder genannt, in denen diese Kraft am deutlichsten erfahren wird. Durch diese individuelle Vorgehensweise werden Sie nicht durch »Schubladendeutungen« entmündigt, sondern sind bei der Lösung Ihrer Lebensrätsel selbst zur aktiven Mitwirkung eingeladen. Auf diese Weise können Sie eine wirkliche Beziehung zum Horoskop und damit zu sich selbst herstellen.

VENUS ist die Voraussetzung für wahre Lebenskunst. Sie ermöglicht uns die Aufnahme von Umweltimpulsen am richtigen Ort, zur richtigen Zeit, in der richtigen Sphäre und in der richtigen Quantität und Qualität. Sie bewirkt, daß wir es verstehen, das Beste aus den unterschiedlichen Lebenslagen zu machen und eine größtmögliche Stimmigkeit zu erzielen zwischen dem, was wir mögen, und dem, was gerade möglich ist. VENUS vermittelt uns eine Offenheit für die Möglichkeiten des Augenblicks und schafft eine harmonische Verbindung zwischen innen und außen.

Wenn wir wirklich bestrebt sind, Schönheit, Harmonie und Liebe (die frei von Zwängen und Ansprüchen ist!) in unser Leben zu bringen, dann ist die VENUS gefragt. Jeder von uns trägt diese Energie in sich, wie ja auch jeder die VENUS im Horoskop hat. Niemand ist von Grund auf unfähig zu lieben oder beziehungsunfähig; es ist eben eine Frage des Wiederfindens und der Integration der inneren Liebesgöttin, die möglicherweise in dunklen Räumen der Seele ein Schattendasein führt und auf Erlösung wartet. Vor allem das Erlebnis des Liebesverrates – durch die Eltern oder andere wichtige, geliebte Menschen – kann die VENUS zeitweilig »auf Eis legen«.

Erlöste VENUS-Energie zeigt sich *unkonventionell*. Wer von der Liebesgöttin auserwählt wurde, der lebt ein Leben für die Liebe, für die Schönheit und die Kunst. Eine berühmte Repräsentantin der Liebesgöttin finden wir in der WAAGEgeborenen französischen Schauspielerin SARAH BERNHARDT (22.10.1844, VENUS im LÖWEN). Sie zählte in den sechziger Jahren des 19. Jahrhunderts zu den bedeutendsten Bühnenschauspielerinnen. Im »*Chronik-Tageskalender '94*« lesen wir über sie: »Nicht nur auf der Bühne setzte die männerumschwärmte Diva ihre außergewöhnliche Weiblichkeit ein. Zu ihren Liebhabern zählten die attraktivsten Männer Frankreichs ... Bernhardt setzte sich über die Konventionen hinweg und galt als die typische Femme fatale der Jahrhundertwende. VICTOR HUGO, einer ihrer glühendsten Bewunderer, urteilte anläßlich der 100. Aufführung seines ›Ruy Blas‹ über sie: ›Sie ist mehr als schön, sie ist etwas Größeres als eine Königin, sie ist eine Frau.‹ Der Kritiker JULES LEMAITRE schrieb: ›Sie hat nicht nur ihre Seele, ihren Geist und ihre körperliche Anmut in die Rolle gelegt, sondern auch ihre Sexualität. Bei jeder anderen Schauspielerin würde ein so herausforderndes Agieren abstoßend wirken, doch die Natur, die ihr so wenig Fleisch gegönnt hat, verlieh ihr dafür das Aussehen einer Märchenprinzessin, und ihre leichte durchgeistigte Anmut läßt auch die herausforderndsten Gesten ganz köstlich erscheinen.‹« Diese Worte wirken wie eine Beschreibung der »leibhaftigen« Liebesgöttin. Die VENUS als Luftwesen bezaubert weniger durch ihren Körper (= Erdzeichen STIER), sondern vielmehr durch ihre ätherische Anmut, die sie wie ein Aphrodisiakum über die Menschen versprüht.

Das Sigel der VENUS

Das VENUS-Sigel erfreut sich allgemeiner Bekanntheit. Als Leitsymbol der Frauenbewegung ist es zum Sinnbild für Weiblichkeit geworden. Im Gegensatz zum MOND-Symbol jedoch, das die weiblich-mütterliche Gefühlsseite verkörpert, haben wir es hier mit dem *Frausein* an sich zu tun, das sich nicht im Muttersein erschöpft. Die Frau als *Weib* und nicht als Mutter steht bei der VENUS im Vordergrund, und als Weib ist sie ein geschlechtliches Wesen, Verführerin und irdisches »Gefäß« der Liebesgöttin.

Ist die Frau ganz Weib, dann vermag sie den Eros zu erwecken – den Eros in sich selbst, in der Partnerschaft und im Mann. Der spanische Schriftsteller CALDERÒN sagte über die Kraft des Weibes: »Es ist kein Vernünftiger und kein Mann, der vom Weib sich nicht läßt bewegen.« RICHARD WAGNERS Liebe zum anderen Geschlecht ist hinlänglich bekannt. So schrieb er unter anderem: »Es ist immer wieder das ewig Weibliche, was mich mit süßen Täuschungen und warmen Schaudern der Lebenslust erfüllt. Ein feuchtglänzendes Frauenauge durchdringt mich oft wieder mit neuen Hoffnungen« (aus: »*Liebe – Tragik*«). Ohne Zweifel sprechen WAGNER wie CALDERÒN hier von der venusianischen Seite der Frau.

Die erotische Spannung zwischen den Geschlechtern ist eine Antriebskraft für die kulturelle Entwicklung. Nicht zufällig gehören die Erotik und die Kunst gleichermaßen zum Repertoire der VENUS. Ohne Erotik existiert keine Kunst, aber auch keine Beziehung. Schließlich ist die (weibliche) Erotik die Kraft, die den Mann zur Frau hinzieht und dessen MARS-Kraft erweckt. Erotik ist wesentlich mehr als der bloße Sexualakt. Sex »pur« als Triebbefriedigung entspricht der kindlich-triebhaften Seite der MARS-Energie; das »Objekt« der Befriedigung spielt dabei nur eine untergeordnete Rolle. Wer die Partner wechselt wie Hemden beziehungsweise sexuelle Rekorde aufzustellen bemüht ist, der ist im Bereich der Erotik noch nicht auf der (erlösten) WAAGE-Ebene angelangt. Nicht zufällig ist der männliche Inbegriff für sexuelle Leistungsfähigkeit – der italienische Abenteurer und Schriftsteller GIACOMO CASANOVA – im Monat des WIDDERS (2.4.1725) geboren. Bei der Erotik als VENUS-Entsprechung dagegen ist der Trieb auf ein Du gerichtet und gewinnt dadurch eine soziale, partnerbezogene Komponente. Ob jemand diese Ebene erreicht hat, ist natürlich eine Frage der seelischen Reife, zu der WIDDER-Geborene ebenso gelangen können wie WAAGE-Geborene.

Erotik als Ausdruck des Luftelementes ist ätherische Schwingung; diese wird natürlich sinnlich wahrgenommen, ist aber vom Wesen her »übersinnlich«. Lassen wir dazu noch einmal RICHARD WAGNER, den Experten in Liebesfragen, sprechen: »Der notwendige Drang des dichtenden Verstandes ist die Liebe, und zwar die Liebe des Mannes zum Weibe: nicht aber jene frivole, unzüchtige Liebe, in welcher der Mann sich nur durch seinen Genuß befriedigen will, sondern die tiefe Sehnsucht, in der mitempfundenen Wonne des liebenden Weibes sich aus einem Egoismus erlöst zu wissen.« Im Horoskop WAGNERS drückt sich seine starke venusianische Prägung durch die Konstellation seiner STIER-VENUS in direkter Konjunktion mit seinem STIER-Aszendenten (VENUS im ersten Haus) aus.

Auf mittelalterlichen Abbildungen erinnert der Handspiegel der Liebes- und Schönheitsgöttin an das VENUS-Sigel. Darin ist zum einen das »Spiegelungsprinzip« des Luftelementes enthalten (»Wie innen, so außen«), das Selbsterkenntnis durch die Umwelt widerspiegelt. Und zum anderen drückt sich in dem Handspiegel natürlich das Thema der Ästhetik aus.

Betrachten wir die geometrischen Figuren des VENUS-Sigels, dann sehen wir oben einen Kreis, an den sich unten ein gleichseitiges Kreuz anschließt. Der Kreis ist Symbol der Einheit und damit ein geistiges Prinzip; das gleichschenklige Kreuz verkörpert die vierseitige Ausrichtung der irdisch-materiellen Welt (vier Himmelsrichtungen, vier Elemente und so weiter). Steht der Kreis über dem Kreuz, dann dominiert das Geistige die Materie; Schönheit und Liebe sind in erster Linie *innere* (geistige) Prinzipien, die auch unabhängig von physischer Form existieren. Die »Basis« dafür, daß sich diese geistigen Prinzipien (der VENUS) in der stofflichen Welt ausdrücken können, ist dagegen die materielle Ebene; der Körper der Frau ist in diesem Sinne ein (potentieller) irdischer Tempel der Liebesgöttin.

Das Sextil – der Harmonieaspekt der WAAGE

Dem Harmoniezeichen WAAGE entspricht der astrologische Harmonieaspekt *Sextil*. Dieser Aspekt verbindet jene Tierkreiszeichen und Planeten miteinander, die sich im Horoskop in einem Abstand von sechzig Kreisgra-

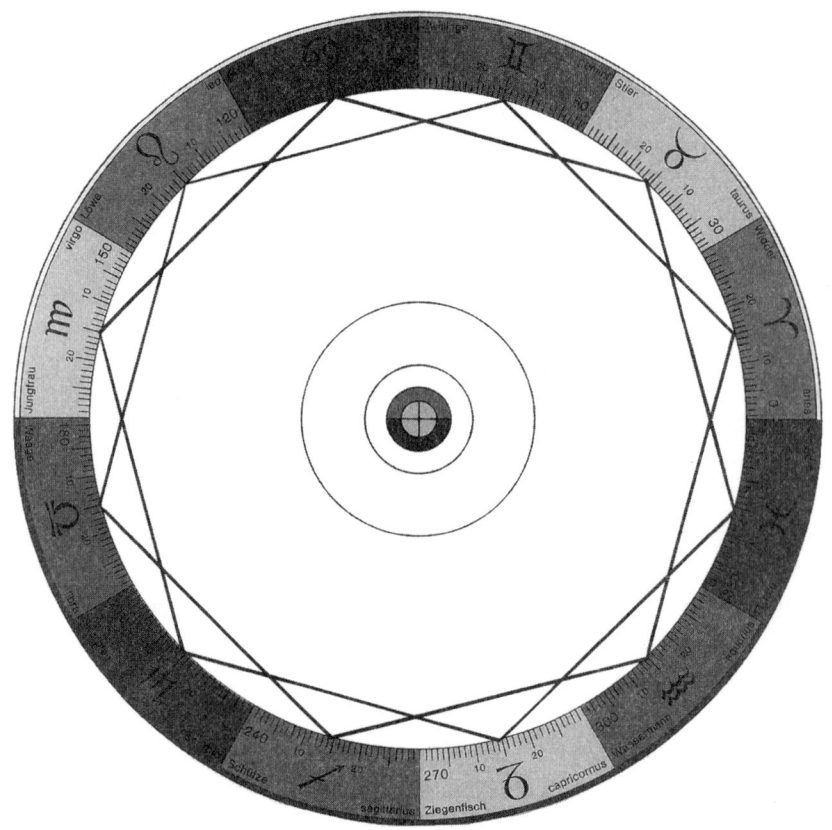

den zueinander befinden. Im Tierkreis bildet jeweils ein Zeichen mit dem
übernächsten ein Sextil; die Elemente dieser Zeichen harmonieren miteinander. Es sind das die Feuer- und Luftzeichen einerseits und die Erd- und Wasserzeichen andererseits. Die nebenstehende Abbildung zeigt die Sextile im
Tierkreis. Mit Linien verbunden, ergeben sie zwei Sechsecke.

Sextile bringen jene Elemente miteinander in Beziehung, die sich von
ihrem Wesen her *ergänzen* und *günstig beeinflussen*. Feuer braucht Luft zum
Brennen; Luft braucht Feuer, um eine individuelle Erscheinung anzunehmen; Erde braucht Wasser, um fruchtbar zu sein; und Wasser braucht Erde
als Begrenzung und Halt. Allerdings wissen wir auch, daß Wasser die Erde
überfluten und Luft das Feuer ausblasen kann. Es kommt beim Sextil also
auch darauf an, was wir daraus machen. Ob wir die potentiellen Entwicklungschancen nutzen, die darin liegen, hängt von uns ab.

Planeten, die im Geburtshoroskop oder als Transite mit einem Sextilaspekt in Verbindung stehen, ergänzen sich gegenseitig und begünstigen dadurch ihre Wirkungen. Die Verbindung durch Sextile hat, dem Wesen der
WAAGE entsprechend, *freiwilligen* Charakter. Harmonieaspekte zwingen
in der Regel nicht; sie machen zwar »geneigt«, ihre Wirkung kann aber auch
»verpuffen«, wenn der betreffende Mensch sie nicht nutzt. Talente und
Chancen können vergeudet werden – das ist der Preis der Freiheit.

Wird ein Sextil jedoch entfaltet, dann vermögen beide beteiligten Kräfte
sich wie ein gut aufeinander eingespieltes und reifes Paar zu unterstützen.
Beide Bereiche beziehungsweise Kräfte werden sich ergänzen, und es wird
einem so manches gelingen. Günstige Gelegenheiten können sich daraus
entwickeln. Ist die VENUS an einem Sextil beteiligt, dann bedeutet das meistens, daß die Förderung und Ergänzung (günstige Beeinflussung, Bestätigung) durch den Partner beziehungsweise durch Beziehungen geschieht. In
der mittelalterlichen Astrologie verkörperte die VENUS das »kleine
Glück«, im Gegensatz zum »großen Glück« des JUPITER. Abgesehen davon, daß diese Aussage der Differenzierung bedarf, können wir für die
Aspektdeutung doch feststellen, daß der Unterschied zwischen den beiden
klassischen Harmonieaspekten Sextil (VENUS) und Trigon (JUPITER) in
der »Dosis« beziehungsweise energetischen Kraft liegt (zum Trigon siehe
SCHÜTZE-Band).

Nehmen wir dafür ein bildhaftes Beispiel: Sie haben eine Panne mit Ihrem
Auto. Die Wirkungsweise eines Sextils ließe sich etwa damit vergleichen,
daß in der Nähe ein Telefon ist und Sie in Kürze den Pannendienst vor Ort

haben, der Ihr Fahrzeug repariert. Die Trigon-Energie könnte sich dagegen so auswirken, daß Sie gar nicht erst anzurufen brauchen, weil »zufällig« ein Fahrzeug des Pannendienstes oder ein fachkundiger Autofahrer vorbeikommt und sich Ihres Problems annimmt. Möglicherweise finden Sie dadurch den Partner Ihres Lebens, oder eine andere günstige Gelegenheit fällt Ihnen in den Schoß. Sie haben natürlich auch die Freiheit, nein zu sagen und das Glück vorbeiziehen zu lassen.

Entsprechend wirken sich Sextilverbindungen auch im Traum aus. Die Repräsentanten der beteiligten Planetenkräfte werden einander im günstigen Fall unterstützen oder zumindest nicht in die Quere kommen. Bei einem Sextil zwischen SONNE und MOND beispielsweise handelt es sich um eine harmonische Verbindung zwischen dem Traum-Ich (SONNE) und weiblich-mütterlichen Traumfiguren oder Symbolen der Naturseite (MOND-Bereich). Eine Übung zum Nachempfinden des Sextils finden Sie im fünften Kapitel. Zur Deutung der möglichen Sextile empfehle ich Ihnen, die entsprechenden Bände aus dieser Buchreihe dafür heranzuziehen, in denen die beteiligten Planeten behandelt werden; bei einem MERKUR-VENUS-Sextil etwa den ZWILLINGE-Band für die Deutung des MERKUR und den WAAGE-Band für die VENUS-Interpretation, deren Zusammenwirken dann vor dem Hintergrund des hier Gesagten gedeutet wird.

Die energetische Wirksamkeit der Sextile hängt von der Größe des Orbis ab, innerhalb dessen dieser Aspekt zum Tragen kommt. »Orbis« meint hier den Raum der Abweichung vom Idealabstand von sechzig Kreisgraden. HANS TAEGER schlägt als Orbis folgende Werte vor, innerhalb derer das Sextil noch wirksam ist: bis zu drei Grad maximale Abweichung, wenn SONNE, MOND, Aszendent oder MC (Himmelsmitte) am Sextil beteiligt sind (der Orbis liegt hier also zwischen 63 und 57 Grad), bis zu zwei Grad, wenn MERKUR, VENUS, MARS, JUPITER und SATURN beteiligt sind, und bis zu einem Grad für alle anderen. Der jeweils »höherwertige« Planet ist bei dieser Bestimmung der entscheidende Faktor. Bei einer Sextil-Verbindung zwischen SONNE und NEPTUN beispielsweise gilt der genannte SONNEN-Orbis von maximal drei Grad.

WAAGE/VENUS in ihrer erlösten und unerlösten Form

Wenn wir an dieser Stelle die erlösten (entwickelten) und unerlösten (unentwickelten) Seiten gegenüberstellen, dann tragen wir der Polarität des irdischen Daseins Rechnung. Es sind die beiden Enden der Skala, wie die WAAGE-/VENUS-Energie in Erscheinung treten kann. Zwischen diesen Extrempunkten der Licht- und Schattenseiten gibt es natürlich viele Abstufungen, so wie der Mensch bei seiner Entwicklung unterschiedliche Reifegrade durchlebt. Wenn wir versuchen herauszufinden, wo wir uns in den genannten Gegensätzen befinden, ist es wichtig, auch die dunkle Seite dieser Kraft (in den Volksmärchen als »verwunschen« oder »verhext« bezeichnet) zunächst zu akzeptieren und dann allmählich zu integrieren. Denn wenn wir uns ihrer entledigen wollten, beraubten wir uns gleichzeitig der hilfreichen Kräfte, die darin schlummern und auf ihre Entfaltung warten. Eine wirkliche innere Harmonie, wie sie der WAAGE am Herzen liegt, finden wir nur, wenn alle Wesenskräfte den ihnen gemäßen Platz einnehmen und in stimmigen (wesensgemäßen!) Beziehungen zueinander stehen.

Die positiven und negativen Aspekte der Tierkreiszeichen lassen sich nicht à la »Zuckerstückchen-Astrologie« auseinanderreißen, sondern sie sind die zwei Seiten derselben Medaille, deren dunkles und helles Antlitz sozusagen. Verdrängen wir ein Urprinzip in die Katakomben der unbewußten Psyche, etwa aus falsch verstandenem Harmoniebedürfnis (wenn wir die WAAGE mißverstanden haben und meinen, es darf keine Auseinandersetzungen oder Probleme geben), dann wird es zwangsläufig sein Schattengesicht zeigen. Akzeptieren wir dagegen seine Existenz als Teil im kosmischen Reigen und integrieren diese Kraft, dann wird sie uns in der Lebensbewältigung beistehen, ohne daß sich dies negativ auf die Umwelt auswirken müßte. Astrologisch gesehen ist die Lösung des WAAGE-Rätsels eng mit der Integration der oppositionellen WIDDER-Energie verbunden. Nur wenn die Triebkräfte (WIDDER/MARS) aus ihrer Egozentrik erlöst werden und sich dem Du zuwenden, ist ein wirkliches Gleichgewicht möglich. WIDDER ist die Basis und Voraussetzung für die WAAGE; ohne Trieb kein Antrieb, der zum Mitmenschen hinführt! Andererseits wäre auch die Ego-Energie des WIDDERS sinnlos, wenn es kein Du gäbe, auf das sich diese

Kraft beziehen könnte. Das Universum wäre beziehungslos und würde sozusagen im Zustand der »kosmischen Onanie« verharren. Entwicklung wäre nicht möglich. WIDDER und WAAGE brauchen sich also gegenseitig.

WAAGE/VENUS

erlöst/entwickelt:		*unerlöst/unentwickelt:*
Beziehungsfähigkeit	–	Partnerfixierung
Sinn für Kunst	–	Unnatürlichkeit
Humanität	–	»Weichling«
Fähigkeit abzuwägen	–	Entscheidungsschwäche, Wankelmut
Ausgeglichenheit	–	übersteigertes Harmoniebedürfnis
Harmonieverbreitung	–	Problemverdrängung
Freiheitssinn	–	Anpassungsprobleme
Gerechtigkeitssinn	–	Gerechtigkeitsfimmel
Friedfertigkeit	–	Feigheit
Kompromißfähigkeit	–	mangelndes Durchsetzungsvermögen
»guter Wille«	–	Willensschwäche
überpersönliche Liebe	–	mangelnde Individualität
Gefühlsneutralität	–	Gefühlskälte
Sympathie	–	Antipathie
Gefühl für Schönheit	–	Oberflächlichkeit
Gewaltlosigkeit	–	Laschheit, Impotenz
Anmut, Charme	–	»Schönling«
Eleganz	–	Äußerlichkeit
Offenheit nach außen	–	Probleme im Intimbereich
Geselligkeit	–	Probleme mit Alleinsein
offen für »Wahlverwandtschaften«	–	Vernachlässigung der Familie
entwickelte Weiblichkeit	–	»weibisches« Verhalten
Sinn für Erotik	–	»Erotomane«
innere Leichtigkeit	–	Abgehobenheit
Unverbindlichkeit	–	Verantwortungslosigkeit
Fairneß	–	Angst vor Auseinandersetzung

Fähigkeit zu teilen	–	Bedürfnisverdrängung
»Brückenbau«-Funktion	–	Beziehungswahn
»Liebesdiener(in)«	–	Hure
Diplomatie	–	»um den heißen Brei herum-reden«
Ästhetik	–	Dekadenz
Toleranz	–	Meinungslosigkeit
Nettigkeit	–	Schmeichelei

Auf welcher Seite der Medaille wir uns befinden, hängt vor allem davon ab, ob wir den WAAGE-Archetypen verdrängen und deshalb veräußerlicht leben oder an seiner Integration arbeiten. Auch WAAGE-betonte Zeitgenossen mögen feststellen, daß ihnen die genannten Fähigkeiten gar nicht so vertraut sind. Wenn wir unerlöste WAAGE-Entsprechungen in unserem Verhalten und Charakter entdecken, dann liegt das vor allem daran, daß wir in diesem Bereich noch nicht »zu uns selbst gefunden haben«. Oder daß wir die WAAGE-/VENUS-Energie in unserer heutigen nach außen gerichteten Zeit eben sehr veräußerlicht leben, indem etwa eigentlich geistige Prinzipien wie »Schönheit« rein äußerlich definiert werden.

Wenn Sie Eigenschaften der rechten Seite der Skala an sich oder Ihrem Verhalten entdecken, ist das kein Grund, diese abzulehnen oder zu verurteilen. Versuchen Sie statt dessen, sich langsam auf die linke Seite zuzubewegen, indem Sie die unterentwickelten Kräfte kultivieren. Wenden Sie sich bewußt diesen Themen zu und erkennen Sie vor allem auch, was an positivem Potential in den negativen Aspekten steckt. Wenn Sie beispielsweise durch Ihre Träume Entscheidungsprobleme widergespiegelt bekommen, dann machen Sie sich klar, daß diese unerlöste WAAGE-/VENUS-Entsprechung lediglich die Schattenseite der Fähigkeit des Abwägens ist. Ich denke hier an eine WAAGE-Geborene, die im Traum mit ihrem Partner vor dem Traualtar steht, sich aber nicht entscheiden kann, ob sie ihn nun heiraten soll oder nicht. Dieses Traumbild fordert sie auf, bewußt das Für und Wider ihrer Partnerschaft abzuwägen und sich darüber klarzuwerden, was sie will. Weitere Beispiele dazu finden Sie im Traumkapitel und natürlich in Ihren eigenen Träumen und im Alltagsleben.

Die Abbildung zeigt eine Karikatur des WAAGE-Prinzips
(aus: »ZOODIAC« von RONALD SEARLE).

Das Haus der WAAGE: das siebte Haus

In der energetischen Astrologie verwenden wir das äquale Häusersystem. Alle Häuser sind gleich groß, ihre Ausdehnung beträgt jeweils dreißig Kreisgrade. Das siebte Haus beginnt dementsprechend bei Grad dreißig des sechsten Hauses (= null Grad des siebten Hauses); die Spitze des siebten Hauses nennt man *Deszendent* (das ist der Gegenpol des Aszendenten). Es wächst gegen den Uhrzeigersinn an, bis es bei einer Ausdehnung von dreißig Grad den Endpunkt erreicht, wo das achte Haus beginnt. Nachfolgend einige Beispiele zur Bedeutung des siebten Hauses, die durch das jeweilige Tierkreiszeichen, in das es fällt, und durch die Planetenstellungen darin modifiziert wird:

o Es hat als kardinales Haus *initiierende*, »antreibende« Qualität, was sich auf das Tierkreiszeichen und die Planeten im siebten Haus entsprechend auswirkt.

o Als Lufthaus beschreibt es die Ebene des (Kollektiv-)Geistes.

o In der »Felderwanderung« nach dem Sechsjahreszyklus beinhaltet es die Art und Weise der Erfahrungen im Alter von sechsunddreißig bis zweiundvierzig Jahren.

o Es betrifft die Lebensbereiche und Entsprechungen des WAAGE-Archetypen (siehe dazu zweites Kapitel).

o Der Deszendent charakterisiert die *Umweltebene*.

Tierkreiszeichen und Planeten im siebten Haus beziehungsweise am Deszendenten zeigen unter anderem an:

o welche Lebensbereiche und Kräfte harmonisiert werden sollen;

o wo wir nach einem Ausgleich streben (müssen);

o was wir nach außen, an die Oberfläche bringen (sollen);

o wo wir abwägen und gegebenenfalls Kompromisse schließen sollen;

o wo wir uns nicht festlegen können;

o womit wir in Beziehung treten und zwischen welchen Bereichen wir eine »Brücke« bauen sollen;

o wie die Umwelt auf unser Verhalten reagiert (beziehungsweise wie wir die Umweltreaktionen interpretieren und empfinden);

o wie wir spontan mit dem Partner umgehen;

o wie wir die Partnerschaft erleben;

o wie wir auf die WAAGE-Energie und ihre Entsprechungen im allgemeinen spontan reagieren;

o wo wir zu unerlösten WAAGE-Entsprechungen neigen;

o unsere individuelle (Lebens-)Kunst, wo wir künstlerisch tätig sein können.

Je stärker wir die Aufgaben und Anforderungen des siebten Hauses integriert haben, desto deutlicher werden wir die obigen Aussagen in unserem alltäglichen Leben nachvollziehen können. Übertreiben wir damit, dann hat das zur Folge, daß die Qualitäten des betroffenen Tierkreiszeichens, das mit dem siebten Haus zusammenhängt, verdrängt werden. Die Lösung liegt darin, ein Gleichgewicht zwischen der Häuserebene (Umwelt und Aufgaben) und der Tierkreisebene (Anlagen) herzustellen. Die darin konstellierten Planeten (Wesenskräfte) sollen sich in der Auseinandersetzung zwischen Tierkreis- und Häuserebene weiterentwickeln und »zu sich selbst finden«.

Haben wir etwa das SKORPION-Zeichen im siebten Haus konstelliert, dann werden unsere Beziehungen in erster Linie *transformatorische* Wirkung haben, und wir sollten darauf achten, in keine symbiotischen Abhängigkeiten und Hörigkeiten zu geraten. Auf der entwickelten Seite besteht hier die Fähigkeit, sich gemeinsam mit dem Partner zu wandeln und tiefe seelische Erfahrungen miteinander zu machen. Die Ebene der Kunst reicht hier in archaisch-mythologische Tiefenbereiche.

Bei der Deutung von Tierkreiszeichen und Planeten im siebten Haus ist wie bei der Interpretation der VENUS-Stellung zu verfahren (siehe dort). Allgemeines zu den Häusern finden Sie im Einführungsband.

SONNE, MOND
und Aszendent im WAAGE-Zeichen

Ist »unser« Sternzeichen die WAAGE, dann sind wir im WAAGE-Monat geboren und in unserem Geburtshoroskop ist die SONNE in dieses Tierkreiszeichen gestellt. Wenn man dann sagt, man *sei* eine WAAGE, trifft diese Aussage natürlich nur begrenzt zu. Tatsache ist, daß wir an allen zwölf Archetypen des Tierkreises angeschlossen sind! Wir alle setzen uns aus denselben »Bausteinen des Lebens« (den zwölf Tierkreiszeichen) zusammen; unsere Individualität wird durch die persönliche, unverwechselbare Konstellation dieser Grundkräfte ausgedrückt. Von all diesen Energien hat das SONNEN-Zeichen überragende, *zentrale Bedeutung* für diese bestimmte Existenz, ob wir das nun wissen oder nicht!

Menschen mit WAAGE-SONNE sind vor die Aufgabe gestellt, sich zunächst bewußt mit der WAAGE-Energie und deren Entsprechungen zu identifizieren, diese vorrangig in die Persönlichkeitsstruktur zu integrieren und ein Selbst-Bewußtsein in diesem Bereich zu entwickeln (ohne dabei zu übertreiben!). Der nächste Schritt besteht dann in der Emanzipation der SONNE (dem Selbst) gegenüber dem WAAGE-Archetypen. Schließlich kann es ja nicht auf Dauer darum gehen, WAAGEhafte Tugenden und Untugenden auf Gedeih und Verderb auszuleben und zu einer »wandelnden WAAGE« zu werden.

Entsprechend seinem Reifegrad wird der WAAGE-Geborene unwillkürlich (und mehr oder minder bewußt) ein Medium des WAAGE-Archetypen beziehungsweise der Liebesgöttin VENUS sein, wie die amerikanische Schauspielerin Rita Hayworth (17.10.1918), die als »Venus des Atomzeitalters« galt. Jahrelang war sie das bevorzugte Cover- und Pin-up-Girl amerikanischer Soldaten. Ihr turbulentes Privatleben schien ihren Ruf als Vamp zu bestätigen; sie war allein sechsmal verheiratet. Daß sie – als Mensch geboren – keine Göttin war, sondern mit ihrer WAAGE-Betonung (SONNE, Aszendent, VENUS und MERKUR in diesem Zeichen!) eben eine gute Projektionsfläche für diese Energie war, drückt sie in folgendem Zitat aus: »Meine Männer glaubten, sie seien mit einer Göttin liiert. Eines Morgens wachten sie auf und fanden mich vor« (aus: Harenberg »*Chronik-Tageskalender '93*«). Vor allem jene Männer, die ihre innere VENUS zu hundert Prozent auf die reale Frau projizieren, werden zu solchen Fehldeutungen kommen und auf irdisch-körperlicher Ebene nach Göttinnen suchen. Göttlichkeit – welcher Art auch immer – ist aber ein geistiges Prinzip und kann nur innerlich gefunden werden.

Die WAAGE-Energie ist für den unter diesem Zeichen Geborenen so selbstverständlich wie etwa das Element Wasser für die Fische. Gerade deshalb, weil man so innig mit seinem Sternzeichen verbunden ist, nimmt man die Welt von diesem Blickwinkel aus wahr, meist ohne sich dessen bewußt zu sein. Man sieht zunächst die Bäume vor lauter Wald nicht und ist deshalb vor die Aufgabe gestellt, ein Selbst-Bewußtsein im Bereich seines Sternzeichens zu entwickeln. Wie das WAAGE-Zeichen dann erlebt wird und sich nach außen hin darstellt, ist geprägt vom Aszendenten, von der Häuserposition der WAAGE-SONNE und natürlich vom Reifegrad der Seele.

Die WAAGE-Themen haben für WAAGE-Geborene lebenslang sowie für alle Menschen im jeweiligen WAAGE-Monat (und bei individuellen Transiten auf die VENUS-Stellung und durch das siebte Haus im Geburtshoroskop) wesentliche Bedeutung. Am Anfang des Individuationsweges stehend, identifizieren wir uns zunächst mehr mit den Themen des Aszendentenzeichens, des sogenannten »Erden-Ichs«. Das ist schon deshalb notwendig, weil wir auf dieser Ebene einen Bezug zum irdischen Dasein herstellen. Es ist also keineswegs überraschend und widerlegt die Gültigkeit der Astrologie nicht, wenn sich manche (bei oberflächlicher Betrachtung) zunächst nicht in den Themen ihres Sternzeichens wiederzufinden glauben. Dies ist

auch der Fall, wenn das Haus, in dem die WAAGE-SONNE steht, das
WAAGE-Zeichen überschattet. Für WAAGE-Geborene geht es nun aber
gerade darum, diesen Archetypen zu realisieren und bewußtzumachen, da
er der *Mittelpunkt* dieser Existenz ist. Wird er (bewußt oder unbewußt) unterdrückt, dann drängt er »hintenherum« ins Leben und zeigt dann sein
dunkles Antlitz, etwa durch Oberflächlichkeit, Künstlichkeit, Beziehungssucht oder aber Beziehungsunfähigkeit.

Für Außenstehende ist das SONNEN-Zeichen oder Sternzeichen nicht
so leicht zu erkennen wie das Aszendentenzeichen, da letzteres in größerem
Maße die Außenwirkung eines Menschen beschreibt. Die Vermutung, daß
gerade die harmonisierende WAAGE-Energie ausschließlich »Feingeister«
und Ästheten hervorbringt, trifft deshalb nicht zu. Die Ebene, auf der ein
Mensch die Themen seines Sternzeichens lebt, ist eine Frage des persönlichen Karmas und damit der seelischen Reife.

Auch eine konträre Häuserstellung wirkt sich modifizierend auf eine
WAAGE-SONNE aus. Beispielsweise bei dem schwedischen Chemiker,
Unternehmer und Preisstifter ALFRED NOBEL (21.10.1833): Konträr zu
seinem WAAGE-Sternzeichen und -Aszendenten hatte er die SONNE (und
seinen MARS) im ersten Haus (WIDDER-Haus) konstelliert. Seine Le-
bensaufgabe, die kämpferische und initiatorische WIDDER-Energie in das
Selbstbild der friedliebenden WAAGE-SONNE zu integrieren, erfüllte er
als Erfinder der Initialzündung (1863) und des Dynamits (1867) einerseits
und als Stifter des Nobelpreises andererseits. Der Sprengstoff Dynamit ist
eine Entsprechung der aggressiv-triebhaften Feuerenergie des WIDDERS,
während der Entschluß, sein gesamtes Vermögen in die von ihm gegründete
Nobelpreisstiftung zu überführen (sozusagen der Menschheit zu widmen),
der WAAGE entspricht.

Auch die individuelle VENUS-Position der WAAGE-Geborenen ist ein
Anzeiger dafür, wie das persönliche WAAGE-Thema gelebt wird. Die öster-
reichische Filmschauspielerin ROMY SCHNEIDER wurde am 23.9.1938, zu Beginn des WAAGE-Monats kurz nach Neumond (SONNE-/MOND-Kon-
junktion in der WAAGE), geboren. Die »*Sissi*«-Trilogie mit ihr in der Rolle
als Kaiserin von Österreich-Ungarn machte sie berühmt und zum Star der
Kitschpostkartenwelt (Kitsch ist niedriges WAAGE-Level). Nach einer
Identitätskrise gelang es ihr jedoch, das Bild einer sinnlichen, leidenschaftli-
chen Frau aufzubauen. Ihre SKORPION-VENUS hatte an dieser Wandlung wohl großen Anteil – ebenso wie an ihren tragischen Beziehungen: Ihr

erster Ehemann beging nach der Scheidung Selbstmord, und ihr Sohn verunglückte tödlich. Sie selbst schied 1982 durch Suizid aus dem Leben. Sie stand vor der schwierigen Aufgabe, bei WAAGE-SONNE und SKORPION-VENUS die beiden gegensätzlichen Prinzipien von WAAGE und SKORPION in einen Ausgleich zu bringen. Letztlich geht es bei dieser Konstellation vor allem darum, eine Beziehung zu den Abgründen des Lebens und der Seele (SKORPION) herzustellen. Zunächst gilt es die VENUS aus der Höllenwelt PLUTOS zu befreien, um anschließend den venusianischen Geist der Liebe in diese dunklen Bereiche zu bringen.

Es gibt viele WAAGE-Geborene, die sich auf den ersten Blick scheinbar untypisch für ihr SONNEN-Zeichen verhalten und nach außen hin zunächst nicht »WAAGEhaft« wirken; die »Strahlen« der WAAGE-SONNE nehmen dann die »Farbe« und Qualität eines dominierenden Aszendenten an, beispielsweise bei dem WAAGE-geborenen deutschen Philosophen FRIEDRICH NIETZSCHE, dessen SKORPION-Aszendent die oberflächliche, unverbindliche und menschenfreundliche WAAGE-Natur überschattete.

Auch durch eine starke MOND-Stellung kann das Unbewußte die Reaktionen und das Verhalten der Betreffenden deutlicher prägen als das SONNEN-Zeichen; so bei der WAAGE-geborenen ehemaligen britischen Premierministerin MARGARET THATCHER, deren LÖWE-MOND sicherlich mehr zu ihrem Ruf als »eiserne Lady« beigetragen hat als das kompromißbereite und friedliebende WAAGE-Zeichen.

Dennoch wird sich im Leben der WAAGE-Geborenen – auch ohne daß sie es bewußt erfassen – vieles um WAAGE-Themen wie Beziehung und Partnerschaft, Liebe und Frieden, Harmonie und Schönheit drehen. Diese Bereiche sind natürlich für uns alle wichtig, aber für WAAGE-SONNEN bilden sie den Schwerpunkt in dieser Existenz, die zentralen Bereiche, die mit dem höheren Selbst in Verbindung stehen. Werden diese von WAAGE-Geborenen verdrängt, wirkt sich das in der Regel dramatischer auf ihr Leben und ihre Gesundheit aus als für andere. Bezüglich NIETZSCHE können wir spekulieren, daß sein schlechter Gesundheitszustand (anhaltende Kopf- und Augenschmerzen – ein mögliches Anzeichen für Kopflastigkeit und sein Problem damit, sich selbst realistisch zu »sehen«) und die nach einem Nervenzusammenbruch allmählich eintretende geistige Umnachtung mit der Unterdrückung seiner WAAGE-SONNE zusammenhängen. Seine WAAGE-SONNE zu integrieren hätte bedeutet, sich – trotz seines Talentes, in die Abgründe der (Volks-)Seele zu blicken (SKORPION-Aszendent!) und Mißstände zu erkennen – mit der Umwelt (und sich selbst!) auszusöhnen. Das schmälert natürlich nicht die Bedeutung seines Werks, das ja vor allem aus seinem inneren Zwiespalt zwischen WAAGE (Harmonie) und SKORPION (Transformation) hervorgegangen ist.

Menschen, deren WAAGE-Zeichen im Horoskop unbetont und deren SONNE unproblematisch konstelliert ist, werden den WAAGE-Themen nicht so viel Bedeutung beimessen. Für WAAGE-Geborene aber geht es um viel mehr: Ihr Selbst-Bild, Selbst-Bewußtsein, ihre *Identität* und *Integrität*, ihre *Gesamtpersönlichkeit* hängen davon ab, wie es in diesen Bereichen läuft. Wird das Sternzeichen verdrängt – mitsamt seinen Stärken und Schwächen –, sind die Betreffenden nicht »sie selbst«; eine totale Fixierung auf diesen Bereich ist aber auch nicht viel besser. Jeder Mensch muß selbst erkennen, auf welcher Seite er steht, und dann ein Defizit durch Auseinandersetzung mit den unterdrückten Seiten ausgleichen sowie jegliche Art von Fixierung abstreifen.

Die SONNE nimmt im kardinalen (initiierenden) Luftzeichen WAAGE eine ambivalente Position ein. Die solare Kraft der Individualität wird durch das auf das Du bezogene Luftelement nicht selten geschwächt. Eine WAAGE-Betonung im Horoskop verweist daher auf die Aufgabe, die Kräfte des Egos mit den Interessen der Mitmenschen in Einklang zu bringen, beide Waagschalen gleich zu gewichten und einen Ausgleich zwischen Ich und Du herzustellen. Bevor diese Lektion gelernt wird, haben viele WAAGE-Geborene zunächst Probleme damit, ihre individuelle Eigenart zu entdecken, wenn sie sich zu stark mit den Interessen der Umwelt (vor allem des Partners) identifizieren. Da die WAAGE die Wahlverwandtschaften betrifft, sind es häufig in größerem Maße die außerfamiliären Belange, denen sich WAAGE-Geborene zuwenden. Wird die Familie und das Innenleben dabei vernachlässigt, ist ein Ausgleich zu schaffen, bevor das »Schicksal« zwangsweise ein Gewicht in die unbetonte Waagschale wirft.

WAAGE-Geborene sind häufig Medien für Geistesfreiheit. So verwundert es nicht, im »befreiten« Ostblock in VÁCLAV HAVEL (5.10.1936, tschechischer Schriftsteller und Politiker) und LECH WALESA (29.9.1943, polnischer Friedensnobelpreisträger von 1983) gleich zwei WAAGE-Geborene als Staatspräsidenten vorzufinden. Aber auch wenn es darum geht, mit traditionellen Normen und bürgerlichen Moralvorstellungen zu brechen, gehören die WAAGE-Geborenen (im Verein mit den Angehörigen der beiden anderen Luftzeichen ZWILLINGE und WASSERMANN) zu den Vorreitern, vor allem wenn diese »einen guten Draht« zum Feuerelement haben und dadurch den Mut aufbringen, ihre freiheitlichen Ideen auch in die Tat umzusetzen; die WAAGE alleine wäre nicht imstande, sich mit der Umwelt anzulegen. Als ein Beispiel sei hier der französische Dichter ARTHUR RIMBAUD (20.10.1854) genannt, der neben seiner WAAGE-SONNE den MOND, die VENUS und den Aszendenten ebenfalls in dieses Zeichen gestellt hatte. Die WAAGE-SONNE im kämpferischen WIDDER-Haus (erstes Haus) verlieh ihm den Drang, schon als Kind aus der bürgerlichen Ordnung auszubrechen. Sein Werk erschuf er bereits im Alter zwischen sechzehn und zwanzig Jahren. Er »brach in Form und Inhalt mit der herkömmlichen Lyrik und hatte großen Einfluß auf Symbolismus, Surrealismus und Existentialismus ... Bei Auflösung der festen Maße gebrauchte Rimbaud erstmalig den ›vers libre‹ (›freien Vers‹) und erweiterte das poetische Bewußtsein durch kühne und extrem hellsichtige, mit allen Sinnen empfundene Bilder ...« (aus: »*Personenlexikon*«, Chronik Verlag).

Sinn für Ästhetik ist eine wesentliche WAAGE-Tugend, mit der sich WAAGE-betonte Menschen bewußt oder unbewußt identifizieren. Die unter diesem Zeichen Geborenen sind daher häufig von schöngeistigem Wesen (»Künstlernaturen«), auch wenn das (beispielsweise durch einen der WAAGE konträren Aszendenten) nach außen hin nicht immer deutlich in Erscheinung treten mag. Die unterentwickelte Seite dieser Medaille ist der »Schönling«. Der bereits erwähnte WAAGE-geborene englisch-irische Schriftsteller OSCAR WILDE (16.10.1854; »*Das Bildnis des Dorian Gray*«) etwa avancierte zum Führer der ästhetischen Bewegung in England und hatte den Ruf eines Exzentrikers und Dandys.

WAAGE-Geborene (aber auch alle anderen!), denen es gelingt, ihre WAAGE-Seite beziehungsweise die VENUS-Energie zu integrieren, verfügen über die Fähigkeit, im Einklang mit sich und der Welt zu sein, ohne dabei ihre Individualität einzubüßen. Diese Menschen haben es nicht mehr nötig, Scheinharmonien aufzubauen und Probleme unter den Teppich zu kehren. Ihre innere Harmonie und Menschenliebe wirken entwaffnend und nehmen die Mitmenschen für sie ein. Denken wir hier an den indischen Friedensnobelpreisträger MAHATMA GANDHI (2.10.1869): Mit seiner Lehre des gewaltlosen Widerstandes führte er Indien in die Unabhängigkeit und wurde zum Friedenssymbol. Sein Mut und sein Kampfgeist bei gleichzeitig geleb-

ter Gewaltlosigkeit zeigen, daß er das WAAGE-Rätsel in sich gelöst und die
beiden Pole WIDDER (den »inneren Krieger«) und WAAGE in eine wirkliche Harmonie gebracht hat.

Beziehung ist das Zauberwort der WAAGE-Geborenen. Beziehungen her-
zustellen – darum dreht sich alles für dieses Sternzeichen. Welcher Art diese
Beziehungen dann sind, hängt wiederum vor allem von der VENUS-Position und dem Aszendenten ab. Der norwegische Transozeanforscher THOR
HEYERDAHL (6.10.1914) sei hier als Beispiel genannt. Zentrales Thema seiner
Forschungstätigkeit war die These, daß schon vor Tausenden von Jahren die
Bewohner verschiedener Kontinente in Beziehung zueinander standen. In
einfachen Booten überließ er sich Wind und Meeresströmungen, um den Beweis dafür zu erbringen. Im Bereich der Erforschung des Mikrokosmos
haben wir hier den bereits erwähnten NIELS BOHR (7.10.1885), dessen Aufmerksamkeit um die Frage nach den Beziehungen innerhalb des Atomkerns
kreiste. Ganz praktische Folgen hatte das erfinderische Wirken des
WAAGE-geborenen österreichischen Schneiders JOSEPH MADERSPERGER
(6.10.1768), der die erste Nähmaschine konstruierte. Wie beim Weben,
Stricken oder Häkeln geht es hier darum, Stoffe miteinander zu verbinden.
Und der deutsche Publizist OSWALT KOLLE (2.10.1928) verfolgte mit seiner
TV-Aufklärungsserie in den siebziger Jahren das Anliegen, seine Mitmenschen zu einem freieren Umgang mit und zu einer natürlicheren Beziehung
zur Sexualität zu ermutigen (»WAAGEhaft« mit der WIDDER-Energie
umzugehen).

Damit ist natürlich nicht gesagt, daß nur WAAGE-Geborene die Tugenden des WAAGE-Archetypen verwirklichen könnten. Jeder Mensch hat
WAAGE-Zeichen, -Haus und -Planeten (VENUS) in seinem Horoskop
konstelliert. WAAGE-Geborene kommen allerdings viel weniger um diese
Themen »drum herum«. Wenn ein WAAGE-Geborener beispielsweise oppositionelle Tugenden wie Mut und Individualität zeigt, dann ist das meist
ein Zeichen für wirkliche Tapferkeit und Individuation, eben weil diese Seite
nicht gerade zu den Stärken der WAAGE gehört. Anders etwa bei den Feu-
erzeichen, deren Repräsentanten viel eher in der Lage sind, einen Streit vom
Zaun zu brechen, ohne daß eine wirkliche Bereitschaft zur Auseinandersetzung mit dem Du dahinterstecken muß.

Die Extreme, eine WAAGE-SONNE zu leben, reichen von einer rigiden
Ablehnung und Verdrängung dieses Archetypen bis hin zu einer überzogenen

Harmonie- und Beziehungssucht, die alle Probleme unter den Teppich kehrt und Entscheidungen vermeidet oder auf die Umwelt abwälzt. Menschen mit einer unbefreiten WAAGE-Problematik können unter einem gewissen »magischen Bann« leiden, »der Umwelt mit gleichbleibender, jedoch unverbindlicher Freundlichkeit gegenüberzutreten und innere Stürme und Kämpfe hinter dieser Maske zu verbergen« (aus: »*Astroenergetik*« von HANS TAEGER).

Wie bei jedem Sternzeichen ist auch hier der »goldene Mittelweg« die Lösung dieses Lebensrätsels. In der Mitte zu wandeln bedeutet für den WAAGE-Geborenen vor allem, eine Position zwischen WAAGE und WIDDER (dem gegenüberliegenden Zeichen, der anderen Seite der Medaille) einzunehmen. Auch die archetypischen Spannungsaspekte (Quadrate) der WAAGE zu KREBS (Familie, Innenbereich, Gefühle) und STEINBOCK (Distanz, Begrenzung, Notwendigkeiten, das Gesetz) wollen »ausgeglichen« werden.

Das hier Gesagte gilt natürlich (in modifizierter Form) auch für die WAAGE-geborenen Kinder. Ist die VENUS günstig gestellt, haben wir hier die kleinen Charmeure, denen man kaum etwas abschlagen kann. Bei der Erziehung von kleinen WAAGEN ist daher vor allem auf diese Tendenz zu achten! Auch sie müssen lernen, Verzicht zu üben, wo es nötig ist. Andererseits sollte man auch beachten, daß sich die WAAGE-Kinder leicht mit den Bedürfnissen ihrer Eltern oder Geschwister identifizieren. Ist das der Fall, dann sollten die Eltern darauf hinwirken, daß die kleine WAAGE lernt herauszufinden, was die eigenen Interessen sind, und sich dafür einzusetzen – auch um den Preis, mal etwas allein zu machen oder Streit zu riskieren, anstatt Probleme um der Harmonie willen unter den Teppich zu kehren. Wenn das WAAGE-Kind (unbewußt) eine »Brückenfunktion« zwischen Mama und Papa einnimmt (falls deren Beziehung gestört ist), kann das auf Dauer eine Überforderung für die junge Seele bedeuten, die dann gar nicht mehr zu sich selbst findet und um der familiären Harmonie willen ihre Eigenart vernachlässigt.

Die Verbindung zum Unbewußten und damit auch zu den Träumen ist vielen WAAGE-Geborenen zunächst suspekt, solange sie sich ausschließlich mit der »Oberfläche« der Welt und ihren Erscheinungen identifizieren. Zudem fürchten nicht wenige WAAGEN, durch die Träume mit ihren Schattenseiten konfrontiert und damit aus ihrem Gleichgewicht gebracht zu werden. Sie übersehen dabei, daß ein wirkliches und stabiles inneres Gleichgewicht der Kräfte nur dann entstehen kann, wenn alle Seiten der Psyche – auch die dunklen! – integriert werden.

Wenn sich »unter dem Teppich« der WAAGE-Geborenen so mancher »Dreck« angesammelt hat, dann kann es nur von Vorteil sein, diesen zu erkennen und wegzufegen, bevor er zum »Stolperstein« wird. Die Traumarbeit ist hier ein effektiver Weg zur Seelenreinigung und zur Aufarbeitung der unerlösten Aufgaben. Wenn die WAAGE erst einmal erkannt hat, wie die Träume dazu beitragen, ein harmonisches Gleichgewicht zu schaffen und zu erhalten, werden die nächtlichen Begleiter als Helfer erkannt und akzeptiert.

Nachfolgend einige prominente WAAGE-Geborene, an deren Beispiel individuelle Ausdrucksweisen der WAAGE-Energie (als zentrales Lebensrätsel) kurz skizziert werden. Natürlich definiert sich deren WAAGE-Wesen nicht allein durch ihren Beruf; gerade bei der Bestimmung des SONNEN-Zeichens sind Details aus dem Privatleben und Kenntnis des Charakters unerläßlich. Bei weiterführendem Interesse empfehle ich deshalb, Biographien dieser Persönlichkeiten vor dem Hintergrund des WAAGE-Zeichens zu betrachten und das jeweilige individuelle WAAGE-Thema neben den anderen Aspekten (Aszendent, MOND, Planeten) herauszufiltern; an dieser Stelle können verständlicherweise nur Denkanstöße gegeben werden. Die astroenergetische Betrachtung der Mitmenschen vermittelt – wenn wir genügend Hintergrundinformationen besitzen – einen Eindruck der Wirkungsweise der Sternzeichen. Wir können das als Selbsterfahrung nutzen.

Politiker/Staatsoberhäupter:

PAUL VON HINDENBURG (2.10.1847), deutscher Generalfeldmarschall und Reichspräsident von 1925 bis 1934; sein politisches und militärisches Wirken ist wohl hauptsächlich seinem STEINBOCK-Aszendenten zuzuschreiben.
LOUIS PHILIPPE (6.10.1773), König der Franzosen von 1830 bis 1848 (»Bürgerkönig«).
HEINZ OSKAR VETTER (21.10.1917), deutscher SPD-Politiker und Vorsitzender des Deutschen Gewerkschaftsbundes von 1969 bis 1982.
KURT SCHUMACHER (13.10.1895), deutscher sozialdemokratischer Politiker; trotz zerrütteter Gesundheit (er verlor im Ersten Weltkrieg den rechten Arm, war KZ-Häftling, weil er sich Hitler gegenüber kritisch äußerte, und ein Bein wurde ihm amputiert) leitete er 1945 die Neubildung der SPD und

wurde auf dem ersten Nachkriegsparteitag zum Vorsitzenden gewählt. Die innige Verbundenheit mit dem Luftzeichen WAAGE half ihm dabei, sich von den Leiden und Beschwerden des physischen Körpers (der dem Erdelement angehört) zu distanzieren und eine – für sein Engagement notwendige – geistige Freiheit zu entwickeln.

DWIGHT DAVID EISENHOWER (14.10.1890), amerikanischer Präsident von 1953 bis 1961; hatte als Brigadegeneral den Oberbefehl über die alliierten Streitkräfte in Europa; nahm die deutsche Kapitulation entgegen und verwirklichte auf kämpferische Art und Weise (WIDDER-Aszendent!) das Anliegen seiner WAAGE-SONNE nach Befriedung des Weltkrieges. Weitere Taten, die seiner WAAGE-SONNE zuzuschreiben sind: die Beendigung des Koreakrieges 1953, die Erweiterung des westlichen Bündnissystems 1954 und vor allem die Einleitung der Ost-West-Entspannung 1959.

JAMES EARL (»JIMMY«) CARTER (1.10.1924), amerikanischer Präsident von 1977 bis 1981; seine WAAGE-SONNE (im zwölften Haus) und sein WAAGE-Aszendent ließen ihn für die Menschenrechte und für die Abschaffung der Rassendiskriminierung eintreten. Die andere Seite, die Schwachstelle der WAAGE-Medaille, lag in seiner Führungsschwäche (mangelndes Feuerelement) und in wirtschaftlichen Fehlentscheidungen (mangelndes Erdelement). Er machte sich nach seinem Ausscheiden aus dem Weißen Haus als Vermittler in Krisenherden überall auf der Welt verdient.

Schauspieler/innen:

Es verwundert nicht, unter den WAAGE-geborenen Schauspielerinnen (sowie denen mit WAAGE-Aszendent und WAAGE-MOND) vor allem Frauen mit starker femininer, erotischer Ausstrahlung zu finden. Neben RITA HAYWORTH und ROMY SCHNEIDER gehören diesem Sternzeichen noch weitere »Filmgöttinnen« an, wie die bereits erwähnte BRIGITTE BARDOT (28.9.1934), französische Filmschauspielerin, deren erotische Ausstrahlung das zumeist niedrige Niveau ihrer Filmrollen ausglich; seit ihrem Ausstieg aus dem Filmgeschäft setzt sie sich für Robben und andere bedrohte Tierarten ein; wegen des starken »Voyeurismus« um ihre Person hatte sie früher kaum ein Privatleben (archetypischer Spannungsaspekt zwischen WAAGE und KREBS).

CATHERINE DENEUVE (22.10.1943), französische Schauspielerin (»*Belle de jour*«, 1967). Sie zählt zu den größten Schauspielerinnen Frankreichs. In

»Berühmte Persönlichkeiten«, Band I (Edition Astrodata) heißt es: »In ihrer natürlichen und klassischen Art – weiße Haut, goldenes Haar – machte sie die führenden Regisseure schnell auf sich aufmerksam. Sie eignete sich hervorragend für Rollen, wo ihre kindliche Unschuld und Zartheit einerseits und ihre Ernsthaftigkeit andererseits eingesetzt werden konnten.« Mit ihrem venusianischen Wesen zieht sie die Regisseure »magnetisch« an.

MARCELLO MASTROIANNI (28.9.1924), italienischer Schauspieler; erlangte Weltberühmtheit in der Rolle als Boulevardjournalist im Klassiker *»Das süße Leben«* (1959), einem WAAGE-betonten Film mit Idealbesetzung; seine Filmpartnerin war die ebenfalls WAAGE-geborene schwedische Schauspielerin ANITA EKBERG (29.9.1931). Mastroianni gilt als das Alter ego des Regisseurs FEDERICO FELLINI und hat den Ruf als Herzensbrecher par excellence, woran seine LÖWE-VENUS sicher großen Anteil hat.

ROGER MOORE (14.10.1927), britischer Schauspieler (*»Die Zwei«* mit TONY CURTIS, *»James Bond«*).

BUSTER KEATON (4.10.1896), amerikanischer Schauspieler und Regisseur; als Slapstick-Komiker hatte er den Beinamen »Der Mann, der niemals lacht«, da er seine Rollen mit unerschütterlichem Ernst spielte (sein STIER-Aszendent!). Er hatte sich in seinen Komödien stets mit den Tücken der Materie herumzuschlagen und verkörperte auf diese Weise den Typ von WAAGE-Menschen, der als »Luftwesen« Schwierigkeiten mit der realen Welt hat. Auch die Fähigkeit, sich über sich selbst lustig zu machen, gehört dem WAAGE-Zeichen an. Es existiert eine Fotografie, die Buster Keaton als Venus von Milo zeigt!

Musiker/Sänger:

LUCIANO PAVAROTTI (12.10.1935), italienischer Opernstar (Tenor).

ART GARFUNKEL (13.10.1942), amerikanischer Sänger; erlangte Berühmtheit im Duo mit PAUL SIMON (»Simon and Garfunkel«).

JERRY LEE LEWIS (29.9.1935), amerikanischer Pianist und Rock'n'Roll-Sänger.

Komponisten:

GIUSEPPE VERDI (10.10.1813), italienischer Opernkomponist, sein Motto: »In der Musik wie in der Liebe muß man vor allem aufrichtig sein.« Er komponierte sechsundzwanzig Opern, ohne auf alte Formen zurückzugreifen

(WAAGE = Überwindung von Tradition und gängigem Moralkodex), und galt als unabhängigkeitsliebend und offen (neben der WAAGE-SONNE auch ZWILLINGE-Aszendent). Er komponierte 1870 zur festlichen Eröffnung des Suezkanals (WAAGE-Symbol der Verbindung) mit der Oper »*Aida*« sein bedeutendstes Werk.

CHARLES-CAMILLE SAINT-SAËNS (9.10.1835), französischer Komponist (»*Der Karneval der Tiere*«).

GEORGE GERSHWIN (26.9.1898), amerikanischer Komponist (»*Rhapsody in Blue*«), der den Drang seiner WAAGE-SONNE nach »Verbindung« in seinen Kompositionen Ausdruck verlieh: Er zählte zu den Begründern des sinfonischen Jazz, der die von Europa beeinflußte amerikanische Musik mit Elementen des Jazz verbindet.

GLENN GOULD (25.9.1932), kanadischer Pianist und Komponist.

FRANZ LISZT (22.10.1811), ungarisch-deutscher Komponist und Pianist, der als bester Klaviervirtuose seiner Zeit galt. Sein menschenfreundliches und kunstverständiges WAAGE-Wesen machte ihn zum Förderer junger Musiker, beispielsweise RICHARD WAGNERS. Zudem war er bestrebt, den Künstlern ein höheres Ansehen beim Adel zu verschaffen. Sein LÖWE-Aszendent verlieh der WAAGE-SONNE den nötigen Mut, sich in Szene zu setzen und Respekt zu verschaffen: »Sein Spiel war so mitreißend, daß er sich diese Allüren leisten konnte. Sein weißes Haar wehte, wenn er zielstrebig die Bühne betrat, die Hirschlederhandschuhe von den Händen zog und sie wirkungsvoll auf den Boden warf. Dann schlug er mit Schwung seine Rockschöße zurück, nahm Platz und beugte sich mit zusammengepreßten Lippen und leuchtenden Augen über die Tasten« (aus: »*Rowohlts indiskrete Liste*«).

Dichter/Schriftsteller/Philosophen:

GRAHAM GREENE (2.10.1904), englischer Schriftsteller.

FRIEDRICH NIETZSCHE (15.10.1844), deutscher Philosoph und Schriftsteller.

VERGIL (15.10.70 v. Chr.), römischer Dichter und »poetische Stimme« des ersten römischen Kaiserreiches; von ihm stammt das unvollendet gebliebene zwölfbändige nationale Heldenepos »*Äneis*«.

GÜNTER GRASS (16.10.1927), deutscher Schriftsteller *(»Die Blechtrommel«)*; einen Eindruck von Grass' WAAGE-Wesen vermittelt die Einschätzung des Schriftstellers HANS MAGNUS ENZENSBERGER: »Ich vermute, daß sein Geheimnis in dem prekären und einzigartigen Gleichgewicht liegt, das er zwischen seiner anarchischen Einbildungskraft und seinem überlegenen Kunstverstand herzustellen vermocht hat« (aus dem Vorspann des Grass-Buches »*Katz und Maus*«); er hat auch den Aszendenten im WAAGE-Zeichen.

OSCAR WILDE (16.10.1854), englisch-irischer Schriftsteller, der als einer der scharfsinnigsten Köpfe aller Zeiten und bekanntester Homosexueller der westlichen Hemisphäre galt. Folgender kurzer Auszug aus seinem Lebenslauf zeigt deutlich seine WAAGE-Betonung: »Seine Mutter hatte sich so sehr eine Tochter gewünscht, daß sie, als ihr zweiter Sohn, Oscar Fingal O'Flaherty Wills Wilde, geboren wurde, diesen wie ein Mädchen kleidete. In seiner Jugend war Oscar ... auf eine gewisse Art anmutig und ohne Frage eine auffallende Erscheinung, allein schon durch seine elegante, modische Kleidung. Er verließ Dublin, um in Oxford zu studieren, und entwickelte dort seinen einzigartigen Stil im Auftreten, in Kleidung und Witz, der später zum Erkennungszeichen der Anhänger des ›aesthetic movement‹ werden sollte. Nachdem Wilde Oxford verlassen hatte, baute er seine Theorie des ›art for art's sake‹ (Kunst um der Kunst willen) weiter aus. Schon nach kurzer Zeit war er das ›Lieblingskind‹ der Londoner Gesellschaft. Jeder versuchte, seine Sinnlichkeit ausstrahlenden Samtanzüge und seine geistreichen Aphorismen zu kopieren. Oscar war der umschwärmte Mittelpunkt jeder Party« (aus: »*Rowohlts indiskrete Liste*«).

GEORG BÜCHNER (17.10.1813), deutscher Dramatiker und Novellendichter. In ihm vereinigten sich die Freiheits- und Menschenliebe der WAAGE mit dem Mut, der Kampfeslust und der auch im schriftstellerischen Bereich erneuernden Kraft des oppositionellen WIDDER-Zeichens. »Sein im Umfang geringes, aber durch grundlegend neue Formgebung bedeutendes Werk ... hat seine Wurzeln in Büchners Kampf gegen die reaktionären Zustände in seiner Heimat ...« (aus: »*Personenlexikon*«, Chronik Verlag). Er schloß sich der Freiheitsbewegung an und gründete 1834 die »Gesellschaft für Menschenrechte«. Von ihm stammt der Kampfruf »Friede den Hütten, Krieg den Palästen«.

EDWARD ESTLIN CUMMINGS (14.10.1894), amerikanischer Dichter; sein Roman »*Der endlose Raum*« ist eine Anklage gegen Krieg und Gewalt (der unerlösten WIDDER-Energie). Auch er gab der Experimentierfreude des Luftzeichens WAAGE in seiner Dichtung Ausdruck. Das »*Personenlexikon*« über ihn: »Seine persönliche, exzentrische Lyrik ... behandelt die romantische Liebe, wirkt aber über die Thematik hinaus durch ihr Experimentieren mit Form, Grammatik, Orthographie und Interpunktion ..., womit der herkömmmlichen Sprache neue Ausdrucksmöglichkeiten erschlossen werden sollten.«

MIGUEL de CERVANTES SAAVEDRA (29.9.1547), spanischer Dichter; in seinem Meisterwerk »*Don Quijote de la Mancha*« drückt sich seine WAAGE-Betonung in dem »Hinundherpendeln der Waagschalen« zwischen, so das »*Personenlexikon*«, »der idealistischen Weltfremdheit des verspäteten Ritters und der vernünftig-praktischen Wirklichkeitsnähe seines treuen und gewitzten Gefährten Sancho Panza« aus. Er avancierte mit diesem Werk zum Schöpfer des modernen Romans.

DORIS LESSING (22.10.1919), englische Schriftstellerin *(»Das goldene Notizbuch«)*.

Bildende Künstler:

LUCAS CRANACH DER ÄLTERE (Oktober 1472), deutscher Maler und Kupferstecher; auch wenn sein genaues Geburtsdatum nicht bekannt ist, ist eine WAAGE-SONNE wahrscheinlich. Trotz seiner engen Beziehung zu MARTIN LUTHER (SKORPION-Geborener) war er »im Grunde eine mehr weltliche Natur, ausschließlich von künstlerischen Ideen erfüllt und ohne das Ethos des großen Reformators ... er machte auch keinen Unterschied darin, ob seine Kunst von evangelischen oder katholischen Herren gefordert wurde« (aus: »*Kindlers Malerei-Lexikon*«, Band 3). Die reife WAAGE macht eben keinen Unterschied zwischen den Polen, sondern ist vielmehr um einen Ausgleich bemüht. Weiterhin ist die Unabhängigkeit Cranachs von allen Konventionen und sein unmittelbares Verhältnis zum Menschen als Zeichen seiner WAAGE-SONNE zu werten. Auch sein Werk trägt deutliche Züge des WAAGE-Zeichens: »Auf dem wundervoll frischen Paradies ... ist ... die Geschichte vom Sündenfall auf das Anmutigste erzählt.« Gerade das Thema des Sündenfalles »bot ihm willkommene Gelegenheit, sein kapriziöses, pikantes Ideal des nackten Menschen zu demonstrieren, wobei dann Eva meist weit besser abschnitt als der oft feminin gestaltete Adam. Von hier aus war es auch kein weiter Schritt zu Venus und Lucretia.« Auf der einen Seite der Waagschale der antike Götterhimmel und die klassische Sage, auf der anderen das Alte Testament – in diesem Spannungsfeld bewegte sich künstlerisch sein WAAGE-Wesen. Das auf Seite 54 abgebildete Gemälde von Cranach trägt den Titel »*Das Goldene Zeitalter*«.

Pioniere/Unternehmer/Wissenschaftler:

HANS HINRICH TAEGER (15.10.1944), auch WAAGE-Aszendent; Begründer der Astroenergetik und des Institutes für Astroenergetische Studien (IAS); Brückenbaufunktion zwischen fernöstlichem (vor allem tibetischem) und westlichem Geistesgut (Astrologie) sowie zwischen Naturwissenschaft und Esoterik. Mit seinem *»Internationalen Horoskope Lexikon«* stellt er umfassendes Datenmaterial für die astroenergetische Forschung zur Verfügung (entspricht seinem JUNGFRAU-MOND); der WAAGE-SONNE ist die Methode der Astrologie ein Medium für ein besseres Verständnis und einen lebendigen Zugang zum Mitmenschen.

HELMUT HARK (4.10. 1936), Theologe, Psychotherapeut; Pionier auf dem Gebiet der Traumarbeit; Brückenbaufunktion zwischen Bewußtsein und Unbewußtem durch die Träume einerseits sowie zwischen Theologie und Psychotherapie andererseits. In seinen Büchern stellt er die unterschiedlichsten Verbindungen her: zwischen Spiritualität und Seele *(»Der Traum als Gottes vergessene Sprache«)*, zwischen Selbsterfahrung und Kabbala *(»Heilkräfte im Lebensbaum«)*, zwischen Körper und Seele *(»Jesus der Heiler«)*.

ALEXANDER S. NEILL (17.10.1883), britischer Pädagoge, der den freiheitlich humanistischen WAAGE-Geist in seiner »Pädagogik der Freiwilligkeit« ausdrückte. Es ist der Versuch, ohne moralischen oder religiösen Druck die Entwicklung von fröhlichen, vertrauensvollen und freien Individuen zu fördern. Ein Zitat aus seinem Buch »*Die offene Ehe*«: »Eine Gemeinschaft zwischen zwei Menschen wird um so inniger und wertvoller, ehrlicher und unverletzbarer, je offener und freier sie wird und je weniger ein Partner vom anderen abhängig ist.«

Hoimar von Ditfurth (15.10.1921), deutscher Psychiater, Neurologe, Fernsehmoderator und Autor. In seinen Fernsehsendungen versuchte er, wissenschaftliche Erkenntnisse auf anschauliche, allgemeinverständliche Weise zu vermitteln. Er stellte die These auf, daß wir heutigen Menschen »Wesen des Überganges« (hin zu einem anderen, reiferen Stadium des Menschseins) seien: »Wenn wir die Schilderung der Entwicklung mit der Gegenwart abbrechen würden, dann wäre das im Grunde nur wieder ein Rückfall in das alte Vorurteil, das uns immer zu suggerieren versucht, wir Heutigen seien Ziel und Endpunkt allen Geschehens und die zurückliegenden 13 Milliarden Jahre hätten keinem anderen Zweck gedient als dem, uns und unsere Gegenwart hervorzubringen. In Wahrheit wird die Entwicklung weit über uns hinausführen. Sie wird in ihrem weiteren Verlauf dabei Möglichkeiten verwirklichen, die das, was wir verkörpern und zu erkennen vermögen, so weit hinter sich lassen, wie wir die Welt des Neandertalers hinter uns gelassen haben. Vielleicht wird das nicht auf der Erde geschehen« (aus seinem Buch »*Im Anfang war der Wasserstoff*«).

Fridtjof Nansen (10.10.1861), norwegischer Polarforscher, Zoologe und Diplomat, von 1921 bis 1923 Hochkommissar des Völkerbundes, Friedensnobelpreisträger von 1922; auf ihn geht der »Nansen-Paß« zurück, ein Paßersatz für staatenlose und quasistaatenlose politische Flüchtlinge.

Weiterhin finden wir im Luftzeichen WAAGE vor allem Pioniere im Bereich der *Luftfahrt*: Carl-August von Gablenz (13.10.1893), deutscher Flugzeugpionier, der Forschungsflüge über den Atlantik und den Fernen Osten durchführte; Heinrich Focke (8.10.1890), deutscher Flugzeug- und Hubschrauberkonstrukteur; und den amerikanischen Flugzeug-Industriellen William Edward Boeing (1.10.1881).

Mit dem MOND im WAAGE-Zeichen ist – im Gegensatz zum männlichen SONNEN-Wesen (Bewußtsein und Individualität) – die weiblich-empfangende Wesensseite (das persönliche Unbewußte) mit dem WAAGE-Archetypen verbunden. Diese Konstellation bedeutet daher eine gefühlsmäßige Beziehung zur WAAGE-Energie, und die WAAGE-Themen werden in erster Linie gefühlsmäßig erlebt. Auch die Umwelt wird den WAAGE-MOND vor allem auf Gefühlsebene erfassen; jedoch müssen wir uns darüber im klaren sein, daß es nicht die Wesensmitte des Betreffenden ist, die wir da wahrnehmen, sondern dessen *Anima.* Der WAAGE-Bereich spricht hier insbesondere die Gefühle an, und häufig wird ein starkes Bedürfnis nach dem WAAGE-Bereich bestehen, vor allem danach, mit den Mitmenschen in Beziehung zu treten, Harmonie zu stiften oder sich der Erotik hinzugeben; entsprechende Traumbilder werden das aufzeigen. In der Regel entzieht sich die Wirkung des MOND-Bereiches dem bewußten Willen, und sie wird als unbewußtes Verhaltensmuster gelebt.

Die WAAGE-MONDE brauchen eine harmonische Atmosphäre und Partnerschaft, um sich wohl zu fühlen, auch wenn sie sich – aufgrund einer konträren SONNEN-Position, beispielsweise STEINBOCK – gar nicht bewußt damit identifizieren. Das birgt natürlich die Gefahr einer allzugroßen Abhängigkeit vom Mitmenschen und dessen Verhalten, vor allem wenn das Harmoniebedürfnis zur Harmoniesucht wird. Je mehr das bewußte Selbstbild (SONNE) von den unbewußten Regungen (MOND) abweicht, desto größer ist der innere Gegensatz. WAAGE-MONDE neigen dazu, Gegensätze deutlicher als andere zu empfinden und ein Bedürfnis nach Ausgleich zu entwickeln; viele von ihnen fühlen sich dem Mitmenschen beziehungsweise der Menschlichkeit verpflichtet. So etwa der deutsche Dichter BERTOLT BRECHT (WASSERMANN-Geborener), dessen WAAGE-MOND sich in seinem Werk in dem Hinundherpendeln zwischen menschlicher Freiheit einerseits und sozialer Gerechtigkeit andererseits ausdrückt.

Menschen mit WAAGE-MOND entwickeln ein großes Bedürfnis nach Ausgleich. Das kann sich darin ausdrücken, daß die Betreffenden grundsätzlich – und oft unbewußt – einen gegenteiligen Standpunkt zu ihrem Gegenüber einnehmen. Man sollte wissen, daß der WAAGE-MOND das nicht aus Bosheit tut, sondern einfach darauf fixiert ist, die jeweils andere Waagschale zu betonen, um ein Gleichgewicht herzustellen. Daß er sich damit in seiner Umwelt nicht gerade beliebt macht, liegt auf der Hand. Die Betreffenden selbst mögen durch den WAAGE-MOND ein recht »wankelmütiges« Gefühlsleben haben, das sie nicht zur Ruhe kommen läßt und Entscheidungsschwierigkeiten verursachen kann, wenn kein innerer Ausgleich gefunden wird.

Energetisch sind die Menschen mit WAAGE-MOND über die Seele beziehungsweise Gefühlsebene an die kosmische WAAGE-Energie angeschlossen. Ist der WAAGE-MOND erlöst (die *Anima* integriert), verfügen die Betreffenden über einen erstklassigen inneren »Harmoniedetektor«. Vor allem über ihre Träume und inneren Phantasiebilder werden sie eine Vision vom wahren Menschsein und der himmlischen Liebeskraft erhalten.

Der MOND als das empfangende Prinzip »saugt« die jeweiligen Themen des Tierkreiszeichens, in dem er gerade steht, wie ein Schwamm auf. Darauf sollten die Betreffenden achten, denn zuviel des Guten bereitet Bauchschmerzen. Wenn sich dieser MOND natürlich entfalten kann, dann entwickeln die Betreffenden ein echtes Gefühl für eine natürliche Harmonie und seelische Liebesfähigkeit. Wird dagegen die WAAGE-Energie insgesamt abgelehnt – vielleicht weil ein konträrer Aszendent das Sagen hat –, wandert gleichzeitig auch der MOND (Gefühlsbereich) mit in die Katakomben des Unbewußten.

Ein WAAGE-MOND zeigt häufig auch eine WAAGE-betonte Mutter an; zumindest wurde sie vom WAAGE-MOND-Kind so erlebt. Sehr häufig wird bei dieser Konstellation das (unbewußte) Bild einer Liebesgöttin auf die Mutter und in der Folge auf die Frau an sich projiziert. Vor allem für Männer kann eine solche Prägung natürlich zunächst sehr hinderlich für eine Beziehung sein. Andererseits haben sie normalerweise ein Gefühl für die weibliche Seite des Lebens und werden dadurch auch bei den leibhaftigen Frauen gut ankommen.

Personen mit WAAGE-MOND verbreiten häufig ein Gefühl von Harmonie und weiblicher Erotik. Da es sich hier um die MOND-Ebene handelt, ist es nicht zwangsläufig so, daß die Betreffenden die WAAGEhaften Qualitäten auch in sich verwirklicht und in die Persönlichkeit integriert haben. Und dennoch strahlen die WAAGE-MONDE oft eine venusianische Atmosphäre aus, die der Umwelt suggeriert: »Mein WAAGE-MOND ist für alle da!« Das wird dann zum Problem, wenn etwa eine KREBS-SONNE zur Identifikation mit dem Privat- und Intimbereich auffordert. Beispielsweise bei der Schauspielerin ISABELLE ADJANI, deren KREBS-SONNE im Gegensatz zum WAAGE-MOND steht. Ihr Privatleben ist bislang deshalb vehement vor den Klatschspalten der Presse verschlossen geblieben.

Die weibliche MOND-Energie hat in dem femininen WAAGE-Zeichen vor allem bei Frauen eine gute Stellung, sofern diese ihre venusianische Ausstrahlung zulassen können. Etwa die italienische Filmschauspielerin

ORNELLA MUTI, über die der italienische Autor VERNARDO FAESTI sagte: »Sie macht die Männer verrückt, wenn sie sich nur einmal umdreht und ihre Haare sich im Wind bewegen. Eine Frau wie Ornella hat es lange nicht gegeben und wird es auch nicht so schnell wieder geben!« (Aus: »*Berühmte Persönlichkeiten*«, Band 1, Edition Astrodata.) Bei der Schauspielerin begünstigt ihr Harmoniesaspekt (Trigon) zwischen der WASSERMANN-VENUS und dem WAAGE-MOND diese erotische Ausstrahlung.

Weitere prominente Beispiele für WAAGE-MONDE sind (in Klammern jeweils das SONNEN-Zeichen): JOACHIM RINGELNATZ (LÖWE), ARIK BRAUER (STEINBOCK), WALT DISNEY (SCHÜTZE), WILHELM BUSCH (WIDDER), TONY CURTIS (ZWILLINGE). Ausführliche Deutungen zum MOND entnehmen Sie bitte dem KREBS-Band.

Menschen mit dem Aszendenten im Zeichen WAAGE wirken nach außen hin so (der »Schein«), wie die WAAGE-Geborenen von ihrem Wesen her im Grunde sind oder sein möchten (das »Sein«). Der Aszendent in dem labilen Luftzeichen verleiht den Betreffenden häufig eine lockere bis weiche, feminin-erotische Außenwirkung, denken wir beispielsweise an die Schauspieler ALAIN DELON, OMAR SHARIF (»*Doktor Schiwago*«), JAMES DEAN (»*Jenseits von Eden*«), an den Popmusiker DAVID BOWIE oder an den ehemaligen amerikanischen Präsidenten JOHN F. KENNEDY.

Die französische Schriftstellerin COLETTE (1873–1954) wurde nicht zuletzt durch ihren WAAGE-Aszendenten zum Inbegriff der Erotik. In »*Rowohlts indiskrete Liste*« heißt es über sie: »In ihrem Leben wie in ihrer Kunst verlieh sie zweien der in der französischen Literatur immer wieder auftauchenden erotischen Archetypen – dem verführerischen Schulmädchen und der alternden Verführerin – neue Dimensionen.« Ihre Werke vermitteln einen Eindruck von ihrem WAAGE-Aszendenten (neben ihrer WASSERMANN-SONNE), beispielsweise »*Cherie*« (1920) und »*Erwachende Herzen*« (1923).

Was sich hinter dieser oft erotisierenden, freundlich und freizügig wirkenden Fassade eines WAAGE-Aszendenten verbirgt, läßt sich auf den ersten Blick oft nicht erkennen. Es kann leicht zu Fehldeutungen kommen, wenn das eigentliche Wesen der Betreffenden (der Reifegrad des Sternzeichens) ganz anders ist. Es gibt eine große Bandbreite von Möglichkeiten, wie der WAAGE-Aszendent gelebt werden kann. Ein extremes Beispiel dafür war ADOLF HITLER (STIER-SONNE). Sein WAAGE-Aszendent mag ein Grund dafür gewesen sein, daß er lange Zeit als Gefahr für den Weltfrieden sträflich unterschätzt und verharmlost wurde. Seine programmatische Schrift »*Mein Kampf*«, worin er unverhüllt seine politischen Ziele darlegte, wurde beispielsweise zunächst als nicht ernst zu nehmend abgetan. Der damalige Reichskanzler und Zentrumspolitiker HEINRICH BRÜNING meinte über HITLER: »Warten Sie nur ein paar Monate, dann haben wir den Mann so an die Wand gedrückt, daß er quietscht« (aus: »*Die Großen der Welt*« von GEORG POPP).

Ursprünglich wollte HITLER Künstler werden, was seinem WAAGE-Aszendenten durchaus entsprochen und der Welt möglicherweise den Zweiten Weltkrieg erspart hätte. Aber das »Schicksal« hatte anders entschieden: Seine Bewerbung an der Wiener Kunstakademie wurde abgewiesen, was ihn in ein tiefes »schwarzes Loch« stürzte und seinen Menschenhaß schürte. Seine STIER-SONNE ließ ihn diese Zeit durchstehen und die »Zähne zusammenbeißen«; die menschenfreundliche, liebende WAAGE-Energie rückte immer weiter aus seinem Bewußtsein.

Das Aszendentenzeichen symbolisiert die Art und Weise unseres »Weges«, den wir in dieser Inkarnation zu gehen haben. Für WAAGE-Aszendenten bedeutet das in positiver Hinsicht, vor allem einen Weg des Ausgleiche(n)s, freiheitlicher Gedanken und der Zuwendung zum Mitmenschen zu gehen; denken wir nur an den reformfreudigen, liberalen JOHN F. KENNEDY. Auch die Kunst mag eine wesentliche Kulisse sein, die die WAAGE-Aszendenten in irgendeiner Weise berühren, auch wenn sie selbst keine Berufskünstler sind. Für einen LÖWE-Geborenen mit WAAGE-Aszendent mag dessen »künstlerische« Tätigkeit beispielsweise in erster Linie darin bestehen, zu sich selbst zu finden, und für einen WIDDER, seinen ureigenen Impulsen zu folgen und seine Triebkraft künstlerisch auszudrücken. Oder man engagiert sich für die Kunst, wie das der ehemalige französische Staatspräsident FRANÇOIS MITTERRAND (neben Aszendent auch MOND im WAAGE-Zeichen) getan hat, unter dessen Regierung der Louvre zum wichtigsten Kunsttempel der Welt ausgebaut wurde.

Steht die SONNE dabei in einem Erdzeichen, kann der innere Zusammenprall von Tradition und Freiheit einen Konflikt verursachen, während die SONNE im Wasserzeichen einen Zwiespalt zwischen Innenwelt und Außenbeziehungen aufzeigen mag, der gelöst werden will. Wird die WAAGE-Energie verdrängt, wird sie sich dann gewaltsam Gehör verschaffen und ihr Recht fordern. Wenn der Aszendent in dieses Zeichen gestellt ist, dann wird die WAAGE zu einem Wegbegleiter, ob uns das gefällt oder nicht. Da die WAAGE wesentlich das Beziehungsthema beinhaltet, sind es oft Partnerschaftsprobleme, die einen »abtrünnigen« WAAGE-Aszendenten zur Ordnung rufen. Und da der Aszendent auch in erster Linie nach außen hin dargestellt wird, sind es vor allem die Personen mit WAAGE-Aszendent, bei denen man förmlich »im Gesicht lesen« kann, wie es um ihre Partnerschaften steht.

Unproblematisch konstellierte WAAGE-Aszendenten verleihen den Betreffenden ein gefälliges und diplomatisches Auftreten. Die unerlösten WAAGE-Aszendenten dagegen zeichnen sich durch Schöntuerei, Oberflächlichkeit und eitles Gehabe aus. Die bange Frage der bösen Königin in *»Schneewittchen«*: »Spieglein, Spieglein an der Wand, wer ist die Schönste im ganzen Land?« mag so manchen WAAGE-Aszendenten beschäftigen. Zu den negativen Seiten zählen weiterhin eine starke Abhängigkeit von der Meinung der Umwelt, verbunden mit einer unmäßigen Unverbindlichkeit, die zu allem ja und amen sagt, aber nichts ernst nimmt und kurz darauf das Betreffende schon vergessen hat. Näheres zum Aszendenten finden Sie im WIDDER-Band, und ein kurzer Aufsatz einer Seminarteilnehmerin über ihren WAAGE-Aszendenten ist im fünften Kapitel abgedruckt.

2
Entsprechungen und Ausdrucksweisen des WAAGE-Archetypen

In diesem Kapitel wird an vielerlei Beispielen aufgezeigt, wie sich der WAAGE-Archetyp beziehungsweise die VENUS-Energie in unserer Welt in den unterschiedlichen Daseinsbereichen ausdrückt. Es wird dabei deutlich werden, wie eng die mannigfachen Ausdrucksweisen der WAAGE miteinander zusammenhängen und sich im Alltag wie in den Träumen ausdrücken. Wenn also beispielsweise unter der Rubrik »Berufe« der *Künstler* genannt ist, dann ist auch sein Auftreten im Traum als WAAGE-Entsprechung zu deuten. Damit ist jedoch noch keine Wertung verbunden, denn die Frage, ob sein Erscheinen als positiv oder negativ, erlöst oder unerlöst gewertet werden kann, hängt von der Traumhandlung, den spontanen Einfällen des Träumers und dessen aktueller Lebenssituation ab. Ebenso sind auch die Alltagserlebnisse immer individuell zu deuten.

Zur Vertiefung der einzelnen hier kurz skizzierten Themen sei auf die umfangreiche Fachliteratur verwiesen. Für unsere Fragestellung mag es genügen, die Verbindung zur WAAGE aufzuzeigen. Durch ihre »Wirkungen« lernen wir die WAAGE-Energie kennen, und es wird uns leichter fallen, ihre Aufgaben und (Traum-)Rätsel zu lösen. Über die bloße Wissensvermittlung hinaus geht es mir in diesem Buch darum, ein Gefühl und Bewußtsein für das Lebensrätsel der WAAGE zu vermitteln. Die nachfolgenden Beispiele sind als Anregung gedacht und erheben keinen Anspruch auf Vollständigkeit.

Die Definitionen der zentralen WAAGE-Themen

Liebe und Sympathie

In bezug auf den Begriff »Liebe« besteht im deutschen Wortschatz eine Art »Sprachgeiz«. Viele verschiedene Regungen und Bewußtseinszustände werden mit dem einen Wort »Liebe« bezeichnet. Um nicht aneinander vorbeizureden, ist es daher erforderlich, daß man zunächst den Begriff definiert. Wir wollen das hier vor dem Hintergrund des Liebeszeichens WAAGE tun.

Es gibt natürlich unterschiedliche Formen der Liebe, und etliche Gefühle wiederum werden – wie gesagt – unter dem Sammelbegriff »Liebe« eingeordnet. Die »Liebe an sich« nun entspricht dem WAAGE-Prinzip, denn nicht zufällig ist die VENUS als die Liebesgöttin Herrscherin dieses Zeichens. Das »Prinzip Liebe« ist die kosmische Bindungsenergie. Es ist die Kraft der Sympathie, welche die Menschen, die in einer sympathischen Entsprechung zueinander stehen, »magnetisch« anzieht (wenn es zugelassen wird!). Hier ist die Seelen- oder Wahlverwandtschaft angesprochen, die jene Menschen betrifft, die auf derselben Wellenlänge »funken«, das heißt in einer inneren Entsprechung zueinander stehen. Die Kraft und die Aufgabe der Liebe ist es, diese Geistwesen, die sich in verschiedenen Menschenkörpern auf diesem Planeten aufhalten, zueinanderzuführen. Das überschreitet natürlich bei weitem die Grenzen unseres logisch-analytischen Verstandes; Liebe ist unlogisch, sie ist eine höhere Ebene des Seins, jenseits der irdischen Belange. Das bedeutet natürlich nicht zwangsläufig, daß WAAGE-Geborene mehr und »besser« lieben als andere – hierfür ist der Reifegrad der Seele ausschlaggebend.

»Liebe an sich« entspricht dem Luftelement und kann daher als »überirdisch« oder »himmlisch« bezeichnet werden. Wer einem Menschen gegenüber dieses Gefühl, diesen Seinszustand kennt, der weiß, daß die Ebene des Erdelementes zweitrangig ist, wenn man liebt. Mit den Augen der Liebe betrachtet, erstrahlen die Welt und ihre Objekte in einem zauberhaften, überirdischen Glanz. Der Begriff der »platonischen Liebe« ist hierfür am treffendsten. Wenn der griechische Philosoph PLATO von der Liebe sprach, dann meinte er immer die wirkliche (»übersinnliche«) Liebe zwischen zwei Menschen: »Für ihn ist die Liebe nicht der Trieb, aus dem sie niemals abgeleitet werden kann, sondern der Akt des Wieder-Erkennens. Nicht Erotik ist Grundlage der Liebe, sondern Erkenntnis. Aber er schließt den Eros nicht aus. Darin sollten wir ihn nicht mißverstehen. Platonische Liebe meint die wirkliche Liebe, nicht ein Abenteuer oder eine erotische Situation.« Das schreibt HELLMUT WOLFF in seinem Büchlein »*Metaphysik der Ehe*«. Für den Religionsphilosophen ist das *Erkennen* der geliebten Seele das Wesentliche: »Ich erkenne dich‹ – und schon überkommt die Seele eine unbeschreibliche Freude. Sie durchdringt alles und macht bereit, jedes Opfer zu bringen

– sogar das des Verzichtes: ›Ich bin froh, daß du bist. Sogar dann, wenn ich dich nicht haben kann. Ich bin froh, daß du bist‹.«

Die WAAGE-Liebe ist eine Liebe, die auf Sympathie basiert. Das Wort »Sympathie« entstammt dem griechischen *sym-pátheia*, das »Einhelligkeit« oder »gleiche Empfindung« bedeutet. Begegne ich einem Menschen, mit dem mich dieses Gefühl der »Einhelligkeit« (der Zuneigung) verbindet, dann sprechen wir von Liebe. Dieses Liebesgefühl überkommt uns, es ist wie der Wind, der plötzlich durch unser Haar bläst, ohne daß wir etwas dafür getan hätten. Der Gleichklang der Seelen bringt Bewegung in die Herzen der Betreffenden. Liebe überwindet die Fehler und Schwächen des geliebten Partners. Die »All-Liebe« ist damit allerdings noch nicht gemeint! Denn Mitmenschen oder Dinge, die auf einer anderen Wellenlänge »schwingen«, werden hier noch nicht erreicht. Sympathie einerseits bedeutet Antipathie andererseits – die Polarität ist im Luftzeichen WAAGE noch nicht überwunden. Zunächst baut die Liebe eine Brücke zum *geliebten* Du. Personen, mit denen man nicht im Einklang ist oder die man nicht leiden kann, die lieben wir eben zunächst nicht. Da bauen wir keine Brücken. Der mystische Zustand der All-Liebe entspricht dem Zeichen der FISCHE beziehungsweise NEPTUN, der nicht zufällig als die »höhere Oktave der VENUS« bezeichnet wird (siehe FISCHE-Band). Die nichtunterscheidende Liebe überschreitet den Bewußtseinszustand der WAAGE-Liebe, die auf Gleichklang beruht. Aber die WAAGE ist ein notwendiger Entwicklungsschritt auf dem Weg zur Einheit und zur All-Liebe der erlösten FISCHE-Ebene.

Die Liebe, von der wir hier reden (also die WAAGE-Liebe), ist die kosmische Anziehungskraft, die uns mit dem geliebten Du in Beziehung treten läßt. Die esoterische Lehre von den *Dualseelen* ist hier angesprochen. Diese besagt, daß jeder Mensch einen ganz bestimmten Seelenpartner – seine Zwillingsseele – hat. Die Kraft der Liebe dient für sie als »Magnet«. Ob sich die beiden Seelenhälften auch finden und *erkennen*, ist natürlich nicht sicher. In seinem »*Gastmahl*« beschreibt PLATO das Treffen der zusammengehörigen Dualseelen: »Wenn nun jemand auf seine eigene Hälfte trifft, dann werden die wunderbar erschüttert von Freundschaft und Vertrautheit und Liebe und wollen voneinander nicht lassen, auch nicht einen Augenblick. Diese sind es auch, die gemeinsam das ganze Leben zubringen und nicht einmal zu sagen wüßten, was sie voneinander haben wollen. Denn es kann doch wohl nicht die Gemeinschaft des Liebesgenusses sein, derentwegen der eine dem anderen sich so froh und mit so großem Eifer vereint, sondern etwas anderes will offenbar die Seele der beiden, was sie nicht sagen kann, aber in Zeichen verkündet sie ihr Wollen und in Rätseln.«

Ich halte es allerdings für eine zu festlegende Einstellung, daß nur ein einziger bestimmter Seelenpartner der richtige Lebenspartner für diese Inkarnation sein soll. Außerdem – wer sagt uns, daß sich die Dualseelen in jedem Erdenleben dafür entscheiden, eine Partnerschaft miteinander zu haben? Vor dem Hintergrund der ewigen Verbundenheit der Zwillingsseelen erscheint ein Erdenleben als kurzer Ausflug. HELLMUT WOLFF spricht in »*Metaphysik der Ehe*« von »Statthalterschaft«, wenn der Lebenspartner die Stelle der Zwillingsseele sozusagen »in Vertretung« einnimmt: »Diese Ausschließlichkeit bedeutet nicht, daß es keine ganz frei auftretenden, wunderbaren Entflammungen und Herrlichkeiten dazwischen gäbe, in den die sich Begegnenden eine Art Statthalterschaft für das eigentliche Dual einnehmen können.«

Da es meiner Ansicht nach auch keine allgemeingültigen Aussagen für das Individuum Mensch geben kann, ist in bezug auf die Dualseelen-Theorie zu differenzieren. Ich könnte mir vorstellen, daß für manche Seelen eine spezielle Aufgabe darin besteht, sich mit einer (zunächst) »fremden Seele« zusammenzutun und im Laufe der Zeit diese innige Liebe miteinander zu verwirklichen und eine neue Seelenverwandtschaft zu begründen. Wenn es mehr als nur den einen richtigen Partner gibt, dann können viele Menschen neue Hoffnung schöpfen, deren (vermeintlicher) »Traumpartner« durch Tod oder Trennung verloren wurde. Es ist natürlich auch vorstellbar, daß sich beide Dualseelen in die Körper ein und desselben Geschlechtes inkarnieren und die betreffenden Männer oder Frauen dann vor das Problem der Homosexualität gestellt sind. Es muß aber nicht automatisch auch sexuelles Verlangen bestehen.

Lieben zu lernen bedeutet Leben zu lernen; Lieben und Leben hängen eng miteinander zusammen. Leben und Lieben bedingen sich gegenseitig. Das wahre Leben ist ein liebendes Leben, ein Leben für die Liebe. Die lebendige Liebe ist eine gelebte Liebe.

In seiner »*Ballade von der Glocke*« beschwört FRIEDRICH SCHILLER die Zartheit der ersten Liebe. Hier ein Auszug daraus:

> »Und herrlich, in der Jugend Prangen,
> Wie ein Gebild aus Himmels Höh'n.
> Mit züchtigen, verschämten Wangen

Sieht er die Jungfrau vor sich stehn.
Da faßt ein namenloses Sehnen
Des Jünglings Herz, er irrt allein,
Aus seinen Augen brechen Tränen,
Er flieht der Brüder wilden Reihn.
Errötend folgt er ihren Spuren
Und ist von ihrem Gruß beglückt,
Das Schönste sucht er auf den Fluren,
Womit er seine Liebe schmückt.
O zarte Sehnsucht, süßes Hoffen
der ersten Liebe goldne Zeit!
Das Auge sieht den Himmel offen,
Es schwelgt das Herz in Seligkeit.
O daß sie ewig grünen bliebe,
Die schöne Zeit der ersten Liebe.«

Vermutlich werden heutzutage viele – insbesondere junge – Leute Schillers Worte kitschig finden. Aber das liegt dann vielleicht daran, daß in moderner Zeit das Zarte der Liebe verlorengegangen ist. Gerade im Bereich der Liebe herrscht eine Abgestumpftheit und Oberflächlichkeit, die das zarte Pflänzchen Liebe verschüttet hat. Sexueller Leistungsdruck, der allzu früh zum Geschlechtsverkehr »zwingt« und die erste Liebesbegegnung auf die körperliche Ebene beschränkt, ist wohl ein Grund dafür. Die Romantik und die Erotik, die der VENUS innewohnen, sind hingegen geistige Prinzipien. Wie wir die Luft nicht greifen können, so auch nicht die Liebe, die einem scheuen Vogel gleicht. Ob sich dieser auf unsere Schultern setzt, hängt davon ab, ob wir offen und bereit dafür sind, daß sich die Liebe in uns ereignen kann.

Beziehung, Partnerschaft, Ehe

So wie es verschiedene Arten gibt, wie sich die Liebe ausdrückt, finden wir ebenso unterschiedliche Beziehungsformen. Astroenergetisch gesehen ist es die jeweilige Position der VENUS im Tierkreis, die auf die spezielle Art der Beziehung hinweist. Wollen wir über das Wesen der »Beziehung an sich« sprechen, dann hilft uns auch hier die Zuordnung zum WAAGE-Zeichen. Wir haben gehört, daß Beziehung und Liebe zwei wesentliche WAAGE-Themen sind. Sie gehören – energetisch gesehen – zusammen, und daraus können wir ableiten, daß die Grundlage einer *jeden* Beziehung die Liebe zum Mitmenschen ist beziehungsweise sein sollte. Liebe ist die einzig wahre Basis jedes Zusammenwirkens, denn sie ist die einzige Kraft, die es fertigbringt, auch scheinbar unüberbrückbare Gegensätze zu überwinden. Damit ist natürlich zunächst die geistige Ebene der Liebe gemeint, denn es kann ja nicht darum gehen, mit allen unseren Mitmenschen, zu denen wir in verschiedenen Beziehungen stehen, »ins Bett zu steigen«. Die Liebe zu einem Menschen ist die wichtige Vorstufe zur Menschheitsliebe (= WASSERMANN-Ebene).

Die *Ehe* als Form der Partnerschaft ist ein mißverständlicher, von allen möglichen moralischen Werten überfrachteter Begriff. Ursprünglich kommt das Wort »Ehe« vom mittelhochdeutschen »ewe« und bedeutet auch *Ewigkeit*. Ehe im eigentlichen Sinne hat also mit der Ewigkeit zu tun, was mit der biblischen Aussage zusammenhängt, daß alle wirklichen Ehen im Himmel geschlossen würden. Auf dieser metaphysischen Ebene findet die wahre Ehe als Seelenverbindung statt; hierin ist der transzendente Bereich der FISCHE angesprochen. HELLMUT WOLFF sagte über die Ehe: »Da aber, wo beide Arten der Liebe – jene höhere, göttliche Liebe und die von dem Daimon Eros getragene – einander treffen, sich vereinigen, um in einer wunderbaren Synthese zusammenzuwirken, geschieht, vollzieht sich die Ehe. Sie ist begründet in der Wahl und gegenseitigen Bejahung dieses einen Menschen, der ›erkannt‹ wird als das von Ewigkeit her erwartete Du« (aus: »*Metaphysik der Ehe*«).

Ob uns eine äußere Partnerschaft gelingt, hängt vor allem davon ab, ob unsere inneren Partner zueinandergefunden haben, ob die YIN- und YANG-Kräfte, ob MARS und VENUS in uns eine Verbindung zueinander haben. Äußere Beziehungsprobleme sind eine Widerspiegelung unserer inneren Disharmonien. Die häufige Frage an den Astrologen, welches Tierkreiszeichen denn zu einem »passen« würde, zeugt von Unkenntnis bezüglich der Aufgaben und Möglichkeiten der Astrologie. Es geht doch vielmehr immer um die Frage, was man denn eigentlich von einer Partnerschaft erwartet. Die VENUS-Position im Horoskop gibt darüber Auskunft, was man in der Partnerschaft vor allem braucht, um glücklich zu sein. Jemand, der die Ehe als »Trainingsfeld« und den Partner als »Sparringspartner« auf dem Weg der Individuation versteht, wird Spannungsaspekte suchen, während ein anderer, der vor allem seine Ruhe haben will, nach Harmonieaspekten Ausschau halten wird.

Eine Liebesbeziehung allein vom Horoskop abhängig zu machen, verrät einen ängstlichen Charakter, der seinen Gefühlen und Kräften nicht vertraut. Ich meine, daß man zunächst einmal den Dingen ihren Lauf lassen und hinspüren sollte, wie es einem mit dem neuen Freund/der neuen Freundin geht. Wer zu früh das »Astrologisieren« beginnt, läuft Gefahr, die zarte Liebespflanze zu zerstören, die sich möglicherweise gerade entwickelt. Wenn man dann im weiteren Verlauf einer Partnerschaft das Horoskop zu Rate zieht, um die Wirkung aufeinander besser zu verstehen oder die Aufgaben und Grenzen der Beziehung auszuloten, ist das jedoch durchaus vernünftig. Bekanntschaftsanzeigen, die verkünden: »Fische-Frau sucht Skorpion-Mann« (oder ähnliches), zeugen nicht gerade davon, daß der oder die Betreffende dem Leben offen gegenübersteht.

Hier spielen auch die Träume eine wichtige Rolle. Sie zeigen, was unsere Seele von dem neuen Partner beziehungsweise der Beziehung hält. Eine Seminarteilnehmerin, die sich nach mehreren gescheiterten Beziehungsversuchen in einen um zehn Jahre jüngeren Mann verliebte, verdankte es ihren Träumen, daß sie mittlerweile eine schöne Partnerschaft mit diesem Mann hat. Ihr Verstand versuchte ihr die Beziehung auszureden, weil er zu jung für sie sei, und ihr WIDDER-MOND war äußerst ungeduldig. Da sie aber immer wieder sehr ermutigende Beziehungsträume hatte, überwand sie diese Hürden, fand seelischen Zugang zu diesem Mann, und die Beziehung konnte wachsen. Die Träume helfen uns sowohl bei der Partnersuche als auch dabei, unsere Beziehungen realistisch zu sehen, Blockaden zu beseitigen, notwendige Veränderungen vorzunehmen, Stärken und Schwächen zu erkennen und Freuden zu genießen.

Wenn uns die Träume etwas über unsere Außen-Beziehungen verraten, dann sprechen wir nach der JUNGschen Terminologie von der Deutung auf der *Objektstufe* – im Gegensatz zur *Subjektstufendeutung*, wenn wir alle Traumpersonen auf uns selbst beziehen. Die Deutung auf der Objektstufe bietet sich vor allem an, wenn im Traum Mitmenschen auftauchen, zu denen wir in einer intensiven Beziehung stehen, vor allem unser Lebenspartner. Dieser kann als Traumfigur natürlich neben seiner konkreten Bedeutung auch gleichzeitig auf der Subjektstufe unseren eigenen gegengeschlechtlichen Seelenteil verkörpern. Nachfolgend der Traum eines Seminarteilnehmers zum Beziehungsthema: »Die Fehlkonstruktion«, geträumt am 24.4.1993: »Ich will mit meiner geschiedenen Frau und zwei betrunkenen fremden Männern eine Ruderbootfahrt unternehmen. Das Boot ist so konstruiert, daß jeweils ein Ruder am Heck und am Bug angebracht ist. Da wir beide rudern, rührt sich das Boot kaum von der Stelle und läßt sich nur schwer lenken.«

Der Träumer schrieb seine Einfälle dazu nieder: »Der Traum zeigt mir deutlich die konträren Standpunkte des WIDDER-Mannes (mir selbst) und meiner WAAGE-geborenen Exfrau sowie die Schwierigkeiten, einen gemeinsamen Weg zu finden und zu gehen, ohne daß einer den anderen ständig dabei behindert. In meiner derzeitigen Partnerschaft erlebe ich die gleichen Muster wie damals mit meiner Frau und komme dabei weder vorwärts noch rückwärts, kann mich nicht von ihr trennen, aber auch nicht ja sagen zu dem, was abläuft. Ich sehe, daß ich einerseits geduldig, anpassungsfähig, lieb und tolerant sein will, mich aber gleichzeitig über meine übergroße Duldsamkeit ärgere und aufbegehre, was aber bei meiner Partnerin nichts bewegt. Sie ist eine FISCHE-Geborene, die sich sofort zurückzieht, abtaucht und verstummt, wenn ich auf Konfrontationskurs gehen will. Ein Gespräch über uns ist nicht möglich, da sie sich scheut, über sich und unsere Beziehung zu sprechen. So drehen wir uns im Kreis und kommen, wie im Traumboot, nicht weiter, steuern einen gegenläufigen Kurs. Und auf der Subjektstufe zeigt mir der Traum, daß meine bewußte Persönlichkeit (Traum-Ich) und meine weibliche Seite sich gegenseitig in die Quere kommen und nichts vorwärtsgeht in meiner Entwicklung.«

Der Träumer hat gute Einsichten, sollte sich jedoch auch fragen, welche Rolle er bei diesem Spiel einnimmt; immerhin ist es *sein* Traum. Und weil er selbst es ist, der diese Szene träumt, wäre es als positiv anzusehen, wenn er das Ruder in der Hand hätte und durch seinen Krafteinsatz sich und die Partnerin *(Anima)* ans andere Ufer brächte. Das Dagegenrudern der Frau zeigt, daß sich auf der seelischen Ebene die weibliche Energie gegen die Richtung seines Ich-Bewußtseins stemmt. Sie bremst ihn, und es verwundert nicht, wenn er sich auch real Partnerinnen aussucht, die unbewußt das gleiche Spiel mit ihm auf der äußeren Seite des Lebens spielen. Des Rätsels Lösung liegt in den Betrunkenen im Boot. Sie sind dem Bewußtsein des Träumers fremde männliche Wesensseiten, die durch ihren betrunkenen Zustand unangenehm auffallen. Was haben sie im Boot der Eheleute zu suchen? Als Wesensanteile des Träumers (und wahrscheinlich auch der Frau) lassen sie sich nicht einfach über Bord werfen. Sie verkörpern Kräfte, die nicht gerade durch Nüchternheit glänzen und illusionäres, suchtartiges Verhalten ausdrücken, Beziehungs- oder Harmoniesucht beispielsweise oder einfach die Unfähigkeit, eine Partnerschaft nüchtern zu betrachten. Nüchternheit ist eine Tugend, die vor allem in Beziehungen unbedingt erforderlich ist, sollen diese gelingen. Die betrunkenen Männer zeigen die geschwächte männliche Kraft des Träumers, die der Realität nicht standhalten kann. Einen Schlüssel zu dieser negativen Prägung vermutet er in der gescheiterten Ehe der Eltern, die ihm kein Vorbild im partnerschaftlichen Leben sein konnten. Er lebte bei der Mutter, die er sehr verehrte, wodurch er das Wachstum der weiblichen Seite in sich stärker förderte als die männliche Identität, die (in der Ablehnung des Vaterbildes) unentwickelt blieb. Folgendes kurze Traumstück, das sich bald nach dem obigen Traum einstellte, öffnete dem Teilnehmer die Augen für seinen Anteil an den Partnerproblemen: »Eine Unfallrekonstruktion soll dem Verursacher darlegen, daß nicht der Unfallgegner, sondern er selbst den Unfall verschuldet hat.«

Menschlichkeit

Die Luftzeichen im Tierkreis verkörpern die Prinzipien der *Humanität* und der *geistigen Freiheit*. Die Tatsache, daß wir einen Menschenkörper haben, macht uns allein noch nicht zum Menschen. Es geht vor allem darum, daß der Homo sapiens sein *geistiges* Menschentum entdeckt und kultiviert. Der individuelle Entwicklungsstand zeigt sich hier im Grad der realisierten Humanität, der Liebes- und Beziehungsfähigkeit. Schauen wir uns auf der Welt um, dann können wir feststellen, daß die Menschheit noch lange nicht am Ende dieses Weges angelangt ist. An einzelnen verwirklichten Individuen, beispielsweise GANDHI, mag man ermessen, was es bedeutet, wirklich Mensch zu sein. Das sollten wir uns immer vor Augen halten, wenn wir das Wort »Mensch« aussprechen. Ebenso wie sich der menschliche Körper allmählich entwickelt, ist auch das geistige Menschsein nicht von vornherein da. Es schlummert latent in uns und will erweckt werden. Dafür haben wir vorübergehend diesen physischen Leib, den Menschenkörper, angenommen. HERMANN HESSE beschreibt die Entwicklung des inneren Menschentums bildhaft in seinem Roman »*Demian*«: »Mancher wird niemals Mensch, bleibt Frosch, bleibt Eidechse, bleibt Ameise. Mancher ist oben Mensch und unten Fisch. Aber jeder ist ein Wurf der Natur nach dem Menschen hin.«

Menschlichkeit will entwickelt werden. Daß sie jedoch eher selten vorkommt, stellt OTTO RUPERTUS fest:

»Edle Menschlichkeit, wie wirst du selten
hier auf Erden doch gefunden!
Ach, sie schläft in aller Herzen,
doch die eignen Sorgen, Schmerzen
haben Fesseln ihr gewunden.«

Menschsein ist die Brücke zwischen der Welt des Geistes und der irdischen
Welt beziehungsweise zwischen dem spirituellen Bereich der Engel und der
Triebnatur der Tiere. Die Integration der WAAGE-Energie bedeutet dem-
nach, dieser Brückenfunktion gerecht zu werden. Der WAAGE-geborene
deutsche Philosoph FRIEDRICH NIETZSCHE schrieb in »*Also sprach Zara-
thustra*«: »Der Mensch ist ein Seil, geknüpft zwischen Tier und Über-
mensch, ein Seil über dem Abgrunde.« Und von ANGELUS SILESIUS stammt
der folgende Vers aus dem »*Cherubinischen Wandersmann*«:

»Das größte Wunderding ist doch der Mensch allein:
Er kann, nachdem er's macht, Gott oder Teufel sein.«

Und auch NOVALIS war der Meinung, Mensch zu werden sei eine Kunst.
Dasselbe sagt ein Sprichwort von den Philippinen: »Leicht ist es, geboren zu
werden, aber hart, ein Mensch zu werden.« Menschlichkeit will erworben
werden, wir müssen uns dafür einsetzen. Die Integration der oppositionellen WIDDER-Seite ist erforderlich, damit wir die für die Entwicklung unseres Menschseins notwendigen Kämpfe (WIDDER-Thema) nicht mehr ins
Außen projizieren, sondern in uns selbst die entscheidenden Schlachten
schlagen.

Frieden

Innerhalb der Polarität herrscht dann Friede, wenn eine Übereinstimmung
zwischen dem subjektiven Motiv und dem Objekt, auf welches das Motiv
gerichtet ist, besteht. Ein »passendes« Motiv für eine Liebesbeziehung wäre
Liebe, für die Berufswahl wäre es die Berufung, für religiöses Engagement
eine echte spirituelle Vision, für ein Hobby ein Lustempfinden und so weiter. Stimmt das Motiv mit dem angepeilten Objekt nicht überein, dann
herrscht Disharmonie; beispielsweise wenn eine (scheinbare) Liebesbeziehung vorrangig auf materiellen Belangen basiert.

Innerer Frieden herrscht, wenn die Beziehungen der Wesenskräfte (in der Astrologie durch die Planeten symbolisiert) in einer richtigen (wesensgemäßen) Verbindung zueinander stehen; und für unsere Außenbeziehungen gilt das gleiche. Daher ist die Ordnung schaffende JUNGFRAU-Energie als Vorreiter des WAAGE-Zeichens so wichtig. Hat uns die JUNGFRAU gelehrt, allem den richtigen Platz zuzuweisen und auch selbst den richtigen Platz einzunehmen, werden unsere Beziehungen in Harmonie kommen.

Unpassende Verbindungen richten dagegen mehr Unheil an, als daß sie friedensförderlich wären. Damit sind einerseits Verbindungen gemeint – von Mensch zu Mensch, von Mensch zu Situation oder Objekt, von Volk zu Volk –, die grundsätzlich nicht zusammenpassen, oder solche, deren Motivationen nicht (überein-)stimmen. Ein anderes Problem sind falsche Interpretationen von Beziehungen; beispielsweise wenn aus einer gut funktionierenden, stimmigen therapeutischen Beziehung zwischen Klient und Therapeut eine unstimmige Liebesaffäre wird. Oder wenn eine Partnerschaft aufgrund von Gefühlsverdrängungen nicht eingegangen wird.

Wer Frieden auf seine Fahnen geschrieben hat und sich beispielsweise in der Friedensbewegung engagiert, der sollte das Gesagte beherzigen und sich vor Augen führen, daß äußerer Friede immer das Resultat einer inneren Harmonie ist. Allein durch Demonstrationen läßt sich kein wahrer Frieden herbeiführen.

Ausgleich und Harmonie

Der Kosmos strebt stets nach Ausgleich. C. G. JUNG meinte dazu: »Die Welt besteht nur, weil sich Gegensätze die Waage halten.« Ob uns jede dieser »kosmischen Ausgleichstherapien« zusagt, ist eine andere Frage – beispielsweise wenn der chronisch überaktive Mensch als Ausgleichslektion eine langwierige Krankheit »verpaßt« bekommt, damit die andere Seite auch zu ihrem Recht kommt. Das ist natürlich individuell zu sehen und kann nicht verallgemeinert werden. Jeder Mensch muß selbst herausfinden, in welche Waagschalen er (freiwillig) mehr Gewicht legen sollte, um eine schicksalhaft erzwungene Ausgleichsreaktion zu vermeiden. Denn letztere ist für unser Ego in den seltensten Fällen erfreulich, für die seelische Harmonie jedoch unentbehrlich. Damit Harmonien nicht zu bloßen Zementierungen eines lauen Status quo herabsinken, müssen wir stets aufs neue (das ist die WIDDER-Seite!) unser Ausgleichswerk verrichten und ein *lebendiges* Gleichgewicht finden. Lebendig ist ein Gleichgewicht dann, wenn es in Bewegung bleibt, wenn es energetisch ist, Herausforderungen annimmt, um auf einem höheren Niveau eine neue Harmonie zu errichten.

Wenn wir zu Einseitigkeiten neigen, dann beginnen die kompensatorischen Kräfte des Kosmos ihr ausgleichendes Werk. Es ist ein Naturgesetz, daß alles nach Harmonie strebt. Wir finden das auch im Alltags- und Seelenleben widergespiegelt. In unserer Seele ist es das Unbewußte, das kompensierend (ausgleichend) wirkt. Vor allem auch über die Träume sorgt es dafür, daß wir wieder ins Gleichgewicht kommen. Diese *kompensatorischen* Träume werfen ihr Gewicht in jene Waagschale, die unser Ego beziehungsweise Verstand vernachlässigt. Wenn wir etwa einen Menschen einseitig idealisieren oder verteufeln, dann werden uns Träume geschickt, die womöglich genau das Gegenteil unserer Einstellung verkünden. Ein vergötterter Mitmensch mag als Teufel durch unseren Traum wandeln, ein zu negativ gesehener Zeitgenosse kann uns als lichte Traumgestalt beeindrucken. Je extremer wir in unserem Bewußtsein polarisieren, desto extremer müssen auch die Ausgleichsreaktionen des Lebens oder der Träume sein. Wir sind dann gefordert, den nötigen Ausgleich auch innerhalb unseres Bewußtseins nachzuvollziehen und eine Position der Mitte zu finden. Natürlich kompensieren die Träume auch einseitige Verhaltensweisen und anderes. Man erkennt solche Träume an ihren meist drastischen Bildern und daran, daß sie genau das Gegenteil unserer Einstellungen, Sichtweisen und Verhaltensmuster ausdrücken.

Unsere Kinder – die ja in noch größerem Maße an das Unbewußte angeschlossen sind als wir Erwachsenen – sind ebenfalls Medien für die kompensatorische Kraft der unbewußten Seelenkräfte. In der Psychologie ist es ja inzwischen hinlänglich bekannt, daß gerade kleine Kinder durch »gegenläufiges« Verhalten (unbewußt) einseitige Verhaltensweisen der Eltern ausgleichen. Anstatt die Kinder bloß immer wieder zur Ordnung zu rufen, tun wir Eltern also gut daran, uns zunächst zu fragen, ob extreme Verhaltensweisen unserer Kleinen nicht etwa die Unausgeglichenheit von uns Großen kompensieren wollen ...

Kunst

WAAGE ist auch das Prinzip der Kunst, der Kunst an sich, der Kunst im Vergleich zur Natur. Kunst ist vom Menschengeist geschaffen, Natur entspringt aus sich selbst heraus. Kunst bringt »künstliche« Werke hervor – im Gegensatz zu den Erschaffungen der Natur. »Künstlich« ist hier zunächst ohne Wertung gemeint. GOETHE sagte: »Blumen reicht die Natur, es windet die Kunst sie zum Kranze.« Wenn wir aber von einem Mitmenschen sagen, daß er sich »gekünstelt« verhält, dann meinen wir, daß er nicht natürlich ist, nicht aus seiner Natur heraus lebt. Dann ist es negativ gemeint, weil er die Kunst nicht beherrscht. Demgegenüber steht der Künstler, der über seine Kunst in direkter Beziehung zum Menschengeist steht. Die höchste Kunst ist die *Lebenskunst.*

Wenn wir die verschiedenen Künste vor dem Hintergrund der WAAGE betrachten, dann ist die *bildende Kunst* das Genre, das der WAAGE wohl am nächsten kommt. Der Bereich der Musik bringt den KREBS hinzu, die Literatur die ZWILLINGE, archaische Kunst den SKORPION und so weiter. Über allen Künsten aber steht die WAAGE, die dem Menschen die Fähigkeit verleiht, selbst etwas zu erschaffen, das aus dem Geist und nicht aus der Natur entstanden ist.

Kunst (WAAGE) und Natur (KREBS) stehen in einem archetypischen Spannungsaspekt zueinander. Diese Spannung gilt es in ein Gleichgewicht zu bringen. Die Natur mit seiner Kunst zu gestalten, dafür ist der Mensch in diese Welt gekommen. Aber die Natur darf dabei nicht zerstört werden, wie das in heutiger Zeit oft der Fall ist. Es ist eben eine hohe Kunst, die künstlichen Hervorbringungen des Menschen und die natürlichen Dinge des Lebens miteinander in eine Harmonie zu bringen.

Die beiden WAAGE-Entsprechungen *Kunst* und *Beziehung* stehen in einem engem Zusammenhang. Der wahre Künstler tritt in Dialog mit seinem Kunstwerk, geht eine Beziehung dazu ein; und eine wirkliche Beziehung zu leben ist ebenfalls eine wahre Kunst.

Die Zusammengehörigkeit von Kunst und Menschsein beschreibt FRIEDRICH SCHILLER in »*Die Künstler*«:

> »Im Fleiß kann dich die Biene meistern,
> in der Geschicklichkeit ein Wurm dein Lehrer sein,
> dein Wissen teilest du mit vorgezognen Geistern,
> die Kunst, o Mensch, hast du allein.«

Über die Lebenskunst sagte HÖLDERLIN einst: »Lern im Leben die Kunst, im Kunstwerk lerne das Leben! Siehst du das eine recht, siehst du das andere auch.« Und JEAN PAUL brachte Kunst und Frieden miteinander in Verbindung, als er dichtete:

>In wessen Herz die Kunst sich niederließ,
der ist vom Sturm der rauhen Welt geschieden,
dem öffnet sich, durchwallt von süßem Frieden,
im ewigen Lenz ein stilles Paradies.«

Die zentrale Entwicklungsphase der WAAGE-Energie

Ausgehend vom Sechsjahreszyklus der »Felderwanderung« (nach BRUNO und LOUISE HUBER), befinden wir uns auf unserer symbolischen Wanderung durch den Häuserkreis (des Horoskopes) im Alter zwischen sechsunddreißig und zweiundvierzig Jahren im WAAGE-Haus (siebtes Haus). Es ist die zentrale WAAGE-Periode der menschlichen Entwicklung. Auf welchem Niveau wir die für diese Phase notwendigen Erfahrungen machen, hängt davon ab, ob wir die Aufgaben der vorherigen Stufe gemeistert und integriert haben, also von unserem Reifegrad. Harmonie, Ausgleich, Beziehung, Liebe und Glück – diese Entsprechungen der WAAGE fallen uns natürlich auch in der WAAGE-Periode nicht einfach in den Schoß. Wir müssen schon etwas dafür getan haben, damit wir jetzt am eigenen Leib und Leben erfahren, daß die vorhergegangene Reinigungs- und Aufarbeitungsphase der JUNGFRAU-Zeit Früchte trägt, beispielsweise in Form verwirklichter Beziehungsfähigkeit.

Jetzt wird es für uns alle deutlich, ob wir verstanden haben, was *Beziehung* bedeutet. Die beiden Extrempunkte bilden hier Beziehungszusammenbruch einerseits und Verwirklichung einer wundervollen Partnerschaft zwischen Menschen, die sich lieben gelernt haben, andererseits. Jetzt zeigt sich, ob der Mensch, mit dem wir zusammenleben, auch wirklich in einer Seelenverwandtschaft zu uns steht. Standen andere Gründe bei der Eheschließung im Vordergrund – materieller oder sexueller Art, Projektionen und so weiter –, dann werden wir das in der WAAGE-Zeit um so schmerzlicher spüren, denn wir merken jetzt, daß etwas Wesentliches in unserer Partnerschaft fehlt. Wir sind uns fremd gewesen und fremd geblieben.

Nun sollten wir selbst Disharmonien ausgleichen, damit nicht das Schicksal kompensierend in unserem Leben eingreifen muß. Wer dagegen seine bisherigen Lektionen gelernt hat, wird feststellen, daß sein Einsatz nicht umsonst war, und als »Belohnung« wundervolle Harmonie und Frieden in seinem Dasein spüren. Für uns Menschen, die wir hierhergekommen sind, um dazuzulernen, trifft eine solche harmonische Erfahrung natürlich nur begrenzt zu. Es geht ja auch nicht darum, daß wir jetzt eine »Friede-Freude-Eierkuchen-Zeit« verbringen, sondern darum, uns wirklich mit dem Du, mit der Umwelt auseinanderzusetzen.

Die WAAGE-Phase ist die der WIDDER-Periode unserer Entwicklung »gegenüberliegende« Zeit, die wir in den ersten sechs Lebensjahren durchlaufen haben. Wie wir schon gesehen haben, ist der WIDDER die Grundlage und Voraussetzung für die WAAGE. Im Kleinkindalter lernten wir, unseren Willen zu erkennen und uns für unsere Bedürfnisse einzusetzen – das war lebensnotwendig. Aber um zu sozialen Wesen heranzureifen, können wir natürlich nicht auf der Stufe eines egoistischen Kleinkindes stehenbleiben. Andererseits wird uns eine lebendige und befriedigende Beziehung zum Du nur dann gelingen, wenn wir in der WIDDER-Phase unsere Willens- beziehungsweise MARS-Kraft integrieren konnten. Jetzt erleben wir um so deutlicher, wo wir stehen. Wir erkennen das an der Art und Weise, wie wir miteinander umgehen. Blockaden in der WIDDER-Zeit werden jetzt in der Regel als Beziehungsstörungen erlebt. Um einen Ausgleich zu schaffen, müssen wir uns zunächst fragen, welcher Seite der Waage wir mehr Gewicht verleihen müssen. Mancher wird lernen müssen, egoistischer zu sein, andere müssen die soziale Seite stärken.

Was auch immer wir jetzt erleben werden, wir sollten uns im klaren darüber sein, daß es eine Art notwendiger Kompensation zu bisherigen Ungleichgewichten ist. Werden wir uns dessen bewußt, können wir selbst dabei mitwirken, unser Leben ins Lot zu bringen, um die nachfolgende SKORPION-Phase der Stirb-und-werde-Prozesse gut durchzustehen und als gewandelter Mensch daraus hervorzugehen.

Aber soweit ist es jetzt noch nicht. Die WAAGE möchte, daß wir es uns gutgehen lassen, und häufig muß sie dabei nachhelfen, wenn wir aus Unwissenheit darüber, was uns wirklich guttut, den falschen Weg einschlagen. Wer jetzt noch keinen festen Partner hat, der wird dies in der Regel deutlich als Manko registrieren. Allgemein ist jetzt noch einmal eine gute Zeit dafür, Versäumtes nachzuholen und sich dafür zu öffnen, dem richtigen Partner zu

begegnen. Für manche wird erst jetzt die Zeit gekommen sein, ihren Seelenpartner zu finden, und sie werden froh sein, noch nicht anderweitig gebunden zu sein. Andere, die einen »Fremden« geheiratet haben, kommen in dieser Zeit häufig in die Versuchung eines Seitensprungs oder lernen einen Menschen kennen, der für sie ein wesentlich passenderer Partner wäre. Glücklich
darf sich dann der schätzen, der in gutem Einvernehmen und ohne Kinder
zu »hinterlassen«, eine Trennung erreicht, um sich mit seinem Seelenpartner
zu vereinen. Aber auch hier sind natürlich Illusionen möglich – immerhin
handelt es sich bei der WAAGE um ein Luftzeichen, das so manche Luft-
schlösser entstehen läßt, die dann später in sich zusammenstürzen und reu-
mütige »Heimkehr« zum Gatten oder zur Gattin bewirken, vor allem wenn
der Seitensprung zur Erkenntnis führt, daß wir unseren bisherigen Partner
wirklich lieben – und das nur »vergessen« haben. Fremdgehen könnte daher
eine durchaus wichtige Therapie in dieser Zeit sein, wenn die Beteiligten nur
freier und lockerer damit umgehen würden. Wer eine Partnerschaft wirklich
auf der Ebene der WAAGE zu leben versteht, der vertraut darauf, daß sein
Seelenpartner immer wieder freiwillig und gern zurückkehren wird. Und
wenn sich herausstellen sollte, daß der Partner in keiner Seelenverwandtschaft zu uns stand und auf Nimmerwiedersehen verschwindet, sollten wir
darüber froh sein, anstatt in Trübsinn zu versinken. Schließlich sind wir
dann wieder frei für einen neuen Versuch! Die Tragödien, die sich in vielen
Partnerschaften abspielen, haben nichts mit der WAAGE-Energie zu tun.
Solange die Betreffenden in Mutter- oder Vater-Projektionen gefangen sind,
kann keine wirkliche Beziehung entstehen. Vielmehr handelt es sich in diesem – häufigen! – Fall um Abhängigkeiten und Symbiosen.

Haben wir dagegen in der vorangegangenen JUNGFRAU-Phase an der
Aufarbeitung unserer Probleme gearbeitet, werden wir jetzt zu einem »erwachsenen Leicht-Sinn« finden und das Leben wieder leichter nehmen.
Wenn wir uns von unnötigem Ballast befreien konnten, werden wir feststellen, daß die Dinge, die jetzt in unser Leben treten, in einer viel harmonische-
ren Entsprechung zu unserem Wesen stehen, als das bisher der Fall war.
Eben das ist Harmonisierung: daß wir die Objekte anziehen, die uns entsprechen, zum Beispiel die richtigen Menschen, einen stimmigen Beruf oder
Wohnort. Im günstigen Fall kommen jetzt unsere individuellen künstlerischen Anlagen zum Tragen, sei es als Hauptberuf, befriedigendes Hobby,
zum Zwecke der Selbsterfahrung oder als Lebenskunst. Jetzt sollten wir besonders für günstige Gelegenheiten offen sein, die unsere Kunst fördern.

Das Tierkreiszeichen und die Planeten, die in unserem siebten Haus stehen, modifizieren das Gesagte, zeigen an, wo die Blockaden, Fähigkeiten (auch im Bereich der Kunst!), Aufgaben und Möglichkeiten liegen. Auch die Träume dieser Lebenszeit werden stark von den entsprechenden Anforderungen geprägt sein und können vor dem Hintergrund dieser Entwicklungen (Partnerschaft und Ausgleich) verstanden werden. Vor allem während des WAAGE-Monats im Jahreslauf wird unser Selbst-Bewußtsein durch Alltagserleben und die Träume verstärkt auf diese (eventuell vergangene) Lebensphase gerichtet. Die Bewußtseinsfähigkeit in diesem Bereich ist jetzt besonders stark, damit wir erkennen, ob wir die entsprechenden Rätsel gelöst und integriert haben oder überfällige Entwicklungsschritte nachholen müssen. Haben wir die WAAGE-Phase altersmäßig noch nicht erreicht, vermögen wir im WAAGE-Monat durch die Träume gelegentlich den Blick nach vorne zu richten und durch den Schleier der Zeit zu blicken. Was wir dann sehen, sind Perspektiven und Entwicklungsmöglichkeiten – im guten wie im schlechten –, die wir durch aktives Engagement und aktive Bewußtwerdung günstig beeinflussen können.

Der WAAGE-Archetyp bei C. G. JUNG

Der WAAGE-Archetyp findet natürlich auch im Werk C. G. JUNGS seinen gebührenden Ausdruck, wenngleich dieser selbst keine astrologische Zuordnung seiner Erkenntnisse vornahm. Seine LÖWE-SONNE war im siebten Haus der WAAGE konstelliert; das WAAGE-Prinzip war für ihn also die wesentliche Kulisse dafür, sein SONNEN-Wesen (Selbst) zu integrieren. Indem er um Bewußtwerdung (LÖWE-Thema) der unbewußten Seelenschichten rang, baute er eine Brücke zwischen den beiden sich gegenüberliegenden Ufern des Ich-Bewußtseins und des Unbewußten. Seine Traum- und seine Imaginationsarbeit sind die »Pfeiler« seines »Brückenbaus«.

JUNG differenzierte verschiedene Funktionen der Träume; vor dem Hintergrund der WAAGE ist vor allem die der Wiederherstellung des seelischen Gleichgewichtes zu nennen, »... indem sie Traummaterial produzieren, das auf subtile Weise die gesamte psychische Balance wiederherstellt. Dies nenne ich die komplementäre (oder kompensatorische) Funktion der Träume. Das erklärt zum Beispiel, warum Menschen, die unrealistische Ideen oder eine zu hohe Meinung von sich selbst haben oder allzu grandiose Pläne machen, die außerhalb ihrer Möglichkeiten liegen, oft vom Fliegen oder Fallen träumen. Der Traum kompensiert die Mängel ihrer Persönlichkeit und warnt sie gleichzeitig vor den Gefahren ihres gegenwärtigen Kurses« (aus: »*Der Mensch und seine Symbole*«). Er meinte, daß vor allem die vom »zivilisierten« Menschen abgespaltene Trieb- und Instinktseite (= WIDDER-Seite) im Traum häufig kompensiert werden muß. Der enge Zusammenhang der beiden Seiten der WIDDER-WAAGE-Tierkreisachse wird hier deutlich.

Ein Verdienst von JUNG ist es auch, eine neue Beziehung zwischen den alten Mythen, der Alchimie und der Mystik einerseits sowie dem Leben des modernen Menschen andererseits hergestellt zu haben. Er baute damit eine Brücke zwischen empirisch-wissenschaftlichem Denken und der Erfahrungsebene der archaisch-mystischen Bereiche beziehungsweise des östlichen Denkens.

Eine weitere wichtige Leistung des Schweizer Psychiaters liegt in seinem Konzept von *Anima* und *Animus*. Damit begründete JUNG die These, daß jeder Mensch sowohl männliche als auch weibliche Seelenteile in sich trägt, die es in ein Gleichgewicht zu bringen gilt. Die von ihm postulierte Wesensseite der *Anima* ist jene, die der VENUS entspricht, »die innere Frau im Manne«. Und da natürlich auch Frauen in ihrem Horoskop eine VENUS konstelliert haben, können wir ergänzend hinzufügen, daß es auch »die innere Frau in der Frau« ist. Meiner Ansicht nach hat die jungsche *Anima* einerseits Bezug zum MOND-Prinzip (der weiblich-empfangenden, naturhaften Seite in der Psyche; siehe KREBS-Band), und als die »innere Geliebte« haben wir andererseits die Entsprechung zur VENUS.

»*Anima* und *Animus* sind jene unsichtbaren Partner, deren übermächtige und oft beflügelnde Kräfte in uns es zu entdecken gilt. Sie sind es, welche die Frage beantworten können, warum wir welche Partner gewählt haben. Sie sind die oft schmerzlich fehlenden Hälften in uns, von denen wir in überschwenglicher Verliebtheit beglückt und beseelt werden. Sie sind die anziehenden magnetischen Pole, die beide Geschlechter einander näherbringen. Sie sind es aber auch, die im Stadium der Verliebtheit von uns unbewußt auf den geliebten Menschen projiziert werden.« (Auszug aus dem Umschlagtext des Buches »*Unsere unsichtbaren Partner*« des Jungschen Analytikers JOHN A. SANFORD.)

Indem wir in Kontakt mit unseren inneren Partnern kommen und eine Beziehung zu unserer gegengeschlechtlichen Seite innerhalb der Psyche herzustellen lernen, werden im gleichen Maße unsere äußeren Partnerschaften harmonischer und befriedigender. Beziehungsprobleme lassen sich nicht allein auf der äußeren Ebene lösen, indem man etwa versucht, den Partner zu verändern, oder Beziehungen wechselt wie Hemden. Die wahre Ursache liegt in einem inneren Zwiespalt, der aufgearbeitet werden will. Dann kommen auch unsere Außenbeziehungen ins Gleichgewicht.

Eine kurze Gegenüberstellung wesentlicher Teile des Werkes von JUNG und der energetischen Astrologie finden Sie im Einführungsband *»Die Rätsel des Lebens«*.

Die Farben der WAAGE

Die Farben der WAAGE sind vor allem *zart-helle Pastelltöne*, die Ruhe, Harmonie und Leichtigkeit verbreiten. Die WAAGE mag es bunt, aber nicht »geckig«, Signalfarben sind ihr nicht willkommen. Astroenergetisch wird dem Luftelement – und damit auch der WAAGE – ein *leichtes, helles Grün* zugeordnet. Außerdem entspricht der WAAGE-Energie *helles Blau*, *Taubenblau*, *Blaugrün* und *Blaugrau* (am besten mit Weiß vermischt). Obwohl die WAAGE das Zeichen der Liebe ist, gehört die volkstümliche Farbe der Liebe, das Rot, nicht hierher. Da die WAAGE den überpersönlichen, überirdischen Liebesaspekt verkörpert, passen eher *ätherische, lichte* Farbgebungen zu ihr. Wird damit übertrieben, ist die Grenze zum Kitsch nahe, wie das bei manchen New-Age-Bildern der Fall ist. Die unerlöste Seite tritt hier in Erscheinung, wenn die helle Farbgebung allzu künstlich oder energielos wirkt.

In folgendem Gedicht der heiligen HILDEGARD VON BINGEN kommt die Verbindung der Farbe *Grün* mit der himmlischen Liebe zum Ausdruck:

> »O edelstes Grün,
> das wurzelt in der Sonne
> und leuchtet in klarer Heiterkeit,
> im Rund des kreisenden Rades,

das die Herrlichkeit des Irdischen nicht faßt:
umarmt von der Herzkraft himmlischer Geheimnisse,
rötest du wie das Morgenlicht
und flammst von der Sonne Glut.
Du Grün
bist umschlossen von Liebe.«

WAAGE-betonte Farbgebungen laden zum »Verweilen« ein und stellen eine Verbindung her; provokative Farbspiele sind hier nicht gemeint, sondern eher ein »harmonisches Miteinander« der Töne. Menschen mit WAAGE-Betonung werden in der Regel entsprechend kolorierte Kleidung bevorzugen; auch Partnerlook wird großgeschrieben. Um die WAAGE-Seite zu stärken, etwa als Unterstützung für eine notwendige Harmonisierungsphase, kann es hilfreich sein, sich (vorübergehend) auf die luftig-leichte WAAGE-Farbgebung einzulassen. Um dagegen ein WAAGE-Übergewicht auszugleichen, sollten gelegentlich konträre Farben einbezogen werden; bei Neigung zu Phlegma und Schwermut etwa das Rot des Feuerelementes und bei mangelhafter Bodenständigkeit das Braun der Erde.

Harmonische Farbgebung weist auch im Traum auf eine innere Ausgeglichenheit hin und wirkt harmonisierend auf die Seele. WAAGE-Farben bringen uns, real und im Traum, mit der WAAGE-Energie in Verbindung. Ziehen wir beispielsweise im Traum ein hellgrünes Kleid an, dann verweist das auf die (Notwendigkeit der) Integration der WAAGE-Energie.

Körperliche Entsprechungen und Krankheitsbilder

Auch auf der Ebene des menschlichen Körpers findet der WAAGE-Archetyp seinen gleichnishaften Ausdruck. Sind wir nicht fähig oder bereit, die Lebensrätsel der WAAGE-Energie innerhalb der Psyche zu lösen, schlägt sich diese Disharmonie früher oder später in den entsprechenden Körperstellen und -organen nieder. Das körperliche Leiden wird dabei zu einem *somatisierten Symbol* des eigentlichen, des seelisch-energetischen Problems. Nicht selten spielen auch »karmische Rückstände« eine Rolle, die wir schicksalhaft in dieser Inkarnation als Krankheit zu durchleben haben. Vor dem Hintergrund der WAAGE-Energie betrachtet, erscheinen die Krankheitssymptome als »Ausgleichszahlungen«, die wir zu leisten haben, wenn wir nötige Auseinandersetzungen oder den Energieeinsatz auf seelischer Ebene scheuen. Nicht die Symptome sind die eigentliche Krankheit, sondern das, was sich über den Leib zu Wort meldet.

Krankheiten als Verkörperungen seelischer Blockaden sind die »Warnblinkanlage« der Psyche. Besser und wirkungsvoller, als diese Signale (Symptome) lediglich abzustellen, ist die Suche nach den Ursachen und deren Aufarbeitung. Damit soll jedoch keinem krampfhaften Körpersymbolismus das Wort geredet werden, dem jeder Schnupfen verdächtig ist! Zuweilen entscheidet sich die Seele dafür, eine (energetische) Lektion körperlich zu bearbeiten und seelische Blockaden über den Körper aufzulösen (soweit das möglich ist). Beziehen wir die Symbolbedeutung der »Körpersprache Krankheit« in die ärztliche Diagnose ein, erweitert sich unser Bewußtseinsfeld und wir werden darangehen, auch die seelische Ebene bei der Behandlung zu berücksichtigen.

Jede (psychische) Energie, die sich nicht ihrer Art gemäß entfalten kann, wird sich früher oder später entsprechend als Körperleiden ausdrücken. Die Kenntnis der Zusammenhänge zwischen den einzelnen Körperregionen und -organen einerseits und den Seelenkräften andererseits kann deshalb eine große Hilfe sein, um zu erkennen, wo das eigentliche – das seelisch-energetische! – Problem liegt.

Der WAAGE-/VENUS-Energie entsprechen folgende Körperteile und -organe:

Die *Haut* ist das Organ unseres Körpers, mit dem wir am direktesten, »hautnah« in Beziehung zur Umwelt stehen; sie ist das *Beziehungs-* und *Kontaktorgan*. Als die Oberfläche unseres Körpers bedeckt und schützt die Haut das empfindliche Innere und verleiht unserem Leib Anmut und Schönheit. (Man stelle sich nur vor, wie der Mensch ohne Haut aussehen würde!) Abgesehen von ihrer Schutzfunktion (STIER-Entsprechung) vermittelt die Haut Innerstes nach außen; durch unsere Haut zeigen wir uns der Umwelt. Hautprobleme, wie zum Beispiel *Ekzeme*, spiegeln häufig Beziehungsprobleme wider und haben daher auch oft mit der Sexualität (oppositionelle WIDDER-Energie) zu tun; am Beispiel der *Pubertätsakne* wird das besonders deutlich. Der häufig bei Hautkrankheiten auftretende *Juckreiz* ist eine körperliche Reaktion, wenn uns im sprichwörtlichen Sinne »etwas juckt«, das mit unseren Mitmenschen zu tun hat. Irgend etwas reizt uns, das wir auf seelischer Ebene jedoch zurückhalten und das sich dann – äußerlich sichtbar – als juckende Rötung oder Schwellung manifestiert. Weitere Redensarten, die mit der Haut zu tun haben und deren Reaktion auf Umweltreize aufzeigen, sind beispielsweise »eine Gänsehaut bekommen vor Entsetzen«, »blaß vor Schreck werden« oder »vor Scham erröten«. Und solange uns die Dinge nicht »unter die Haut gehen«, berühren sie lediglich die Oberfläche.

Bei Hautproblemen können wir uns also zunächst fragen, wie wir mit unserer Umwelt beziehungsweise unseren Mitmenschen in Beziehung stehen. Hat unsere Seele einen abstoßenden Gesichtsausschlag etwa deshalb »in Szene gesetzt«, um uns die Umwelt vom Leibe zu halten, um das Risiko von Nähe und Sexualität zu bannen? Natürlich läuft so etwas völlig unbewußt ab, aber Bewußtwerdung ist hier der erste Schritt der Heilung: Wenn es uns gelingt, die entsprechenden seelischen Beziehungsprobleme auf psychischer Ebene zu lösen, ist der körperliche Ausdruck durch die Hautkrankheit nicht mehr nötig. Ob dann völlige Heilung oder zumindest Besserung eintritt, das hängt von individuellen Bedingungen ab.

Eine weitere Bestätigung dafür, daß die Haut das Beziehungsorgan schlechthin ist und somit dem WAAGE-Prinzip entspricht, liefert uns ihre elektrische *Leitfähigkeit*, die bereits C. G. JUNG in seinen Assoziationsexperimenten nachgewiesen hat und heute von modernen elektronischen Geräten bestätigt wird.

SAMUEL HAHNEMANN, der Begründer der Homöopathie, interpretierte den Hautausschlag als erste Manifestation einer chronischen Krankheit. Seiner Meinung nach wandert jeder Ausschlag (Ekzem, Krätze, Milchschorf beim Baby und so weiter), der durch Medikamente vertrieben (unterdrückt) wird, nach innen und greift die Gelenke und Organe an. Die krankhafte Veranlagung, die er »Psora« nannte, bleibt nach seinen Beobachtungen als Störung der Lebensenergie weiter bestehen und muß sich dann – von der Oberfläche (Haut) vertrieben – eine neue Ausdrucksmöglichkeit suchen. HAHNEMANN ist der Meinung, daß die »ihres Hautausschlages beraubte Psora in den letzten drei Jahrhunderten immer mehr sekundäre Symptome hervorbringt, daß wenigstens sieben Achtel aller vorkommenden chronischen Siechtume von ihr als von ihrer einzigen Quelle ausgehen« (aus: »*Chronische Krankheiten*«). Nach langjährigen Forschungen fand der Pionier der Homöopathie *Sulfur* als das erste Mittel, um unterdrückte Hautausschläge wieder zum Vorschein zu bringen und den Organismus von seiner krankhaften Veranlagung zu befreien. Das homöopathische Mittel »überlagert« die Krankheitssymptome und »entfernt« beim Abklingen der Symptome die Krankheit, der Organismus wird durch das passende Mittel zur Selbstheilung fähig.

Träume, in denen die Haut eine wichtige Rolle spielt, zeigen uns symbolisch, wie wir uns gegenüber den Mitmenschen verhalten. Es macht eben einen Unterschied, ob wir träumend mit einem »dicken Fell« ausgestattet sind oder ob eine Traumfigur ohne Haut unsere Aufmerksamkeit erregt. Im ersten Fall werden wir dem Du mit Distanzierungsfähigkeit begegnen, während das zweite Traumbild auf übergroße Empfindsamkeit schließen läßt. Je nach persönlicher Situation kann es erforderlich sein, sich zeitweise ein »dickes Fell« zuzulegen oder aber dieses abzustreifen, um beziehungsfähiger zu werden.

Zur WAAGE gehören auch die *Nieren*. Sie sind in erster Linie *Filterorgane*, deren Aufgabe es ist, Giftstoffe auszuscheiden und für den Organismus lebenswichtige Stoffe zu verwerten. Die Niere bewirkt einen *osmotischen Ausgleich*, von dem vor allem das Säure-Basen-Gleichgewicht im Körper abhängt. Dieses Gleichgewicht, das sich im pH-Wert ausdrückt, ist lebensnotwendig, da alle biochemischen Reaktionen davon abhängen. Es ist die Fähigkeit des Körpers, einen Ausgleich zwischen der männlichen und der weiblichen Energie herzustellen. Auf das Außen übertragen, geht es also um den Beziehungsbereich. Nierenschmerzen und -erkrankungen zeigen daher in erster Linie Partnerschafts- und andere Beziehungsprobleme an. Nicht von ungefähr sind es gerade Krisen im Partnerbereich, die uns auch in sprichwörtlicher Hinsicht »an die Nieren gehen«. Vor allem die (unbewußte) Projektion der eigenen Probleme auf den Partner ist eine Hauptquelle für Partner- und damit auch für Nierenprobleme. Auch wenn im Traum nierenförmige Objekte auftauchen oder die Nieren ganz konkret angesprochen sind, ist der weitere Traumverlauf unter dem Vorzeichen des WAAGE-Themas Beziehung/Partnerschaft zu deuten.

Da es bei der WAAGE vorrangig um Ausgleich geht, sind ihr auch alle Arten von *Gleichgewichtsstörungen* zuzuordnen – auf biochemischer Ebene (Acidose) sowie im makroskopischen Bereich (Ménièrsche Krankheit, deren

Symptome vor allem Schwindelgefühle sind). Diese weisen auf ein ungelöstes WAAGE-Thema hin und fordern dazu auf, ein inneres Gleichgewicht herzustellen.

Therapieformen für WAAGE-Probleme auf psychischer Ebene wären beispielsweise Eheberatung beziehungsweise Partnertherapien. Da die WAAGE auch der Kunst entspricht, kommen Therapien im künstlerischen Bereich ebenfalls in Frage. Auf Körperebene können gleichgewichtsbezogene Übungen etwa in Hatha Yoga oder Tai Chi günstig sein. Diese – oder andere – therapeutischen Maßnahmen wären natürlich vorher mit einem kompetenten Heilpraktiker oder Arzt zu besprechen! Die Hinweise dieses Kapitels wollen in erster Linie dazu anregen, möglichst bewußt und eigenverantwortlich am Heilungsprozeß mitzuarbeiten. Weist uns der Traum auf eine Erkrankung hin, kann es natürlich auch ratsam sein, dies von einem Fachmann untersuchen zu lassen. In der Regel wird der Traumregisseur jedoch damit (auch) auf ein entsprechendes psychisches Problem aufmerksam machen.

WAAGE-Entsprechungen in der Bibel

Ein zentrales Thema der »Frohbotschaft« im Neuen Testament ist die überpersönliche (»himmlische«) Liebe, die hier allerdings sehr eng mit der transzendenten FISCHE-Ebene zusammenhängt. Über die Beziehung Jesu zur *realen Frau* (zur VENUS-Seite) finden sich in der Bibel nur wenige Anhaltspunkte. Die Tatsache, daß Jesus ein Mann war, spielt in der christlichen Kirche kaum eine Rolle und erweckt in Kirchenkreisen eher peinliche Gefühle. Dies zeigt, wie sehr im Christentum die Polarität Körper – Geist/Seele auseinandergerissen wurde. Dabei ist *»Jesus der Mann«*, wie HANNA WOLFF in ihrem gleichnamigen Buch feststellt, alles andere als ein bloß ätherisches Geistwesen. Die Theologin und Psychotherapeutin sieht in Jesus vielmehr den ersten »wirklichen« Mann, der seine *Anima* (MOND/VENUS) integriert und dadurch einen wirklichen *inneren Ausgleich* gefunden hatte. Seine Beziehungen zu Frauen waren geprägt von Partnerschaftlichkeit, Zärtlichkeit und Liebe, aber auch von einer (notwendigen) Sachlichkeit. Beispielsweise stärkt er die Stellung der Frau innerhalb der Ehe (nachzulesen in Matthäus 19, 3–12). Wichtige Frauenfiguren, die in einer Beziehung zu Jesus standen, sind Maria Magdalena und Maria von Bethanien.

Im Gegensatz zu den früheren Kirchenvätern, die die Frau in religiöser und sexueller Hinsicht ächteten, zeigt Jesus, daß es möglich und notwendig ist, den (scheinbaren) Gegensatz zwischen Natur (weiblich, YIN) und Geist (männlich, YANG) zu überwinden – und zwar durch Liebe. »Jesus ist der erste, der die Solidarität der Männer gesprengt hat, das heißt der nicht-integrierten Männer, ihre anti-feminine oder animose Haltung. In Jesus steht der erste nicht-animose Mann vor uns«, so HANNA WOLFF. »*Animos*« bedeutet in diesem Sinne die Abgespaltenheit der *Anima* in der Seele des Mannes. »Wenn der Mann seine Anima innerpsychisch nicht zum Bundesgenossen gemacht hat, befehdet er in der Realität die Frau als Feind ... Der Mann, der seinen gegengeschlechtlichen Seelenteil nicht integriert hat, wird selbst unbewußt von diesem regiert, eben darum verhält er sich faktisch, trotz aller betont männlichen Fassade, wie ein primitives Weib, nämlich launisch, empfindlich, nervös ....«

Im Gegensatz dazu steht ein Jesus, den FRANZ ALT als den »ersten neuen Mann« bezeichnet: »Ich nenne Jesus den ersten neuen Mann, weil er erstmalig und einmalig Männliches und Weibliches integrierte und lebte. In der Schule von Frauen und Kindern hat Jesus eine kinderleichte Theologie gelernt und dann gelehrt, die das Gegenteil dessen ist, was das Christentum bis heute war« (aus: »*Jesus, der erste neue Mann*«). Wenn Jesus – neben seiner Göttlichkeit – auch als »wahrer Mensch« bezeichnet wird, dann ist auf tiefenpsychologischer Ebene damit der Ausgleich zwischen den männlichen und weiblichen Seelenteilen gemeint: die Voraussetzung für »wahres Menschsein«!

Die Frage der »Ehelichung im Jenseits« beantwortet Christus bei Lukas (20, 27–40): »Von den Sadduzäern, die die Auferstehung leugnen, kamen einige zu Jesus und fragten ihn: Meister, Mose hat uns vorgeschrieben: Wenn ein Mann, der einen Bruder hat, stirbt und eine Frau hinterläßt, ohne Kinder zu haben, dann soll sein Bruder die Frau heiraten und seinem Bruder Nachkommen verschaffen. Nun lebten einmal sieben Brüder. Der erste nahm sich eine Frau, starb aber kinderlos. Da nahm sie der zweite, danach der dritte, und ebenso die anderen bis zum siebten; sie alle hinterließen keine Kinder, als sie starben. Schließlich starb auch die Frau. Wessen Frau wird sie nun bei der Auferstehung sein? Alle sieben haben sie doch zur Frau gehabt. Da sagte

Jesus zu ihnen: Nur in dieser Welt heiraten die Menschen. Die aber, die Gott für würdig hält, an jener Welt und an der Auferstehung von den Toten teilzuhaben, werden dann nicht mehr heiraten. Sie können auch nicht mehr sterben, weil sie den Engeln gleich und durch die Auferstehung zu Söhnen Gottes geworden sind ...«

Die irdischen Beziehungsmuster lassen sich also nicht auf die Beziehungen in der jenseitigen Welt (im Himmelreich) übertragen. Vermutlich herrschen dort »freiere Verhältnisse« als auf der Erde, wo wir an einen physischen Körper gebunden und dadurch den Gesetzen von Raum und Zeit unterworfen sind.

Weitere Bibeltexte zum WAAGE-Prinzip der Liebe:

»Nun aber bleiben Glaube, Hoffnung, Liebe, diese drei, die größte aber unter diesen ist die Liebe.« (1. Korinther 13, 13)

»Die Liebe ist langmütig und freundlich, die Liebe eifert nicht, die Liebe treibt nicht Mutwillen, sie bläht sich nicht, sie stellet sich nicht ungebärdig, sie suchet nicht das Ihre, sie läßt sich nicht erbitten, sie rechnet das Böse nicht zu, sie freuet sich nicht der Ungerechtigkeit, sie freut sich aber der Wahrheit; sie verträgt alles, sie glaubet alles, sie hoffet alles, sie duldet alles. Die Liebe höret nimmer auf, so doch die Weissagungen aufhören werden und die Sprachen aufhören werden und die Erkenntnis aufhören wird.« (1. Korinther 13, 4–8)

»Genieße das Leben mit dem geliebten Weibe alle die Tage des flüchtigen Daseins, das verliehen ist unter der Sonne; denn das ist dein Teil am Leben und für die Mühe, womit du dich abmühst unter der Sonne.« (Prediger 9,9)

»Liebe deckt alle Vergehen zu.« (Sprüche 10, 12)

Das *Hohelied* (der Liebe) ist ein Zeugnis der WAAGE-/VENUS-Energie im Alten Testament. Es eignet sich gut zur Ausschmückung von Trauungen; hier ein Auszug daraus:

> »Verzaubert hast du mich, Geliebte, meine Braut!
> Ein Blick aus deinen Augen, und ich war gebannt.
> Sag, birgt er einen Zauber, der Schmuck an deinem Hals?
> Wie glücklich du mich machst mit deiner Zärtlichkeit!
> Mein Mädchen, meine Braut, ich bin von deiner Liebe berauschter
> als von Wein.

Du duftest süßer noch als jeder Salbenduft.
Wie Honig ist dein Mund, mein Schatz, wenn du mich küßt,
und unter deiner Zunge ist süße Honigmilch.
Die Kleider, die du trägst, sie duften wie der Wald hoch auf dem
  Libanon.«

Die Wichtigkeit der »ersten«, das heißt »ursprünglichen« Liebe, die vor
allen Erwägungen und Absichten steht, wird in der Offenbarung des Johan-
nes ausgesprochen. Wir lesen im Brief an die Gemeinde in Ephesus (2, 1–5):
»An den Engel der Gemeinde in Ephesus schreibe: So spricht Er, der die sieben Sterne in seiner Rechten hält und mitten unter den sieben goldenen
Leuchtern einhergeht: Ich kenne deine Werke und deine Mühe und dein
Ausharren; ich weiß: Du kannst die Bösen nicht ertragen, du hast die auf die
Probe gestellt, die sich Apostel nennen und es nicht sind, und hast sie als
Lügner erkannt. Du hast ausgeharrt und um meines Namens willen Schweres ertragen und bist nicht müde geworden. Ich werfe dir aber vor, daß du
deine erste Liebe verlassen hast. Bedenke, aus welcher Höhe du gefallen
bist. Kehr zurück zu deinen ersten Werken! Wenn du nicht umkehrst, werde
ich kommen und deinen Leuchter von seiner Stelle wegrücken.«
    In diesen Zeilen ist ausgedrückt, daß alle Anstrengungen umsonst sind,
wenn wir aus der ursprünglichen Liebe herausfallen und unser Dasein zwar
anständig und moralisch einwandfrei ist, aber dennoch das Wesentliche, die
Liebe, nicht mehr hat. Der Leuchter symbolisiert das Lebenslicht; das Wegrücken des Leuchters bedeutet Tod und Wiedergeburt in eine neue Existenz,
einen »neuen Anlauf«.

Menschen, die in der Aura einer christlichen Sozialisation aufgewachsen
sind, finden in ihren Träumen nicht selten biblische Symbole wieder. Dabei
spielt es keine Rolle, ob man dieser Religion positiv gegenübersteht, denn
die echten biblischen »Sinnbilder« beruhen wie die Mythen auf archetypischer Grundlage.

Mythen und Märchen

WAAGE-Mythologien kreisen um die *Liebesgöttin*. Die römische *Venus* und die griechische *Aphrodite* sind wohl deren bekannteste Vertreterinnen. In seinem Werk »*Die Mythologie der Griechen*« schreibt der Mythenforscher KARL KERÉNYI über die Liebesgöttin, sie sei »eine besonders liebesbedürftige, aber auch grenzenlose Liebeslust spendende Göttin« gewesen. Ihr Amt unter Menschen und Göttern: »das Geflüster der Mädchen, das Lachen und Schäkern, die süße Lust, die Liebe und die Milde«. Sie soll aus einem Ei geboren worden sein, das von einer Taube (WAAGE-Symbol!) ausgebrütet wurde. Aphrodites Schönheit und Grazie rühmt HOMER in der sechsten Hymne an die Göttin. Ihre Herkunft ist wundersam, schließlich haben wir es hier mit einem »überirdischen« Prinzip zu tun. Sie gilt als Tochter von Uranus und Gaia. Aus dem unsterblichen Fleisch des – von seinem Sohn Chronos abgeschlagenen und ins Meer geworfenen – Gliedes von Uranus bildete sich ein weißer Schaum, dem die Liebesgöttin entwuchs. Daher stammt ihr Beiname »die Schaumgeborene«.

Hierin ist symbolisch dargestellt, daß die (himmlische) Liebe weit mehr ist als bloßer sexueller Verkehr. Die wahre Liebe entsteht, wenn die egoistische Triebhaftigkeit (im Symbol des Gliedes des Uranus) zugunsten des geliebten Menschen überwunden wird.

Aus anderen mythologischen Quellen geht hervor, daß Aphrodite beziehungsweise Venus wie eine Perle in einer Muschel herangewachsen ist und daraus geboren wurde. Das nebenstehende Gemälde »*Die Geburt der Venus*« von SANDRO BOTTICELLI stellt diese Version dar.

Bei den Germanen fungiert *Frigg* oder *Freya*, die Himmelskönigin und höchste weibliche Gottheit der Asen, als die »Geliebte« und Beschützerin der Ehen. Als Göttin, die die Schicksale der Menschen kennt, entspricht sie auch dem KREBS-Prinzip; sie ist das Sinnbild der hohen Stellung der Frau bei den Germanen. Der Wochentag Freitag bezieht sich auf die altgermanische Gottheit Freya, er ist der VENUS-Tag; auch im Französischen wird die Verbindung zwischen dem Freitag und der VENUS-Energie in der Bezeichnung »vendredi« deutlich.

Eros ist der griechische Gott der schönen Jünglinge, dem die Jünger der im antiken Griechenland üblichen Knabenliebe huldigten. Als Liebesgott hat er die Liebesgöttin (Aphrodite) zur Mutter, die ihm durch einen Seiten-

sprung mit dem Kriegsgott Ares (Mars) empfangen hat. Seit der Epoche des Hellenismus erscheint Eros in Gestalt des geflügelten, verschmitzten Kindes, das mit seinen Pfeilen die Liebesbeziehungen unter den Menschen stiftet; *Amor* ist die römische Version von Eros.

Die *Musen*, die neun Göttinnen der Künste, gehören ebenfalls zur WAAGE. Wenn ein Künstler »von der Muse geküßt wird« oder das Glück hat, eine leibhaftige Muse neben sich zu wissen, dann gedeiht seine Kunst.

Die *drei Grazien* verkörpern die WAAGE-Entsprechungen *Schönheit*, *Liebe* und *Frohsinn*. Als Dienerinnen der Venus sind sie nackt, ein Symbol dafür, daß sie frei von Betrug sind. Wenn sie bekleidet dargestellt werden, dann tragen sie durchsichtige Gewänder, »weil das, was sehenswert ist, auch gezeigt werden soll« (SENECA).

Die *Devas*, die guten Feen und Elfen, gehören ebenfalls hierher. Ihr luftig-leichtes Wesen (mit zarten Flügeln) und ihr anmutiger Tanz sind Ausdruck der WAAGE-Energie. Da diese Wesen dem Luft- beziehungsweise Ätherelement angehören, verwundert es nicht, daß sie sich naturwissenschaftlich nicht nachweisen lassen. Und dennoch haben wir zuweilen das Gefühl, von einer guten Fee geführt zu sein, wenn uns ein gutes Geschick widerfährt. Frauen mit WAAGE-SONNE und -Aszendent haben häufig eine »feenhafte« Wirkung auf andere; vielleicht sind sie ja Feen in Menschengestalt?

Den Mythen verwandt sind die überlieferten Volksmärchen, wie sie im deutschsprachigen Raum vor allem von den Gebrüdern GRIMM gesammelt wurden. Die Volksmärchen entspringen der Volksseele und sind voller archetypischer, allgemeingültiger Symbolik. Märchenfiguren mit WAAGE-Entsprechung sind die *Königstöchter* als *Anima*-Figuren (die inneren Geliebten), die es für die Helden zu gewinnen (integrieren) gilt; außerdem die *guten Feen* und *Elfen*, die dem Helden beistehen. Alle Märchen, in denen diese Motive vorkommen, beziehen sich (auch) auf die WAAGE. Im speziellen gehören die Märchen, bei denen es im wesentlichen um das Thema Liebe und Partnerschaft geht, hierher. Oft müssen die Liebenden gefahrenvolle Aufgaben bestehen, und der eine muß den anderen von einer Verzauberung erlösen, bis sie in Liebe vereint sein können. Im übertragenen Sinne ist damit gemeint, daß die Partner ihre Liebesfähigkeit (VENUS-Prinzip) erst finden und erlösen müssen, um wirklich Zugang und Beziehung zum Du zu finden. Voraussetzung ist die Überwindung der (Mutter-/Vater-)Projektionen, in denen wir zunächst gefangen (»verzaubert«) sind.

Häufig spielen *Vögel* in diesen Märchen eine große Rolle, vor allem als verwunschene Frauen. Beispielsweise in »*Jorinde und Joringel*«, das die Jungsche Psychotherapeutin VERENA KAST in ihrem Buch »*Wege aus Angst und Symbiose*« mit dem Untertitel »Der Weg von der Faszination zur Beziehung« versehen hat. In diesem GRIMMschen Märchen wird die Frau durch eine Hexe in einen Vogel verwandelt; in »*Die Alte im Wald*« ist es der Mann, der in einen Baum verzaubert wird. Eine Taube, ein Vogel im Käfig und ein Ring sind wesentliche (WAAGE-)Symbole in diesem letztgenannten Märchen, bei dem Mann und Frau ebenfalls am Schluß zusammenfinden. Hier hat die Frau das Erlösungswerk übernommen.

WAAGE-Entsprechungen im *I Ging*

In dem altchinesischen Weisheits- und Orakelbuch *I Ging*, von dem HERMANN HESSE sagte, daß in ihm »ein System von Gleichnissen für die ganze Welt« aufgebaut sei, finden wir eine Fülle von bildhaften Anregungen zum Verständnis der Lebensrätsel. Ordnen wir die jeweiligen Hexagramme und Passagen des *I Ging* den Tierkreiszeichen zu, erweitern wir durch die inspirierenden Gedanken des Orakels unser Verständnis für die astrologische Symbolik. Zuweilen können Zahlenangaben im Traum auch auf *I Ging*-Hexagramme verweisen, deren Text bei der Deutung hilfreich sein kann. Wenn nun nachfolgend einige Beispiele aufgeführt sind, deren zentrale Botschaft um das WAAGE-Rätsel kreist, dann schließt das natürlich nicht aus, daß in den jeweiligen Zeichen auch Gedanken zu den anderen Prinzipien enthalten sind. *I Ging*-Hexagramme, die zur Erhellung des WAAGE-Rätsels beitragen und als Orakelantwort anzeigen, daß bestimmte Aspekte des WAAGE-Prinzips gerade im Mittelpunkt stehen, sind unter anderem:

Hexagramm Nr. 11: »Der Friede«

Friede ist ein zentrales Thema und Anliegen der WAAGE-Energie. Das Bild, das das *I Ging* für einen wahrhaften Frieden innerhalb der Dualität gibt, ist die Begegnung von Himmel und Erde. Wenn die Pole von YANG und YIN in einem ausgewogenen Verhältnis zueinander stehen, sich aufeinander beziehen, dann herrscht der Geist des Friedens und des Ausgleichs. Diesen Zustand bewertet das Orakel sehr positiv: »Der Friede. Das Kleine geht hin, das Große kommt her. Heil! Gelingen!«

Wenn die Kräfte der schöpferischen YANG-Energie und der empfangenden YIN-Kraft in einem ausgeglichenen Zustand sind, dann haben wir den »Himmel auf Erden«. Durch die Beziehung und den Ausgleich der scheinbar gegensätzlichen Kräfte entsteht »Friede und Segen für alle Wesen«. Das gilt sowohl für die äußere als auch für die innere Welt. Auch in unserer Psyche sind wir immer wieder herausgefordert, die unterschiedlichen Kräfte aufeinander zu beziehen und jene Waagschale zu betonen, die momentan zu wenig Gewicht hat. Einseitigkeiten führen dagegen zu Polarisierung und letztlich zu Krieg. Äußere Kriege sind Symbol dafür, daß zwei Seiten, an-

statt sich einander anzunähern und sich aufeinander zu beziehen, gegeneinander kämpfen. Doch jeder Krieg geht einmal zu Ende und führt irgendwann zu wirklichem Frieden (andererseits verdient nicht jeder Friedensschluß diese Bezeichnung).

Damit ein wirkliches Gleichgewicht der Kräfte entstehen kann, muß jede
Energie ihren angestammten Platz einnehmen. *I Ging* dazu: »Innen im Zen-
trum, dem ausschlaggebenden Platz, ist das Lichte; das Dunkle ist draußen.
So hat das Lichte kräftige Wirkung, und das Dunkle ist nachgiebig. Auf diese
Weise kommen beide Teile auf ihre Rechnung. Wenn die Guten in der Gesell-
schaft in zentraler Stellung sind und die Herrschaft in Händen haben, so
kommen auch die Schlechten unter ihren Einfluß und bessern sich. Wenn im
Menschen der vom Himmel kommende Geist herrscht, so kommt auch die
Sinnlichkeit unter seinen Einfluß und findet so den ihr gebührenden Platz.«

Das *I Ging* zeigt hier auf, daß wir unseren unentwickelten (»bösen«) Seiten nicht zuviel Gewicht geben dürfen. Wenn »im Menschen der vom Himmel kommende Geist herrschen«, also die WAAGE-Energie ihr harmonisches Friedenswerk vollbringen können soll, dürfen wir unsere »lichten Seiten« nicht untergewichten. Nicht durch das Bekämpfen des »Bösen« ist
wirkliche Harmonie und Frieden herzustellen, sondern durch die Stärkung
der hellen Seelenteile. Auch Christus wies darauf hin, daß es nicht darum gehen kann, dem Übel zu widerstreben. Solange wir Böses mit Bösem vergel-
ten, ist kein echter und dauerhafter Friede in Sichtweite.

Als Orakelantwort bescheinigt dieses Zeichen in der Regel eine harmonische Entwicklung, und dem Orakelnehmer wird gesagt, was zur Harmonie
führt beziehungsweise was hinderlich dafür ist. In Streitigkeiten sollte man
jetzt Frieden schließen.

Hexagramm Nr. 22: »Die Anmut«

»Die Anmut, die schöne Form, ist nötig bei jeder Vereinigung, damit sie ge-
ordnet und lieblich wird und nicht chaotisch und ungeordnet … Die Anmut
bringt Gelingen. Aber sie ist nicht das Wesentliche, die Grundlage, sondern
nur die Verzierung.«

In diesem Zeichen beschreibt das Orakel das WAAGE-Thema der anmutigen Schönheit der Formen. Wir sollen darauf achten, die äußere Gestalt
nicht mit dem inneren Gehalt zu verwechseln. Es geht hier um das Problem
der unerlösten WAAGE-Energie, wenn die Fassade zwar schön und lieblich

gestaltet ist, aber nichts dahintersteckt. Wird in wesentlichen Dingen zuviel Wert auf das Äußere gelegt – beispielsweise wenn körperliche Schönheit ein ausschlaggebender Grund für eine Eheschließung ist –, dann gibt es oft ein böses Erwachen. Andererseits sind anmutige Umgangsformen und ein harmonisches Ambiente im Zusammenleben durchaus wichtig. Allerdings, so warnt das *I Ging*, sollte man sparsam damit umgehen.

»Das Zeichen zeigt die ruhende Schönheit: innen Klarheit und außen Stille. Das ist die Ruhe der reinen Betrachtung. Wenn das Begehren schweigt, der Wille zur Ruhe kommt, dann tritt die Welt als Vorstellung in die Erscheinung. Und als solche ist sie schön und dem Kampf des Daseins entnommen. Das ist die Welt der Kunst. Aber durch bloße Betrachtung wird der Wille nicht endgültig zur Ruhe gebracht. Er wird wieder erwachen, und alles Schöne war dann nur ein vorübergehender Moment der Erhebung. Darum ist dies noch nicht der eigentliche Weg zur Erlösung. Kungtse fühlte sich daher auch sehr unbehaglich, als er bei Gelegenheit einer Befragung des Orakels das Zeichen ›Anmut‹ bekam.«

Mit diesen Worten beschreibt das *I Ging* die geistig-ätherische Energie der WAAGE, die jenseits der irdischen Belange und Notwendigkeiten angesiedelt ist. Aber die WAAGE ist eben nicht der Endpunkt der Entwicklung. Das Erlösungswerk auf dem Weg der kosmischen Pilgerschaft durch den Tierkreis ist erst mit der Integration des FISCHE-Zeichens vollendet.

Diese Orakelantwort verweist den Ratsuchenden häufig auf mangelnden Ernst. Wer sie erhält, sollte sich also zunächst fragen, ob er/sie nicht zu oberflächlich an die gestellte Frage herangeht.

Hexagramm Nr. 31: »Die Einwirkung« (»Die Werbung«)

Dieses *I Ging*-Zeichen erörtert die WAAGE-Themen Werbung und Ehe beziehungsweise »die allgemeine gegenseitige Anziehung der Geschlechter«. Wie beim Hexagramm Nr. 11 geht es auch hier darum, daß die beteiligten Prinzipien ihren rechten Platz einnehmen müssen, damit eine wirklich harmonische Verbindung entsteht: »Dabei muß das Männliche die Initiative ergreifen und sich unter das Weibliche herunterbegeben bei der Werbung.« Weiterhin lesen wir: »Das Schwache ist oben, das Starke unten, dadurch ziehen sich ihre Kräfte an, so daß sie sich vereinigen. Das schafft Gelingen. Denn alles Gelingen beruht auf der Wirkung gegenseitiger Anziehung.« Da-

mit sind in erster Linie natürlich wieder die inneren männlichen und weiblichen Energien gemeint, und es geht darum, daß die männliche YANG-Kraft
sich ihrem Wesen gemäß männlich-aktiv verhält und die weibliche YIN-
Energie empfangsbereit und hingebungsvoll ist.

Kann die WAAGE-Energie frei fließen, dann kommen wir auch mit unserem Außenleben in Harmonie und werden die Menschen, Situationen und
Objekte anziehen, die Ausdruck unseres inneren Gleichgewichtes sind.
»Diese Anziehung des Wahlverwandten ist ein allgemeines Naturgesetz«,
sagt das *I Ging.* »Der Weise wirkt durch solche Anziehung auf die Herzen
der Menschen, so kommt die Welt in Frieden. Aus den Anziehungen, die etwas ausübt, kann man die Natur aller Wesen im Himmel und auf Erden erkennen.« Wenn wir genau darauf achten, welche Art von Situationen, Mitmenschen oder Partnern wir anziehen, dann erkennen wir den derzeitigen
Grad unserer seelischen Entwicklung.

Hexagramm Nr. 54: »Das heiratende Mädchen«

Hierin geht es um die freien Verhältnisse zwischen den Menschen: »Während die rechtlich geordneten Verhältnisse einen festen Zusammenhang von
Pflichten und Rechten aufweisen, beruhen die Neigungsverhältnisse der
Menschen in ihrer Dauer rein auf taktvoller Zurückhaltung.« Das eben ist
die Kunst: eine Beziehung, die auf Sympathie gegründet ist – und die nicht
durch Verpflichtungen und Zwänge bestimmt wird –, auf diesem »freien«
Niveau zu halten. Erwartungen oder Vorstellungen verderben diese zarten
venusianisch geprägten Freundesbande.

Weiter dazu im Orakel: »Diese Neigung als Prinzip der Beziehungen ist
von größter Bedeutung in allen Verhältnissen der Welt, denn aus der Vereinigung von Himmel und Erde kommt der Bestand der ganzen Natur, und
ebenso ist unter den Menschen die freie Neigung als Prinzip der Vereinigung
Anfang und Ende.«

Wer dieses Orakel erhält, wird allerdings auch gewarnt und sollte sich
diesbezüglich prüfen: »Allein jede Verbindung von Menschen untereinander
schließt die Gefahr in sich, daß sich Verirrungen einschleichen, die zu endlo-
sen Mißverständnissen und Unzuträglichkeiten führen.«

Die angeführten Zitate entstammen der Übersetzung von RICHARD
WILHELM in »*I GING – Das Buch der Wandlungen*«, erschienen im Eugen

Diederichs Verlag. Dort ist auch die Handhabung des Orakels beschrieben. Weitere Gedanken zur Kombination von Astrologie und *I Ging* finden Sie im Einführungsband.

Redensarten, Sprichwörter und Zitate

Redensarten sind Wortbilder, die in oft drastischer Weise hauptsächlich die unerlösten Aspekte des Daseins ausdrücken, um uns vor (unnötigen) Schwierigkeiten zu bewahren. Probleme oder Geschick im Umgang mit der WAAGE-Energie spiegeln unter anderem folgende Wendungen wider:

o »etwas aus dem Ärmel schütteln« (die Kunst der erlösten WAAGE, Schwierigkeiten leicht und mühelos zu meistern);

o »ein Auge zudrücken« (Nachsicht zeigen, milde urteilen – die menschenfreundliche Ader der WAAGE);

o »etwas auf die lange Bank schieben« (die Entscheidungsprobleme der WAAGE);

o »jemandem um den Bart gehen« (die schmeichlerische Seite der WAAGE);

o »etwas durch die Blume sagen« (die »verblümte« WAAGE, die sich nicht direkt zu äußern vermag; aus Gründen der Diplomatie ist das zuweilen auch günstig);

o »einen Eiertanz aufführen« (schöne Worte machen, sich um heikle Dinge herumdrücken; die Angst der unerlösten WAAGE vor Konfrontation);

o »um etwas herumgehen wie die Katze um den heißen Brei« (mit vielen Ausflüchten sich um ein Problem herumwinden);

o »mit jemandem unter einer Decke stecken« (die Tendenz der WAAGE zu gemeinsamen Aktivitäten und schnellem Einverständnis);

o »zu jemandem einen guten Draht haben« (die zwischenmenschliche Bindungsenergie der WAAGE, die auf Sympathie beruht);

o »mehrere Eisen im Feuer haben« (die Tendenz der WAAGE, möglichst viele Verbindungen aufrechtzuerhalten);

o »die Fahne nach dem Wind drehen« (unbeständig sein, seine Standpunkte je nach öffentlicher Meinung ändern; das Problem der Luftzeichen mit individuellem Selbstausdruck);

o »jemanden um den Finger wickeln« (ihn gefügig machen; die charmante Seite der WAAGE, der kaum jemand widerstehen kann);

o »jemandem Honig ums Maul schmieren« (die WAAGE-Tendenz, beliebt sein zu wollen oder durch Schmeicheleien indirekt seine Ziele zu erreichen);

o »etwas an die große Glocke hängen« (das Mitteilungsbedürfnis der WAAGE und ihr Problem mit dem Privatbereich);

o »Worte auf die Goldwaage legen« (die WAAGE-Fähigkeit des Abwägens und das Bedürfnis, niemanden zu verletzen; Zaghaftigkeit);

o »jemandem kein Haar krümmen können« (die friedliebende und humane Wesensart der WAAGE-Energie);

o »auf zwei Hochzeiten tanzen wollen« (zwei verschiedene, sich eigentlich ausschließende Dinge gleichzeitig tun wollen; Entscheidungsschwäche und Angst, etwas zu verpassen);

o »einer Sache ein Mäntelchen anhängen« (die WAAGE-Tendenz, die Dinge zu beschönigen).

Sprichwörter erheben – im Gegensatz zu den Redensarten – den moralisierenden Zeigefinger und drücken Tugenden und Erkenntnisse aus, wie mit dem Leben am besten zu verfahren ist. Sprichwörter, die zentrale WAAGE-Themen enthalten, sind:

o »Wer die Wahl hat, hat die Qual.«
o »Wer lange wählt, bekommt das Schlimmste.«
o »Was sich liebt, das neckt sich.«
o »Das ist zu schön, um wahr zu sein.«
o »Erst wäg's, dann wag's.«
o »Wer liebt, der rechnet nicht.«
o »Gegen die Liebe ist kein Kraut gewachsen.«
o »Liebe und Verstand gehen selten Hand in Hand.«
o »Was Liebe tut, ist alles gut.«
o »In einer guten Ehe fügen sich Himmel und Erde zusammen.« (Aus Brasilien)

Redensarten und Sprichwörter begegnen uns nicht nur im alltäglichen Sprachgebrauch, sondern häufig auch in der Traumbotschaft. Erkennen wir einen sprichwörtlich zu verstehenden Trauminhalt, finden wir mit der Bedeutung des Sprachbildes auch die Traumbedeutung (siehe auch »*Das Bilderbuch der Träume*«).

Folgende *Zitate* beinhalten ebenfalls WAAGE-Themen:

o »Der Glückliche ist mit sich und seiner Umgebung einig.« (OSCAR WILDE)

o »Halte das Glück wie den Vogel: so leise und lose wie möglich! Dünkt er sich selber nur frei, bleibt er dir gern in der Hand.« (HEBBEL)

o »Frieden kannst du nur haben, wenn du ihn gibst.« (EBNER-ESCHENBACH)

o »Wenn die Seele nicht schön ist, kann sie das Schöne nicht sehen.« (PLOTIN)

o »Schön ist eigentlich alles, was man mit Liebe betrachtet.« (CHRISTIAN MORGENSTERN)

o »Anmut machet schön das Weib.« (WALTHER VON DER VOGELWEIDE)

o »Anmut ist ein Ausströmen der inneren Harmonie.« (EBNER-ESCHENBACH)

o »Kein steinern Bollwerk kann der Liebe wehren, und Liebe wagt, was Liebe irgend kann.« (SHAKESPEARE, *»Romeo und Julia«*)

o »Die heilige Liebe strebt zu der höchsten Frucht gleicher Gesinnungen auf, gleicher Ansicht der Dinge, damit in harmonischem Anschau'n sich verbinde das Paar, finde die höhere Welt.« (GOETHE)

o »Willst du mit reinem Gefühl der Liebe Freuden genießen, o laß Frechheit und Ernst ferne vom Herzen dir sein! Jene will Amorn verjagen, und dieser denkt ihn zu fesseln. Beiden das Gegenteil lächelt der schelmische Gott.« (GOETHE)

o »Wie liebenswert ist der Mensch, wenn er wirklich ein Mensch ist.« (MENANDER)

o Die Kunst ist eine Vermittlerin des Unaussprechlichen.« (GOETHE)

Weitere Lebensbereiche mit WAAGE-Entsprechung

Soziale Umfelder, Orte, Länder

Der WAAGE entsprechen vor allem Orte und Bereiche der *Begegnung*, also jegliche Art von Treffpunkten, speziell auch Tanzlokale, in die man mit dem Partner geht oder wo man Ausschau nach einem solchen hält. Weiterhin gehören Stätten der *Kunst* (zum Beispiel Galerien), der *Mode* und *Schönheit* (Boutique, Frisiersalon, Schönheitssalon) sowie *künstlich angelegte Parks* oder Ziergärten, wo die Natur als künstlerisches Gestaltungsobjekt dient, zur WAAGE. Im Haus sind das *Wohnzimmer* als Ort der (ehelichen) Gemeinschaft und der Platz vor dem Schminkspiegel WAAGE-typisch.

WAAGE-betonte Läden verkaufen Kunstobjekte und Schönheitsmittel (Kosmetikläden) oder haben mit Partnervermittlung zu tun. Soweit sie ihrem Namen »Freudenhäuser« gerecht werden, gehören auch die Bordelle hierher; jedoch wird das heutzutage kaum noch der Fall sein, weil das Geschäft mit dem Körper jegliche venusianische Energie abtötet.

Das WAAGE-Prinzip hat wesentlichen Anteil in Regionen, deren Bewohner im allgemeinen friedlich und human eingestellt sind, beispielsweise in *Tibet*, dessen friedliebendes, spirituell orientiertes Volk sich auch durch lange Jahre der chinesischen Besetzung nicht von seiner geistigen Grundhaltung hat abbringen lassen. Das im Exil lebende Oberhaupt der Tibeter, der *Dalai Lama*, betont trotz der chinesischen Gewalttaten gegen das tibetische Volk immer wieder die Notwendigkeit einer friedlichen Lösung der Tibet-Frage, die nur im Zusammenwirken zwischen beiden Völkern geschehen kann. Die Atmosphäre von WAAGE-betonten Ländern hat häufig etwas »Überirdisches«, denn körperliche Belange stehen hier nicht an erster Stelle – freiwillig oder aufgrund der ökonomischen Situation. In den kargen Gebirgsregionen Tibets beispielsweise bildet die geistige Tradition des Buddhismus das hauptsächliche Lebenselixier. Und die vielen im Wind flatternden Gebetsfahnen sind anmutige Attribute des Luftzeichens WAAGE.

Zypern ist das WAAGE-Land des Altertums und der Liebesgöttin VENUS geweiht. Die Mittelmeerinsel war für das Abendland bis zur Ära der Morgenlandfahrer einer der wichtigsten Umschlagplätze für die Luxuswaren des Orients, die zu einem schönen, venusianischen Dasein in Liebe und Lust unabdingbar waren.

Städte mit WAAGE-Betonung sind vor allem solche mit freigeistiger Atmosphäre und guten Verbindungen zu Nachbarländern, etwa *Freiburg im Breisgau* im Dreiländereck oder *Frankfurt am Main* mit dem größten Flughafen in Europa und vielen internationalen Verbindungen. Auch Städte, in denen Brücken wesentliche Bedeutung haben und den Namen geprägt haben, gehören hierher, zum Beispiel *Innsbruck*, *Brügge* und *Saarbrücken*.

Die genannten Bereiche und Regionen sagen auch als Traumorte etwas über unseren individuellen Bezug zum WAAGE-Archetypen oder über unser siebtes Haus aus. Befinden wir uns im Traum im Wohnzimmer, dann steht der Aspekt der Beziehung und Kommunikation im Vordergrund. Der weitere Traumverlauf und die aktuelle Lebenslage des Träumers geben darüber Aufschluß.

Orte und Bereiche mit WAAGE-Betonung wirken sich entsprechend auf deren Bewohner aus. Menschen mit starkem Luftelement werden von Orten mit intensiver WAAGE-Schwingung »magnetisch angezogen«, während wasserbetonte Mitmenschen solche Bereiche eher als zu oberflächlich und unnatürlich empfinden und Erdmenschen die Leichtigkeit und Unverbindlichkeit ablehnen. Steht die leichte Seite des Lebens an oder sind wir auf Partnersuche, sind WAAGE-Bereiche für uns gut geeignet. Ein »Luftikus« dagegen wird eher gegensätzliche Energien brauchen, vor allem das Erdelement, um Verantwortung und Pflichtgefühl zu lernen.

Berufliche Entsprechungen

Wie alle Lebensbereiche haben auch die Berufe unterschiedliche Aspekte. Es kann daher keinen »reinen« WAAGE-Beruf geben. Nachfolgende Kriterien weisen vielmehr darauf hin, daß es sich um eine WAAGE-*betonte* Tätigkeit handelt:

o zwischenmenschliche Beziehungen stehen im Vordergrund (sei es zu Kollegen, zu Kunden oder Klienten), die eigentliche Tätigkeit ist zweitrangig;

o die Tätigkeit ist »leichtfüßig« und »vordergründig«; etwa als *Tanzlehrer*, der nicht die Aufgabe hat, das Seelenleben seiner Schüler zu durchleuchten (das entspräche dem SKORPION), sondern über das Tanzen die beschwingte Seite des Lebens nahezubringen. Der Partnereffekt kommt hier noch dazu;

o noch WAAGE-spezifischer sind Berufe, die direkt mit dem Partnerthema zu tun haben, etwa *Partnervermittler* oder (in Verbindung mit JUNGFRAU) *Eheberater*;

o Tätigkeiten, die WAAGE-Tugenden erfordern wie Diplomatie (*Diplomat*), ein sympathisches Wesen und schönes Äußeres (vor allem in Schönheitsberufen), die Fähigkeit, ansprechende und anziehende »Kulissen« zu schaffen (*Dekorateur* oder *Designer* in der Modebranche);

o Tätigkeiten im Kunstbereich: *Künstler* (je nach Kunst in Verbindung mit weiteren Energien), *Kunsthändler* (in Verbindung mit ZWILLINGE), Kunstgewerbe, Kunsthandwerk (in Verbindung mit STIER), *Kunstkritiker* (in Verbindung mit JUNGFRAU);

o Berufe, die eine unparteiische Geisteshaltung und die Fähigkeit, beide Seiten der Medaille unvoreingenommen zu betrachten und gegeneinander abzuwägen, erfordern; beispielsweise *Richter* (wobei das Richten dann dem STEINBOCK entspricht);

o Arbeitsplatz im WAAGE-Ambiente (Vergnügungsstätte, Freizeitpark);

o die Tätigkeit wird mit dem Partner gemeinsam verrichtet (gemeinsames Unternehmen oder beide arbeiten im selben Betrieb eng zusammen) beziehungsweise Partnerfindung durch die berufliche Tätigkeit;

o man hat eine Brückenfunktion inne.

Je mehr von diesen Kriterien zutreffen, desto WAAGE-betonter ist die Arbeit. Durch die genannten Tätigkeiten und die Angehörigen dieser Berufszweige werden wir im Alltag und im Traum mit der WAAGE-Energie konfrontiert. Natürlich üben WAAGE-Geborene nicht nur solche Berufe aus, sondern sie stehen auch in anderen Tätigkeiten. Schließlich eignet sich nicht jeder zum Tanzlehrer oder Partnervermittler oder hat die Möglichkeit, seine diplomatische Stärke als Berufsdiplomat auszuleben.

Welche Tätigkeit WAAGE-Geborene auch wählen mögen – sehr wahrscheinlich wird für sie eines oder mehrere der genannten Kriterien besonders wichtig sein. Erscheint die Tätigkeit auch auf den ersten Blick nicht WAAGE-typisch, so wird die Motivation der Berufswahl und die Art und Weise, diesen Job zu verrichten, die WAAGE erkennen lassen. WAAGE-Geborenen ist die Begegnung mit den Mitmenschen häufig wichtiger als die eigentliche Tätigkeit. Knochenarbeit ist bei den Luftzeichen eher ungewöhnlich, schließlich ist das Element Luft dem konkreten, »handgreiflichen« Erdelement am fremdesten. WAAGE-betonte Vorgesetzte haben häufig den Wunsch, partnerschaftlich mit den Untergebenen zu verkehren. Sympathie wird bei ihnen großgeschrieben, und wenn sie echt ist, dann ermöglichen diese Chefs eine leichte und beschwingte Arbeitsatmosphäre. Aufgesetzte Freundlichkeit und Lockerheit werden allerdings – vor allem jene Mitarbeiter mit wenig Luftelement – eher abschrecken, wenn sich etwa Abmachungen als »unverbindliches Gesäusel« herausstellen. Die Entscheidungsschwäche der unerlösten WAAGE ist ebenfalls ein Stolperstein für die Funktion eines Entscheidungsträgers. Wesentlicher Pluspunkt sind dagegen das Verhandlungsgeschick und der Charme der WAAGE, die nicht zu drohen braucht, weil man ihr sowieso nichts abschlagen kann.

Fühlen sich WAAGE-Geborene mehr zu anderen, eventuell oppositionellen Tätigkeiten hingezogen, dann kann das durch die Ausgleichsfunktion der WAAGE-Energie veranlaßt worden sein; natürlich gibt es hier eine Vielzahl von Möglichkeiten. Ob das individuelle WAAGE-Rätsel überhaupt auf der beruflichen Ebene gelebt werden soll, darüber können uns im Zweifelsfall die Träume und das Geburtshoroskop Auskunft geben. Die Umweltebene und unsere Kulissen – wozu auch der Beruf gehört – werden durch die Häuser dargestellt. Der Bereich der Arbeit entspricht der JUNGFRAU (sechstes Haus), und Beruf als »Berufung« gehört zum STEINBOCK (zehntes Haus).

Entsprechungen im Tierreich

Dem Luftzeichen WAAGE entsprechen im Tierreich vor allem die Bewohner der Lüfte, im speziellen die *Vögel*, die der VENUS geweiht sind und Liebe und Harmonie verkörpern, und unter ihnen vor allem die *Schwalbe*, die im Christentum ein Symbol für die Menschwerdung ist. Das anmutige, schwerelose Gleiten, das leichte Spiel im Wind und das zarte Wesen der Schwalbe entsprechen dem Geist der WAAGE. Im Indianischen ist es der *Pirol*, der Harmonie und Gleichgewicht verkörpert und als Gegenspieler des Spechts, des Kriegsvogels (oppositionelles WIDDER-Prinzip), gilt. Der buntgefiederte *Fasan* ist ein Symbol für Schönheit und weibliche Anmut. In folgendem Traum des Dichterfürsten JOHANN WOLFGANG VON GOETHE spielt das Fasanen-Motiv eine wesentliche Rolle als Symbol für seine erotischen Abenteuer während seiner italienischen Reise:
»Es träumte mir nämlich, ich landete mit einem ziemlich großen Kahn an einer fruchtbaren, reich bewachsenen Insel, von der mir bewußt war, daß daselbst die schönsten Fasanen zu haben seien. Auch handelte ich sogleich mit den Einwohnern um solches Gefieder, welches sie auch sogleich häufig, getötet, herbeibrachten. Es waren wohl Fasanen, wie aber der Traum alles umzubilden pflegt, so erblickte man lange, farbig beaugte Schweife, wie von Pfauen oder seltenen Paradiesvögeln. Diese brachte man mir schockweise ins Schiff, legte sie mit den Köpfen nach innen, so zierlich gehäuft, daß die langen, bunten Federschweife, nach außen hängend, im Sonnenglanz den herrlichsten Schober bildeten, den man sich denken kann, und zwar so reich, daß für den Steuernden und die Rudernden kaum hinten und vorn geringe Räume verblieben ...«

Nach GOETHES eigenen Angaben träumte er diese Szene vor seiner Reise nach Italien. Er sah den Traum als Vorahnung für die kommende »Glücksepoche« während dieser Reise an, die ihm befriedigende erotische Abenteuer (die erlegten Fasanen) einbrachte. Der GOETHE-Biograph RICHARD FRIEDENTHAL schreibt dazu in »*Goethe – sein Leben und seine Zeit*«: »Es ist nun nicht nur ein galantes Abenteuer und eine Episode, was er in Rom als Faustina erlebt. Goethe wird erst hier, als Vierzigjähriger, erotisch ganz frei, erst jetzt hat er ein volles Liebeserlebnis.«

Der WAAGE sind auch die *Ziertiere* zugeordnet, die häufig eher als »Dekorationsobjekte« dienen, beispielsweise der *Zierpudel* mit französischem Schnitt, der *Pfau* oder die *Zierfische*.

Entsprechungen im Pflanzenreich

Im allgemeinen WAAGE-typisch sind *wohlduftende Pflanzen* mit erotisierender Wirkung und anmutigen Blüten in zarten, harmonischen Pastelltönen. Unter den Sträuchern gehört der *Jasmin* hierher, der sowohl in der chinesischen als auch in der christlichen Tradition als Symbol für weibliche Anmut steht; weiterhin die *Gardenie*, die im Chinesischen auch künstlerisches Verdienst symbolisiert. Und die liebliche *Anemone* ist nach mythologischer Überlieferung aus dem Blut des Adonis – dem Geliebten der VENUS – entstanden.

Unter den Bäumen sind die *Zierbäume* WAAGE-typisch, beispielsweise die *Magnolie*, und in unseren Breiten ist die *Birke* der Baum der VENUS; Redensarten wie »schlank wie eine Birke sein« weisen auf weibliche Anmut hin (helle Rinde, schlanker Stamm, luftig-leichte Krone). Wer harmonisierende WAAGE-Energie auftanken möchte, kann dies in einem Birkenwäldchen oder an eine Birke angelehnt tun.

WAAGE-Früchte sind die *Kirsche*, die *Aprikose* und der *Pfirsich*. Und unter den Kräutern und Gewürzen gehören die wohlriechenden Pflanzen wie *Lavendel* oder *Liebstöckel* zur WAAGE.

Heilpflanzen mit WAAGE-Entsprechung sind solche, die bei WAAGE-Problemen und entsprechenden Symptomen (siehe das Kapitel über Körperentsprechungen) Linderung schaffen, vor allem solche, die harmonisierende Wirkung haben, wie der oben erwähnte *Lavendel*, der auch als Badezusatz Verwendung findet. Oder solche, die bei Hautproblemen Linderung schaffen, etwa die *Schafgarbe*, deren Abkochungen bei Hautausschlägen äußerlich angewendet werden. Die *Melisse* ist ein Symbol für Liebe und Sympathie; der Saft aus ihren frischen Blättern wird äußerlich zur Hautpflege benutzt. Der *Kleine Odermenning* findet Anwendung bei Entzündungen der Harnorgane, bei Bettnässen der Kinder sowie bei Hautverletzungen. Außerdem gehören harntreibende Mittel und solche, die bei Nieren-Blasen-Entzündungen helfen, beispielsweise das *Bruchkraut* und der *Dornige Hauhechel*, zur WAAGE.

Alle Pflanzen, die Haut- und Nieren-Blasen-Krankheiten positiv beeinflussen, begünstigen freilich auch auf feinstofflicher Ebene die Heilung von individuellen WAAGE-Problematiken. Notwendige Bewußtwerdungsprozesse können dadurch angeregt, aber natürlich nicht ersetzt werden. Ausführliche Informationen zu den Heilpflanzen sind einem guten Heilpflanzenlexikon zu entnehmen und individuell mit einem Naturheilkundler zu besprechen! Auch als Traumbild sind die genannten Pflanzen auf ihre individuelle WAAGE-Botschaft hin zu überprüfen.

Mineralien

Das Metall der WAAGE-/VENUS-Energie ist das *Kupfer*. Das hellrote und verhältnismäßig weiche, dehnbare Metall wird vornehmlich benutzt, um *Verbindungen* herzustellen, beispielsweise den besonders leitfähigen Kupferdraht, der in der Elektrotechnik angewandt wird. Die internationalen Verbindungen – vor allem im Telefon- und Telegrammverkehr – hängen von weltumspannenden Kupfernetzen ab. Kupfer ist Mittler und Verbinder und daher mineralisches Medium der WAAGE-Energie. Weiterhin sind die Verbindungen (Legierungen) des Kupfers mit anderen Metallen bedeutsam: Messing, Bronze, Kupfer-Nickel-Legierungen und so weiter.

Kupfer hat auch eine Beziehung zum Luftelement: In seiner Reinform oxidiert es allmählich an der Luft, und in der Atmosphäre bildet sich ein schützender grüner Patina-Überzug. Gegenden mit hohem Kupfervorkommen haben eine starke venusianische (harmonisierende) Schwingung; in der Antike war die WAAGE-Insel Zypern das Land mit dem wichtigsten Kupfervorkommen. Der Name des Metalles leitet sich von dieser Mittelmeerinsel ab; spätlateinisch »cuprum« hat sich aus lateinisch »aes cyprium« (= »Erz von Zypern«) entwickelt. Die WAAGE-Schwingung auf dieser politisch geteilten Mittelmeerinsel manifestiert sich heutzutage in der Herausforderung, eine friedliche Verbindung zwischen den beiden Bevölkerungsteilen (Griechen und Türken) herzustellen.

Unter den Schmuck- und Edelsteinen werden häufig der *rosafarbene Rosenquarz* und der *Rauchquarz* im Zusammenhang mit der WAAGE-Energie genannt. Das Tragen von Kupferschmuck oder dieser Schmucksteine, das Benutzen von Gegenständen aus Kupfer sowie das Essen kupferreicher Nahrung (siehe unten) kann unterstützend bei der Integration der WAAGE-Energie wirken. Als Traumsymbol stehen Kupfer und Gegenstände daraus häufig im Zusammenhang mit einem individuellen WAAGE-/VENUS-Thema, vor allem wenn es um Verbindung und Beziehung geht.

Speisen und Getränke

Dem Luftzeichen entspricht die leichte Kost, weniger handfestes Essen als vielmehr Speisen und Getränke, die die Bezeichnungen »Götternahrung« und »*Aphrodisiakum*« verdienen. So etwa aromatische Gewürze wie der *Zimt*, dessen Duft eine stark erotisierende Wirkung zugeschrieben wird. Dem künstlichen Aspekt der WAAGE entsprechen auch alle »dekadent« angehauchten Speisen, die weniger der Sättigung oder Gesundheit dienen (Froschschenkel, Babywachtel). Erotik spielt bei der WAAGE eine große Rolle, kulinarisch beispielsweise in Form von schön angerichteten Obstplatten (Kirschen, Erdbeeren, Aprikosen, Pfirsiche, Trauben) oder reich verzierten und garnierten kalten Platten. Ein (kaltes) Buffet entspricht auch deshalb der WAAGE, weil man sich während der Auswahl und des Verspeisens der Häppchen begegnet.

Weiterhin gehören *kupferreiche* Nahrungsmittel hierher wie Aprikosen, Äpfel, Tomaten, Kopfsalat, Bohnen, Erbsen, Hafer, Weizen, Roggen und Mais.

Unter den Getränken sind es vor allem die *Cocktails*, die, aus verschiedenen Drinks zusammengemixt, mit Schirmchen und sonstigem Beiwerk verziert, auch für die Augen etwas bieten und Verbindungen zwischen Alkoholika und Softdrinks darstellen. Je eleganter serviert, desto WAAGE-typischer. Kaffee darf für die WAAGE keinesfalls zu stark sein, eher Milchkaffee (mit ausgeglichenem Verhältnis zwischen Kaffee und Milch). Schwarzer Tee entspricht ebenfalls dem Luftelement, vor allem wegen seiner anregenden Wirkung und als Kontaktmedium.

Literatur/Film/Musik

Da die Medien Film und Literatur in erster Linie dem Luftelement entsprechen, gibt es eine Vielzahl von Produktionen, die WAAGE-Prinzipien – auf welcher Ebene auch immer – zum Thema haben. WAAGE-betonte Filme haben etwas Leichtes und Beschwingtes und bewegen sich zwischen Kunst und Kitsch. Hierher gehören *Liebesfilme, Beziehungskomödien* und Produktionen mit *erotisierender* Wirkung, außerdem die *Unterhaltungsshows* (speziell die Partner- und Flirtshows). Auf niedrigem Niveau sind es oberflächliche, kitschige Machwerke, die der Ablenkung dienen und eine heile Welt vorgaukeln. Diese können aber gelegentlich auch therapeutische Wirkung haben, etwa in Krisenzeiten, wenn es nötig ist, sich eine Erleichterung zu verschaffen. Und erotische Filme können durchaus stimulierend auf das eheliche Sexualleben wirken. Die dümmlichen Sexfilmchen oder die Hardcore-Pornos beleidigen dagegen den guten Geschmack der VENUS. Eine erotische Stimmung wird nicht so sehr durch großzügige »Fleischbeschau« erzeugt, sondern ist vielmehr eine Kunst, die so mancher Regisseur oder Schriftsteller beherrscht, ohne durch das Prädikat »nicht jugendfrei« zensiert zu werden. Eine niveauvolle erotische Beziehungskomödie ist beispielsweise die amerikanische Produktion »*Harry und Sally*« (1989). Beispiele guter deutscher Erotikkomödien sind »*Die Venusfalle*« von ROBERT van ACKEREN (1988) sowie die Filme von DORIS DÖRRIE und SÖNKE WORTMANN.

Filme, die dem (erlösten) WAAGE-Prinzip gerecht werden wollen, vermitteln ein Gefühl der überirdischen Leichtigkeit, der Liebe und des wahren Menschseins, ohne zu moralisieren, zu werten und zu kritisieren. Dieses Gefühl wird weniger durch eine direkte Botschaft als vielmehr durch den Geist des Filmes vermittelt, der von Humanität, Freiheit und einer schwebenden Leichtigkeit getragen ist. Oftmals wird die WAAGE-Energie allein durch die Ästhetik der Bilder (mit entsprechenden »Weichmachereffekten« oder Verfremdungen) ausgedrückt, die Handlung ist dabei häufig zweitrangig, so etwa in »*Bilitis*« von DAVID HAMILTON und in den Filmen aus der »*Emmanuelle*«-Serie. Ob Filme mit WAAGE-Themen wie Partnerschaft, Liebe und Harmonie auch WAAGEhaft wirken, hängt im wesentlichen vom individuellen WAAGE-Thema der Filmemacher ab.

Im Bereich der Literatur sind Romane, die um Liebe, Partnerschaft, Erotik und menschliche Freiheit kreisen, WAAGE-typisch. Das reicht von den

»Arztromanen« bis hin zu den Werken der großen WAAGE-geborenen Schriftsteller (siehe erstes Kapitel). Auch Kunstbildbände sind hier angesiedelt und Bücher, die man vor allem wegen ihrer schönen Aufmachung erwirbt (der WAAGE ist das Cover zuweilen wichtiger als der Inhalt). Auch Modezeitschriften gehören hierher. Auf höherem Niveau sind es Werke, die eine Ahnung von der himmlischen Liebe vermitteln und von der Liebe zur Menschheit beziehungsweise von Menschlichkeit durchdrungen sind. Beispiel eines »beflügelnden«, WAAGE-betonten Romans ist die »*Brücke über die Zeit*« von RICHARD BACH. »Dieses Abenteuer ist die Suche nach der wahren Liebe. In Ichform erzählt Richard Bach von der immerwährenden Hoffnung, die adäquate Seelengefährtin zu treffen … – eine magische Entdeckungsreise, auf der er der Liebe und Unsterblichkeit begegnet« (Verlagstext). Auch der WAAGE-geborene deutsche Philosoph FRIEDRICH NIETZSCHE beschäftigte sich in seinem Werk vor allem mit der Frage nach dem Menschsein, die für ihn in der Entwicklung des »Übermenschen« gipfelte.

WAAGE-Musik sind harmonische Klänge, speziell die Sphärenmusik und die Obertöne (Obertonsingen). Das WAAGE-Instrument ist die *Flöte*; die Flötenmusik von PAUL HORN oder die Panflötenkonzerte von GEORGHE ZAMPHIR wären hier zu empfehlen. Und im Bereich der Klassik sind es die Werke mit »luftiger« Färbung, die den Zuhörer das Gefühl zu schweben verleihen, beispielsweise MOZARTS Symphonie Nr. 40 »*Die Große*« oder seine »*Flötenkonzerte*«. Im Bereich der Popmusik empfehle ich die CD »*Time is the key*« der Gruppe »Gong«, die ein Gefühl des Schwebens vermittelt, ebenso wie der Gesang von SALLY OLDFIELD auf ihrer LP »*Water Bearer*«. Vom WAAGE-Geist durchdrungen ist der Text des Titels »*Imagine*« von JOHN LENNON.

Wenn wir die genannten Musikstücke hören, nehmen wir WAAGE-Energie direkt in unsere Seele auf und verbinden uns mit ihrer harmonisierenden und überirdischen Wesensart.

3
WAAGE-/VENUS-Symbole in Alltag und Traum

Betrachten wir die Erscheinungen der Welt als Symbole, so ist ihre Bedeutung nicht mehr exakt abzugrenzen; Symbole sind zumeist *mehrdeutig*! Bei den hier dargestellten Sinnbildern steht deren WAAGE-Aspekt im Vordergrund, der Bedeutungskern des Symbols verweist auf dieses Tierkreiszeichen. Wenn im Traum oder in unserer Alltagswirklichkeit bestimmte Symbole auftauchen, deuten wir sie immer unter Berücksichtigung des weiteren Traumgeschehens und unserer Einfälle dazu. Weiterhin sollten wir bedenken, daß die Träume meistens in engem Zusammenhang mit der aktuellen Lebenssituation des Träumers stehen. Erscheinen uns WAAGE-Geborene als Traumfiguren, symbolisieren diese häufig unsere individuellen Stärken oder Schwächen im Bereich der WAAGE-Energie; je nachdem, ob wir ein positives oder negatives Bild von dem Betreffenden haben. Die nachfolgende Unterteilung ist fließend – die gewählten Überbegriffe stehen in einem engen Zusammenhang. (Eine allgemeine Einführung in das Symbolverständnis enthält der Einführungsband »*Die Rätsel des Lebens*«.)

Symbole der Beziehung, der Partnerschaft und der Liebe

Der *Ring* ist ein vielschichtiges Sinnbild. Als *Ehering* steht er für Partnerschaft und für die innige Verbindung der Partner. Reale Ereignisse oder Träume, die um den Ehering kreisen, drücken häufig den Zustand der Beziehung aus. Ein realer oder geträumter Verlust des Hochzeitsrings zeigt meist Partnerprobleme an und kann sogar auf eine bevorstehende (oder ersehnte) Trennung hinweisen. So weit muß es aber nicht zwangsläufig kommen, wenn nach einer (zuweilen durchaus notwendigen) Phase der Distanz die beiden wieder zueinanderfinden. Das kann sich in der Traumbotschaft im Wiederfinden des Rings ausdrücken. Anders war es bei einem Seminarteilnehmer, dessen starke Fixierung auf die Partnerschaft sich real darin äußerte, daß er seinen Ehering nicht mehr vom Finger bekam. Seine innere Entwicklung zu mehr Autonomie und persönlicher Freiheit quittierte ihm ein Traum, in dem er ohne Probleme den Ring vom Finger ziehen konnte. Auch die Gefühle, die einen Ringtraum begleiten, weisen auf positive oder negative Entwicklungen hin.

Folgender Traum, der in der letzten Nacht des WAAGE-Monats von einem Seminarteilnehmer geträumt wurde, bezieht sich ebenfalls auf das Ringmotiv: »Unerwarteterweise schläft meine Frau mit meinem Kindheitsfreund Bernd – und das vor meinen Augen. Man könnte denken, daß er die weibliche Rolle innehat, daß er die Frau ist, obwohl er oben liegt. Ich verlasse kurz entschlossen diese provokante Situation, da ich nicht zusehen will, und laufe in den nahe gelegenen Wald. Ohne zu überlegen, ziehe ich den Ehering ab, und bevor ich mich versehe, fällt dieser ins Gras. Ich suche nach ihm. Erst kann ich ihn nicht sehen, doch als ich eine Art Gitter (wie zum Fußabstreifen bei meinen Eltern vor der Haustür) aufhebe und im Gras herumtaste, habe ich ihn gleich wieder. Es liegen auch Büroklammern herum. Ich streife ihn mir über und will nach meiner Frau schauen. Ich hätte jetzt durchaus Lust, mit ihr zu schlafen. Sie kommt mir entgegen. Ich bin zuerst noch unsicher und weiß nicht, wie ich reagieren soll. Sie scheint mir wohlgesonnen und darauf zu warten, daß ich wieder auf sie zugehe.«

Da der Träumer schon lange keine Beziehung zum Kindheitsfreund mehr unterhält, deuten wir diesen auf der Subjektstufe als inneren Wesensteil. Im Gegensatz zum intellektuellen Träumer verkörpert Bernd eine gemüthafte Seite. So jedenfalls ist ihm der Freund in Erinnerung geblieben und entsprechend zu deuten. Daß Bernd die weibliche Seite beim Sex einnimmt, verweist auf sein hingebungsvolles Wesen. Mit sexueller Hingabe und spontanem Sex, wie dieser im Traum zwischen dem Jugendfreund und seiner Frau abläuft, hatte der Seminarteilnehmer bislang Probleme. Seine Kopflastigkeit stand ihm dabei im Weg und rief manchen Ehekrach hervor. Dann ist ihm – bildlich gesprochen – gelegentlich der Ehering abhanden gekommen, er stellte seine Partnerschaft in Frage. In solchen Momenten wurde er von seinen Emotionen überrollt; der Traumort Wald verweist hier auf einen gefühlhaften Naturbereich, in dem eben nicht die Logik regiert. Die Suche nach dem Ring symbolisiert sein Bemühen, einen neuen Zugang zur Partnerin zu finden. Er entdeckt das verlorene Stück, als er ein Gitter hochhebt, das sein Beziehungsraster symbolisiert. Da er das Gitter mit dem Elternhaus in Verbindung bringt, handelt es sich um ein von den Eltern übernommenes Schema. Es ist in der Regel so, daß wir das Muster der elterlichen Beziehung so weit verinnerlichen, daß wir es häufig selbst weiterleben, anstatt unseren eigenen Zugang zum Du zu finden. Das geschieht so lange – und belastet unsere Partnerschaft –, bis wir dieses Muster erkennen und auflösen. Die Büroklammern, die er im Traum findet, verweisen darauf, daß ihm sein »Klammerverhalten« allmählich bewußt wird.

Seine empörte Haltung am Traumbeginn zeugt dagegen noch von Besitzansprüchen und zu festgefahrenen Vorstellungen darüber, wie sich die Partnerin zu verhalten hätte. Dabei geht es natürlich nicht in erster Linie um reale Seitensprünge. Dieser ist hier als Symbol gewählt, für einen freieren Umgang innerhalb der ehelichen Sexualität und überhaupt innerhalb der Partnerschaft. Sein Lustgefühl am Traumende und die Tatsache, daß ihm seine Frau auf halbem Weg entgegenkommt, sind positiv zu deuten.

Die *Hochzeit* ist ein Symbol für die Aufhebung der Dualität durch die Vereinigung der männlichen YANG- und weiblichen YIN-Kräfte und entspricht der FISCHE-Energie. Bevor eine Einheit zustande kommt, ist jedoch ein Zusammengehen, eine Beziehung zwischen den beiden Seiten der Medaille nötig. Eine Hochzeit im Traum hat daher häufig auch Bezug zum WAAGE-Prinzip, wenn damit zunächst die *Verbindung* von weiblicher und männlicher Seite gemeint ist. Seltener wird der Traum auf reale Hochzeiten anspielen, außer, wenn die Betreffenden sich gerade in Heiratsvorbereitungen befinden. Meistens treten Hochzeitsträume dann auf, wenn die Traumseele damit innere oder äußere Verbindungen aufzeigen will. Wenn uns eine wirkliche Verbindung zu einem Menschen gelungen ist, dann mag das der Traum durch das Bild einer Hochzeit quittieren, auch wenn es in Realität gar nicht darum geht, diese Person zu ehelichen. Dementsprechend sind Hochzeitshindernisse oder geplatzte Ehelichungen im Traum als Hinweise zu verstehen, daß eine Verbindung (noch) nicht gelungen ist. Wir sind dann aufgefordert, die Hemmnisse (die meist in unerlösten Verhaltens-, Denk- und Gefühlsmustern liegen) zu erkennen und zu beseitigen.

Auch alle Attribute, die wir mit einer Hochzeit in Verbindung bringen, gehören hierher: das *Brautkleid*, die *Hochzeitskutsche*, der *Brautstrauß* und so weiter. Auch der *Korb* verweist häufig auf das Beziehungsthema. In früheren Zeiten wurde der Braut ein sogenannter »Brautkorb« überreicht. Die Redensart »jemandem einen Korb geben« ist auf diesen Brauch zurückzuführen, sie bedeutet jedoch einen Heiratsantrag abweisen. Eine Seminarteil-

nehmerin beispielsweise, die in der Realität einem hartnäckigen Verehrer an-
dauernd »Körbe« gab, träumte davon, mit ihm einen Korbmarkt besuchen
zu wollen.

Auch ein geträumter *sexueller Akt*, *Küssen* oder *Umarmen* (mit einer bekannten oder unbekannten Person) kann (neben der Bedeutung von Lebenslust; WIDDER) auf eine gelungene energetische oder reale Verbindung hinweisen und ein Ausdruck von *Liebe* sein. Wir sollten solche »Seitensprünge«
genießen und uns an den Lust- und Liebesgefühlen erfreuen. Selten geht es
dabei um reale Affären, außer wir stecken gerade inmitten einer solchen und
der Traum gibt uns Auskunft darüber, wie es unserer Seele damit geht, was
»hinter den Kulissen« abläuft. Küsse symbolisieren zuweilen auch die Notwendigkeit oder das Gelingen einer Aussöhnung nach einem Streit.

Geht es um das Thema Beziehung, dann wählt der Traumregisseur auch
häufig das Bild eines *Paares* für seine Botschaft. Das Verhalten des Traum-
paares sagt etwas über unser eigenes Beziehungsthema aus (sowohl über unsere inneren als auch über unsere realen Partnerschaften). Die Traumpaare
können dazu auffordern, es ihnen gleichzutun, etwa wenn sie im Traum
Neuland betreten und uns so auf eine Erneuerung oder Erweiterung unserer
Partnerschaft hinweisen. Oder sie spiegeln unsere Beziehungsprobleme wider. Gelegentlich kann der Traum auch die reale Partnerschaft der geträumten Personen meinen, wenn diese wirklich existieren und wir mit ihnen in
engem Kontakt stehen. Sei es, daß uns der Traum von Idealisierungen kurie-
ren will oder daß er kompensatorisch wirkt und die Stärken dieser Partnerschaft unterstreicht. Zuweilen werden wir auch aufgefordert, uns ein Beispiel am gelungenen Beziehungsleben anderer Paare zu nehmen.

Das Paarthema kann auch indirekt im Traum anklingen, etwa wenn ein
Stecker dazu auffordert, die Steckdose zu finden, oder der passende Deckel
für den Topf gesucht wird. Auch Gegenstände, die normalerweise paarweise
auftreten, wie Schuhe, Handschuhe oder Ohrringe, können auf das Beziehungsthema anspielen. Wenn im Traum ein Schuh fehlt, kann das auf Einsei-
tigkeit hindeuten und die Notwendigkeit ansprechen, das Gegenstück zu
finden. Und schließlich kann jede Art von Beziehung innerhalb unserer
Träume (vor allem die unseres Traum-Ichs zu den Traumpersonen und -sym-
bolen) auf individuelle Beziehungsthemen hinweisen.

Symbole des Friedens, der Harmonie und des Ausgleichs

Die *Taube* ist ein häufig gebrauchtes Symbol für Frieden, vor allem in der Darstellung mit dem *Olivenzweig* im Schnabel. Dieses Bild stammt aus dem Alten Testament: Am Ende der Sintflut bringt die von Noah ausgesandte Taube einen Olivenzweig als Zeichen des Friedens zwischen Gott und den Menschen zur Arche. Im Christentum ist die Taube außerdem ein Symbol des *Heiligen Geistes*, und eine Taube mit *Palmenzweig* bedeutet den Sieg über den Tod. Im sechsten Kapitel finden Sie ein Traumbeispiel mit dem Motiv der Friedenstaube.

Das *Kalumet*, die indianische Friedenspfeife, wurde vor allem durch die Erzählungen KARL MAYS auch in unseren Breiten als Friedenssymbol bekannt. Wenn wir mit jemandem sprichwörtlich »die Friedenspfeife rauchen«, dann haben wir Frieden mit ihm geschlossen. Im Traum kann jegliche Art von ritualisiertem (Pfeife-)*Rauchen* auf diese Symbolik verweisen und die Bereitschaft oder Notwendigkeit anzeigen, sich mit einem Mitmenschen, einer Situation oder sich selbst auszusöhnen. Der Zusammenhang des Rauchens mit den Luftzeichen ist naheliegend. Spirituell hat das Rauchen die Bedeutung der Verinnerlichung des »Großen Geistes«.

Ein weiteres indianisches Symbol ist das *Kriegsbeil*, das an sich der WIDDER-Energie entspricht. Wenn wir aber sprichwörtlich »das Kriegsbeil begraben«, dann befinden wir uns auf der anderen Seite der Medaille – im Bereich des Friedenszeichens WAAGE.

Ein *harmonisches Ambiente* im Traum, ein *friedliches Miteinander* der Traumfiguren kann darauf verweisen, daß der Träumer mit sich und der Welt (derzeit) Frieden geschlossen hat. Die Träume werden es allerdings auch aufzeigen, falls es sich dabei nur um einen Scheinfrieden handelt, der um den Preis der Konfliktunterdrückung erzwungen wurde. Daß so ein Verhalten nicht auf Dauer gutgeht, wissen wir alle. Häufig drückt sich im (Sprach-) Bild des »Unter-den-Teppich-Kehrens« ein solcher »fauler« Friede aus. Langweiligkeit, Leblosigkeit und Stagnation sind der Preis für dieses Verhalten. Weisen unsere Träume auf eine derartige Situation hin, sollten wir schleunigst darangehen, die der WAAGE vorangehende JUNGFRAU-Lektion nachzuholen und unsere Probleme zu diagnostizieren und zu bereinigen. Nur dann kommen wir wirklich in Frieden mit uns und dem Leben. Der Friede der erlösten WAAGE ist mehr als ein bloßer »Waffenstillstand«; er ist vielmehr das Ergebnis eines Ausgleichs zwischen zwei konträren Parteien.

Die *Fahne* kann die Bedeutung einer *Friedensfahne* annehmen, üblicherweise als ein weißes Tuch, das zum Zeichen der Friedfertigkeit und der Beendigung der Kampfhandlung gehißt wird.

Um ein Gefühl von Harmonie auszudrücken, sind manche Musikinstrumente besonders geeignet. Beispielsweise die *Laute*, mit deren Klängen die Minnesänger des Mittelalters um die Gunst ihrer Damen warben. Im Chinesischen symbolisiert die Laute Harmonie zwischen Herrschern und Dienern sowie Eheglück. In der griechischen Mythologie ist dieses Instrument ein Attribut von Orpheus. Seine Laute symbolisiert die Harmonie der Naturkräfte und die Gabe, Streit zu schlichten. Entsprechende mythologische Bedeutung kommt der *Lyra* beziehungsweise Leier zu, die auch die Zahlenharmonie des Universums symbolisiert. Im Buddhismus verkörpert die *Gitarre* die Harmonie des Seins in der Welt der Devas (für den Menschen unsichtbare Geister, die in einer anderen, feinstofflichen Sphäre leben) sowie Vortrefflichkeit in den Künsten.

Die WAAGE-Entsprechung des vielschichtigen *Paradies*-Symbols ist dessen Harmonieaspekt. Wenn wir beispielsweise von »paradiesischer Ruhe« sprechen, dann meinen wir damit eine Harmonie, die durch nichts getrübt wird. Ob ein Traumparadies harmonische Zeiten ankündigt oder aber von kindlichen Illusionen handelt, gibt der Traumkontext zu erkennen.

Das wesentliche Symbol des Abwägens ist die *Waage*, nach der die WAAGE-Energie benannt ist. Vor allem ist es die Balkenwaage mit den zwei Waagschalen, die wir gelegentlich noch auf Märkten sehen können. Ein Gleichgewicht ist dann hergestellt, wenn beide Schalen sich auf gleicher Höhe befinden. Um dies zu erreichen, müssen beide Seiten gleich gewichtet sein. Unsere Fähigkeit des Abwägens, die wir der WAAGE-Energie verdanken, ist die Kunst, durch Gewichten jedes Standpunktes sich allmählich auf ein (inneres) Gleichgewicht zuzubewegen. Erscheint eine Waage – eventuell auch im Bild einer modernen Digitalwaage – im Traum, dann können wir uns fragen, was wir derzeit abwägen müssen. Sind wir zu ungeduldig und wollen wir eine Sache entscheiden, ohne lange genug abgewägt zu haben, oder verharren wir im Zustand des Abwägens und scheuen eine fällige Entscheidung? Der Traum wird es uns wissen lassen.

Weiterhin symbolisiert die Waage Gerechtigkeit, Unparteilichkeit und, religiös betrachtet, das göttliche Gericht. Das »Jüngste Gericht« ist die Instanz der christlichen Kirche, bei dem die Verdienste und Verschuldungen der Menschen gegeneinander abgewogen werden. Im Christentum wägt der Erzengel Michael die Seelen der Verstorbenen, im Islam ist es Gabriel, und im alten Ägypten war es Osiris, der das Herz des Menschen gegen die Feder der Wahrheit abwog. Esoterisch ist die Waage das Sinnbild für das Gleichgewicht aller Gegensätze beziehungsweise die ausgleichende Gerechtigkeit, die hinter allem Geschick waltet.

Die Kunst des *Seiltänzers*, sein Gleichgewicht zu halten, kann uns auch als Traumbild begegnen. Ein Seminarteilnehmer träumte, daß er auf einem Seil balancierte, das zu einem Fenster in einem oberen Stockwerk eines Hauses hoch gespannt war. Etwa auf halber Höhe verlor er das Gleichgewicht und stürzte ab, fiel aber auf die Beine und machte sich auf, einen neuen Versuch zu unternehmen. Das Traumbild erinnert auch an den alpenländischen Brauch des »Fensterlns«, bei dem der Liebhaber über eine Leiter zum Fenster seiner Angebeteten hochsteigt. Auch bei unserem Teilnehmer stand ein Rendezvous mit einer neuen Bekannten an, mit der er sich erotische Abenteuer versprach. Wie der Traum schon vorher zeigte, war das nicht ohne Hindernisse zu erreichen, und seine Aufregung raubte ihm auch vorübergehend das innere Gleichgewicht. Wem es dagegen gelingt, im Traum auf einem Seil oder einer schmalen Brüstung zu balancieren, ohne das Gleichgewicht zu verlieren, dem wird das Kunststück bescheinigt, eine heikle Angelegenheit gemeistert zu haben.

Zuzeiten unternehmen wir auf unserer Lebensreise eine »Gratwanderung«. Gelingt es uns, die Balance zu halten, dann haben wir uns in einer kritischen Situation nicht aus der Ruhe bringen lassen. Im Traum kann das durch das erfolgreiche Überqueren eines schmalen *Berggrates* oder eines schmalen *Steges* bildhaft ausgedrückt sein. Stürzen wir dagegen ab, haben wir einen Gefühlseinbruch erlitten und müssen uns wieder hochrappeln, neues Gleichgewicht erringen. In diesem Falle sollten wir unsere Lebensgestaltung überprüfen und uns fragen, was uns die innere Sicherheit und den Frieden geraubt hat und auf welche Weise wir neue Harmonie erringen können. Im Geburtshoroskop geben uns das Tierkreiszeichen, das ins siebte Haus (WAAGE-Haus) fällt, und die darin befindlichen Planeten darüber Auskunft, wie wir am besten zu Harmonie gelangen.

Symbole der Verbindung und des Übergangs

Die *Brücke*, die zwei Seiten miteinander verbindet, ist das signifikanteste Sinnbild für die Verbindung der Polaritäten. Sie stellt den Übergang von der einen zur anderen Seite der Medaille dar und symbolisiert unseren Zugang zum Mitmenschen und zum Unbewußten. Brückenträume sind sehr wichtig. Sie zeigen uns an, wie es um unsere Verbindung mit der äußeren, aber auch mit unserer inneren Welt aussieht. Gelingt es uns, eine Brücke zum Partner zu schlagen oder ein Hindernis, eine schwierige Lebenslage zu »überbrücken«, wird sich das häufig in einem Brückentraum ausdrücken. Überqueren wir die Traumbrücke, dann gelangen wir an das »andere Ufer«, womit neben unseren realen Mitmenschen vor allem die Seiten in uns gemeint sind, die bislang abgespalten waren.

Die Brücke ist das Bild der Verbindung; die Traumarbeit beispielsweise ist eine Art, eine solche »Brücke« nach innen zu bauen. Und das Horoskop kann ebenfalls eine Brückenfunktion haben, wenn es uns einen Zugang zu uns selbst oder zu unseren Mitmenschen ermöglicht. Finden wir uns im Traum vor einer Brücke stehend wieder und wagen nicht, diese zu betreten, vielleicht weil sie morsch ist oder sehr schmal und wackelig über einen steilen Abgrund führt, dann ist uns eine notwendige Überbrückung noch nicht gelungen. Wir sollten dann zunächst daran arbeiten, die Brücke auszubauen oder zu renovieren – etwa dadurch, daß wir ganz bewußt üben, auf andere Menschen zuzugehen, oder in der Therapie ganz gezielt am Beziehungsthema arbeiten (Beziehung ist hier im weitesten Sinne gemeint). Wenn wir nicht in der Lage sind, eine Beziehung zu uns selbst herzustellen (also zwischen den verschiedenen Wesensteilen der Gesamtpsyche), dann kann uns auch keine Beziehung zum Du gelingen.

Einer Seminarteilnehmerin versperrte im Traum eine Kuh auf der Brücke die Überquerung. Auf der anderen Seite des Flusses, den die Brücke überspannte, stand ihre Mutter, zu der sie gelangen wollte, woran sie die Kuh hinderte. Der Traum erinnerte sie daran, daß sie als Kind keinen Zugang zur Mutter gefunden hatte. Die Überfürsorglichkeit der Mutter (im Symbol der Kuh) verhinderte eine wirkliche seelische Begegnung zwischen Mutter und Tochter. Damit wurde in der Träumerin auch der Zugang zur eigenen Mütterlichkeit blockiert.

Ein Klient erinnerte sich an viele Brückenträume während seiner Kindheit. Er hatte dabei immer große Ängste, abzustürzen und in den Fluß zu fallen, häufig waren die Holzbrücken auch löchrig, und er mußte sich vorsichtig am Rand entlangtasten. Da es sich um eine reale Brücke handelte, die sich auf dem Weg zwischen der Großmutter und der elterlichen Wohnung befand, hatte der Traum sicher auch damit zu tun, eine Brücke zwischen den beiden von ihm als so unterschiedlich empfundenen »Welten« zu schlagen.

Eine Teilnehmerin parkte im Traum das Auto ihres Bruders auf einer Brücke. Kurz darauf mußte sie mit ansehen, daß es über die Brüstung nach unten stürzte. Ihre unverarbeitete Bruderbeziehung scheint der Grund für ihre Probleme im Partnerbereich zu sein. Redewendungen wie »jemandem goldene Brücken bauen« (ihm sehr entgegenkommen) oder »die Brücken zu jemandem abbrechen« (sich von jemandem trennen) zeigen den engen Zusammenhang zwischen der Brückensymbolik und dem Beziehungsthema.

In der Mythologie symbolisiert die Brücke die Verbindung zwischen Himmel und Erde beziehungsweise die Beziehung zwischen Gott und den Menschen. Das Überqueren der Brücke bedeutet den Übergang vom Tod zur Unsterblichkeit, vom Unwirklichen zum Wirklichen. Die Brückensymbolik hängt auch eng mit dem Wesen des Menschen als Mittler zwischen Natur und Geist zusammen – der Mensch als »Brücke zwischen Tier und Gott« oder, auf die Innenwelt bezogen, das menschliche Wesen des Homo sapiens als Brücke zwischen seiner animalischen und seiner spirituellen Seite. Der lateinische Titel des Papstes ist »Pontifex Maximus« – abgeleitet von »pons/pontis« (=Brücke) und »facio/feci« (=machen). Bei den alten Römern hatten die Pontifizes für die Instandhaltung der heiligen Brücke Pons sublicius zu sorgen.

Der *Regenbogen* verkörpert häufig die Brücke zwischen der irdischen und der geistigen Welt beziehungsweise zwischen Diesseits und Jenseits. Sein Farbenspiel und sein zartes, ätherisches Wesen vermitteln ein Gefühl für die himmlische Harmonie. Im Volksglauben bringt der Regenbogen Glück und ist deshalb als gutes Omen anzusehen; einst glaubte man, daß am Ende eines Regenbogens ein Schatz zu finden sei. In der christlichen Tradition kommt dem Regenbogen die Bedeutung der Versöhnung zwischen Gott und dem Menschen zu: Indem der Regenbogen (bildhaft gesehen) die Erde berührt, reicht Gott dem Menschen seine Hand und baut eine Brücke zur Erde. In der indianischen Mythologie bildet der Regenbogen eine Leiter, die den Zugang zur anderen Welt ermöglicht.

Die *Fähre*, die den Fluß überquert und die Passagiere von einem Ufer zum anderen bringt, ist ein weiteres Symbol des Übergangs. Verglichen mit der Brücke sind wir auf der Fähre dem Wasser – also dem Bereich des Seelischen – noch näher. In der Mythologie spielt die Fähre eine wesentliche Rolle als Symbol für den Übergang zur anderen Welt, vom Reich der Lebenden in das Totenreich. In der griechischen Mythologie ist *Charon* der Fährmann, der die toten Seelen über den Fluß Styx – der die beiden Welten trennt – bringt. Im Buddhismus wird die Lehre Buddhas mit einem Schiff verglichen, das den Menschen ermöglicht, den Ozean der Existenzen zu überqueren und das Nirwana zu erreichen.

Schiffträume sind in diesem Zusammenhang ähnlich dem Brückenmotiv zu deuten. Müssen wir noch auf die Fähre warten? Wenn ja: Was ist noch zu erledigen, zu bereinigen oder loszulassen, bevor wir die Überfahrt in eine neue Lebendigkeit, Freiheit oder Partnerschaft antreten können? Wird uns die Mitfahrt verweigert, kann das daran liegen, daß wir den geforderten Fahrpreis nicht bezahlen wollen. Das bedeutet dann, daß wir (noch) nicht bereit sind, den Energieeinsatz zu leisten, der für die bevorstehende Veränderung notwendig ist. Erreicht unsere Fähre bereits die andere Seite oder ist diese in Sicht, dann haben wir den inneren Übergang schon fast geschafft. Betreten wir im Traum das andere Ufer, heißt das meistens, daß wir in neue seelische Bereiche eintreten, vor allem, wenn uns hier eine natürliche Landschaft erwartet. Gelingt uns die Überfahrt, ist das sehr positiv zu bewerten.

Außerdem können die *Leiter*, die *Treppe* und ganz allgemein die *Stufen* als Symbole des Übergangs erscheinen. Hier steht die vertikale Achse im Vordergrund: der Übergang zu einer höheren Ebene, die Verbindung von Himmel und Erde in beide Richtungen – einerseits das Aufsteigen des Menschenbewußtseins und gleichzeitig das Herabkommen des göttlichen Geistes. Als Beispiel sei der biblische Traum Jakobs von der Himmelsleiter genannt; auf dieser Leiter gehen die Engel auf und ab, sie wandeln zwischen Erde und Himmel. Ein schamanisches Ritual besteht darin, die siebenkerbige Leiter hinaufzusteigen, um mit der Geisterwelt in Beziehung zu treten. Ähnlich im Mithraskult, wo der Initiationskandidat die siebensprossige Planetenleiter ersteigt und damit symbolisch den Gang der Seele durch die sieben Himmel nachvollzieht.

Stufen, Treppen oder Leiter haben als Traumsymbol häufig die Bedeutung einer Übergangssituation. In beruflicher Hinsicht kann es sich um die Karriereleiter handeln, die wir erklimmen und auf der wir vielleicht zu hoch hin-

auswollen. Stürzen wir im Traum von der Leiter, dann sollten wir uns fragen, wo wir in unserem Leben eine »Bauchlandung« gemacht haben; häufig
werden dadurch unmäßige Größenphantasien oder Illusionen auf den Boden der Tatsachen gebracht. Landen wir weich, wie eine Träumerin, die von
der Traumleiter auf einen dicken Pelzmantel stürzte, dann hilft uns ein »dik-
kes Fell« die Landung abzufedern. Kommen wir mittels Leiter oder Treppe
wohlbehalten auf einer höher gelegenen Ebene an, dann zeigt das große
Fortschritte und Bewußtseinserweiterung an.

Treppen symbolisieren häufig auch unsere Beziehungen zu Mitmenschen
oder inneren Wesensteilen, vor allem wenn wir im Traum Stufen erklimmen
müssen, um zu einer anderen Person zu gelangen. Müssen wir nach unten
gehen, kann das auch bedeuten, von einem »hohen Roß« herabzusteigen,
um uns auf eine Ebene mit der jeweiligen Person zu begeben. Wartet dagegen
die Traumfigur auf einer oberen Etage auf uns, dann bringen wir uns durch

das Aufsteigen möglicherweise aus einer untergeordneten Position heraus auf gleiches Niveau mit ihr.

Stürzen die Stufen jedoch ein, und wir gelangen daher nicht zu der Traumperson am anderen Ende der Treppe, dann ist die Beziehung zu diesem realen Menschen oder zu dieser Wesenskraft unterbrochen. So bei dem Seminarteilnehmer, dessen Vater im Traum oben an der Treppe stand. Beim Versuch, zu diesem zu gelangen, mußte sein Traum-Ich erschreckt feststellen, daß die Treppe in sich zusammenstürzte, was auf eine Vaterproblematik hindeutete. Manchmal müssen aber auch Treppen oder Brücken einstürzen, wenn damit symbolisiert werden soll, daß überholte Bindungen abgebrochen werden. Nimmt unser Traum-Ich oder eine andere Traumfigur allerdings dadurch Schaden, sollten wir uns fragen, wo wir hier zu vehement vorgehen und uns (seelisch) verletzen. Andererseits kann der Traum auch darauf anspielen, daß andere Menschen die Verbindung zu uns abgebrochen haben und wir darunter leiden. Gut, wenn wir das dann durchschauen und uns mit der Realität anfreunden. Vor allem unnötige »Spielchen« lassen sich dadurch vermeiden, wenn wir klar erkennen, welche Seite den Einsturz der Brücke inszeniert hat.

Wenn wir in einer Übergangssituation sind – ob seelisch oder körperlich, partnerschaftlich oder beruflich und so weiter –, dann finden wir uns im Traum auch häufig im *Hotel*, im *Zelt* oder im *Wohnwagen* wieder. Da diese Domizile keine dauerhafte Bleibe darstellen, dienen sie als Übergangssymbole und zeigen an, daß wir unseren festen Standpunkt (vorübergehend) aufgeben müssen. Zelt oder Wohnwagen bieten natürlich nicht in dem Maße Schutz vor Sturm und Bösewichtern wie ein stabiles Steinhaus. Übergangszeiten sind daher häufig geprägt von Unsicherheit und Verletzlichkeit. Wir tun gut daran, möglichst locker, aber auch umsichtig durch diese Zeit zu gehen; eine gute Ausrüstung tut not – auf seelischer Ebene sind das beispielsweise die Traumarbeit oder die Astrologie, die uns Wegweiser und energetischer Fahrplan sind.

Der *Bahnhof* ist ebenfalls ein häufiges Traumsymbol. Solange wir im Traumbahnhof auf unseren Zug warten, befinden wir uns in einer Übergangsphase. Die Lebensreise auf neuen Gleisen findet noch nicht statt, wir haben aber bereits unser gewohntes Dasein (das in unserer Wohnung, unserem Haus, unserer Heimatstadt seinen symbolischen Ausdruck findet) verlassen. Erst wenn wir uns dann im fahrenden Zug befinden, tritt die eigentliche Veränderung ein, und der Bahnhof ist jetzt Wandlungssymbol (= SKORPION, siehe dort). Steigen wir in den falschen Zug, kann das auf

Rückschritte in unserer Entwicklung hinweisen, vielleicht auch eine Reise in die Vergangenheit darstellen. Der Zielort gibt darüber Auskunft.

Wie uns das Bahnhofssymbol zeigt, stehen Übergangssituationen und Phasen der Wandlung in einem engem Zusammenhang; darauf verweist schon das räumliche Nebeneinander von WAAGE (Übergang) und SKORPION (Wandlung) im Tierkreis.

Symbole der Anmut und der weiblichen Erotik

Es sind hier nicht die Symbole der weiblich-mütterlichen Seite gemeint (= KREBS), sondern die des »ätherisch«-verführerischen Aspekts des Frauseins (= WAAGE). Ältere Symbole sind hier vor allem die Attribute der Liebesgöttinnen, beispielsweise der *Schwan*. Wegen seiner Schönheit und Anmut war dieses Tier in der Antike der VENUS geweiht; sie reitet ihn, oder sie fährt in einem Wagen, den Schwäne ziehen. Als Tier sowohl des Wassers als auch der Luft verkörpert der Schwan außerdem die Brückensymbolik, denn er verbindet das Element der Luft mit dem des Wassers.

Kosmetikartikel, vor allem *Lippenstift* und *Make-up*, *Kämme* und reizvolle *Damenbekleidung, Dessous, Stöckelschuhe, Damenhandtaschen,* kostbare *Tücher*, die leicht und seidig im Wind flattern, gehören zur WAAGE. Natürlich darf hier auch der feminine *Schmuck* nicht fehlen, wie Ohrringe, Halskette, Armreif und Fingerring.

Ein »Kosewort«, das die Frau als Lustobjekt definiert, ist »*Puppe*«. Im Traum verkörpert die Puppe nicht selten Leblosigkeit und Unechtheit (unerlöste WAAGE-Seite). Die Lieblingspuppen aus der Kindheit verweisen als Traumsymbole dagegen auf die damalige Zeit, in die wir uns vielleicht noch einmal gedanklich hineinversetzen sollten. Und personifizierte, agierende Puppen haben häufig positive Symbolbedeutung des Erwachens der Lebendigkeit.

Verführerische, anmutige Frauen und *Liebesdienerinnen* verkörpern im Traum die WAAGE-/VENUS-Seite (sofern sie nicht der »Schattenseite« angehören und beispielsweise als schwarzgekleidete Domina die Traumbühne betreten = SKORPION). Die *weiblichen Geschlechtsteile* sind hier unter dem Aspekt der (auf den Mann gerichteten) femininen Erotik zu sehen, im Gegensatz zum Nahrungsaspekt der weiblichen Brüste (= STIER).

Und auch alles, was eine *erotische Stimmung* schafft, gehört (real oder als Traumsymbol) hierher: entsprechende Musik, Dekoration, betörende Gerüche, Aphrodisiaka und so weiter.

Im Bereich der Pflanzen sind es vor allem die *Orchideen*, die weibliche Anmut verkörpern (in der chinesischen Tradition stehen sie darüber hinaus für Harmonie und Vollkommenheit), weiterhin die *Myrte*, die als »Blume der Götter« gilt und Frieden und Harmonie verkörpert, und die *Kirschen*: »Die Kirschen in Nachbars Garten«, die besonders süß schmecken, verweisen auf erotische Abenteuer beziehungsweise Seitensprünge. Und umgekehrt mangelt es einem Menschen, mit dem »nicht gut Kirschen essen« ist, an WAAGE-Eigenschaften wie Diplomatie und Freundlichkeit.

Symbole des Menschseins und der geistigen Freiheit

Wenn es darum geht, den Zustand der überirdischen Freiheit und Leichtigkeit auszudrücken, der das eigentliche (geistige) Menschsein bedeutet, bieten sich vor allem Symbole an, die mit der *Luft* in Verbindung stehen. In erster Linie ist es das *Fliegen*, das die irdische Schwerkraft überwindet – alle drei Luftzeichen sind mit diesem Prinzip verbunden. »Fliegen« auf seelisch-geistiger Ebene bedeutet, alle Erdschwere im Sinne von Sorgen und Nöten hinter sich zu lassen und mit spielerischer Leichtigkeit durchs Leben zu gehen. Die unterentwickelte Seite davon ist der »Luftikus«, der sich nach außen hin locker gibt und sich vor Verantwortung und Pflicht drückt.

Flugträume sind relativ häufig und entsprechend vielschichtig in ihrer Bedeutung. Meist stehen sie im Zusammenhang mit innerer Freiheit oder mit dem »Abheben vom Boden der Tatsachen«. Wenn wir den Traum aus der *Vogelperspektive* betrachten, dann überblicken wir die Dinge des Lebens und stehen über den Alltagssorgen. Selbst zu fliegen oder im Traumflugzeug abzuheben, hat oft etwas Befreiendes und kann anzeigen, daß wir eine schwierige Zeit überwunden haben. Manchmal aber ist unser Schweben im Traum ein Anzeichen dafür, daß wir nicht mit beiden Beinen auf dem Boden der Realität stehen. Hier müssen wir lernen zu differenzieren. Wer allerdings über genügend Realitätssinn verfügt, darf seine Traumflüge unbesorgt genießen. Wer lernen soll, das Alltagsleben leichter zu nehmen, wird dies im Traum vielleicht als Flugunterricht erfahren, wie eine Seminarteilnehmerin im folgenden Traumbeispiel, »Flugunterricht«:

»Ich bin Dozentin an der Uni und gehe gerade mit meiner Tasche in einem Hörsaal auf und ab. Eine Vorlesung, auch von einer Frau gehalten, hat gerade Pause. Die Frau ist um die Fünfzig. Ich bin unentschlossen, wie es jetzt weitergeht, und stelle meine Tasche ab. Es sind zwischen meinen Matheordnern und -büchern drei zerdrückte Äpfel, die ich heraushole und auf eine Bank lege.

Jetzt gehe ich an eine sehr hohe Brücke heran. Ich will fliegen. Das Flugzeug ist noch nicht zu sehen. Ich weiß nicht so recht, wo der Schlüssel ist und ob vollgetankt ist. Während ich noch unentschlossen am Anfang der Brücke stehe, merke ich, wie ich mich ohne Flugzeug langsam nach hinten bewege und dann sachte vorwärts abhebe. Ach ja, ich muß nur meine Kräfte sammeln, immer erst ein Stück zurück, und dann geht es vorwärts. Meine Lehrerin in dieser Kunst zu fliegen ist eine ältere Frau. Sie sitzt ruhig am Boden. Sie will mir ein paar Bilder zeigen und erklären. Dann kommt mein Mann dazu. Ich empfinde ihn etwas fehl am Platz, aber er stört nicht weiter. Ich sehe Fotos, die er gemacht hat: zweimal ein Pfund gelbe Rüben, zweimal ein Pfund Kartoffeln und ein Pfund eines anderen Gemüses. Das Gemüse auf den Fotos ist sehr künstlerisch drapiert und einzeln und in Gruppen fotografiert.«

Die in der Traumarbeit bereits fortgeschrittene Frau deutet ihren Traum wie folgt: »Nach einer längeren Traumpause hatte ich den obigen Traum. Da mir die Träume sonst oft bei Entscheidungen halfen, war ich vor diesem Traum gezwungen, aus meinem Gefühl heraus zu handeln. Nachdem ich mir meiner Sache sicher war, kam der Traum sozusagen als Bestätigung und Ermutigung hinterher. Ich sah mich wieder mal massiv mit meinem Beziehungsthema konfrontiert. In drei Fällen gleich spürte ich deutliche Unstimmigkeiten, Unzufriedenheit und wollte alte Beziehungsmuster aufheben. Zuerst sah ich über die Probleme hinweg, redete mir ein, daß sich alles wieder zum Guten wendet, doch nach und nach wurde mir klar, daß ich die Freundschaften lieber beenden wollte. Ich fühlte mich jeweils ausgenutzt und merkte, wie mir auf sehr verschiedene, aber doch immer recht subtile Weise Kräfte enzogen wurden. Alle drei Freundinnen waren mir sehr wichtig, und ich mußte erkennen, daß sich die Zeiten ändern und man offen für Neues sein muß.

Ich unterrichte an einer weiterführenden Schule und erfahre in meinem
Beruf sehr viel Selbstbestätigung, und so beginnt der Traum auf einem Gebiet, wo ich mich sicher fühle und das mir auch sehr wichtig ist. Dann finde
ich in meiner Schultasche drei eingedellte Äpfel und entschließe mich sofort,
sie rauszuschmeißen. Den Apfel sehe ich einerseits als Liebesapfel, andererseits als Verführungsfrucht. Der Zusammenhang zwischen den drei kaput-
ten Äpfeln und meinen drei angeknacksten Beziehungen ist deutlich. Alle
drei waren von meiner Seite aus mit viel Liebe erfüllt. Die ›Verführungssi-
tuation‹ in den drei Freundschaften lag in verschiedenen Bereichen: In der
Beziehung zu einer beruflich erfolgreichen Frau war es ein Geltungsbedürf-
nis, im nächsten Fall unterlag ich dem Reiz zu therapieren, und die dritte
Freundschaft, die sehr gefühlsbetont war und die viel von meiner Freizeit
ausfüllte, bewahrte mich vor Langeweile. Da ich mich entschlossen hatte,
diese drei Beziehungen zu beenden, bewegte ich mich unwillkürlich auf
Neuland zu. Und dahin führt im Traum wohl die Brücke, die ich aber noch
nicht überquere. Sie ist mir zu steil, und ich kann die gegenüberliegende
Seite nicht sehen. Ich möchte lieber fliegen, doch darin sehe ich die Gefahr,
in neue Illusionen zu flüchten. Dann erhebe ich mich aus eigener Kraft vom
Boden, erst rückwärts, dann vorwärts. Hier ist wohl das Hin und Her beziehungsweise Auf und Ab in jeder Entwicklung gemeint. Oft muß man erst
ein Stück zurück, um sich dann nach vorne zu stoßen.

Nach kurzem Flug treffe ich auf meine Fluglehrerin, die im Schneidersitz
auf dem Boden sitzt. Sie hat also die Bodenständigkeit, die im Leben notwendig ist, um den Schwierigkeiten des Alltags gewachsen zu sein. Sie zeigt mir,
wie ich meine Energien in mir sammeln und für mich einsetzen kann. Außerdem zeigt sie mir Bilder, die ausdrücken, wohin die Neuorientierung gehen
soll. Als Wegbereiter tritt hier mein Mann auf, der Fotos von Früchten gemacht hat, die im Erdboden wachsen und weibliche Qualitäten verkörpern.
Er zeigt mir den Weg zu meiner Weiblichkeit, und das beinhaltet für mich
auch die Fähigkeit, eine liebevolle und selbstsichere Beziehung aufbauen und
halten zu können, wie es mir mit ihm schon recht gut gelungen ist.

Der Traum hat mir Mut gemacht, zu meiner Entscheidung zu stehen, und
entwirft ein schönes Bild vom Neuland, das ich nach dem Überqueren der
Brücke und nach erfolgreichem ›Flugunterricht‹ entdecken kann.«

Weitere Symbole, die mit dem Luftelement in direktem Zusammenhang
stehen, sind die Bewohner der Lüfte, die *Vögel*. Sie verkörpern als Geistvö-
gel den Zustand der Freiheit des Geistes. Eingesperrte Traumvögel verwei-

sen auf geistig-seelische Enge und Zwänge, während frei im Wind schwebende Vögel Freiheit symbolisieren und ein Gefühl von Erhabenheit, Beschwingtheit und Leichtigkeit vermitteln.

Wind und leicht dahinschwebende weiße *Wolken* sind weitere Symbole für das Spiel des freien Geistes, wie er sich auch in der Psyche des Menschen verwirklichen möchte. Ein Sturm oder völlig wolkenverhangener Himmel verweisen als Traumbilder dagegen meist auf eine stürmische oder frustrierende Zeit.

Der *Fächer*, mit dem wir uns Luft zuwedeln, ist Sinnbild des Geistes, der die Lüfte bewegt. In Verbindung mit einer schönen Frau hat er auch eine erotische Komponente.

Luftballons, *Seifenblasen* oder *Federn*, die im Wind tanzen, sind schöne (Traum-)Bilder für spielerische Leichtigkeit und die innere Freiheit, sich vom Geist tragen zu lassen. Wenn wir uns das Leben zu schwer machen, sollten wir uns an ihrem Spiel erfreuen. Manchmal platzen unsere Illusionen in sprichwörtlicher Hinsicht aber auch wie die Seifenblasen oder Luftballons, die dann eine negative Symbolik haben. Das gilt ebenso für Menschen, die zu Willenlosigkeit neigen und sich wie ein Spielball in den Wellen durchs Leben treiben lassen, anstatt selbstbewußt den Lebensweg zu gehen.

Luft ist Leichtigkeit, die sich in unerlöster Hinsicht in Oberflächlichkeit äußert. Liegt in einem Traum die Betonung auf der *Oberfläche* eines Sees, des Erdbodens oder eines Gegenstandes, so kann damit die äußere Seite des Lebens angesprochen sein. Oberfläche an sich ist wertfrei – ebenso wie die Tiefe oder der Meeresboden. Inwieweit *Oberflächlichkeit* diagnostiziert wird, zeigt der weitere Traumverlauf und die Lebenssituation des Betreffenden.

Der physische Körper des *Homo sapiens* ist Träger und damit auch Symbol des Menschengeistes. Das heißt nun aber nicht, daß jeder, der mit einem menschlichen Körper bekleidet ist, auch schon sein potentielles Menschsein (seinen Menschengeist) gefunden hat und aus seiner verwirklichten Menschlichkeit heraus ein humanes und innerlich freies Leben führt. Als Symbol verkörpert der *Mensch* und dessen Verhalten auch den Grad der verwirklichten Humanität.

4
Was bedeuten alltägliche und historische Ereignisse im WAAGE-Monat (23.9. bis 23.10.) wirklich?

Um die eigentliche (zentrale) Bedeutung eines Ereignisses zu erkennen und Hintergründe zu durchschauen, blicken wir auf dessen »Geburtsmoment«. Für diesen bestimmten Zeitpunkt können wir ein »Ereignishoroskop« erstellen, das uns tieferen Einblick in Struktur und Charakter des Geschehens gewährt. Für unsere Zwecke genügt die Betrachtung der SONNEN-Position. Das Tierkreiszeichen, das die SONNE bei Eintritt des Ereignisses gerade durchwandert, sagt uns, worum es im wesentlichen bei der Angelegenheit geht. Die SONNE »beleuchtet« und »durchleuchtet« in besonderem Maße die Themenkreise, die mit diesem Sternzeichen in Zusammenhang stehen. Nicht zufällig sagt eine Redensart: »Die Sonne bringt es an den Tag.« Das *Zentralgestirn* unseres Sonnensystems verweist auf die *zentralen* Lebensthemen, die während des Sonnenlaufes durch den Tierkreis nacheinander aktiviert werden.

So haben *alle* Ereignisse, die im WAAGE-Monat neu geboren werden, schwerpunktmäßig WAAGE-Qualitäten (mehr oder minder erlöst oder unerlöst). Diese werden ganz individuell, vor verschiedenen Kulissen und je nach Reifegrad durchlebt. Andererseits beleuchtet in der WAAGE-Zeit des Jahres die SONNE auch alle *bereits laufenden* Aktivitäten (wie auch uns selbst) vom Standpunkt der WAAGE aus. Wir können diese Zeit also dafür nutzen, um der Lösung unseres Lebensrätsels WAAGE einen Schritt näher zu kommen.

Bei zukünftigen Ereignissen, die wir frei terminieren können – etwa den Antritt einer Reise –, können wir uns fragen, ob unsere Wünsche und Vorstellungen im WAAGE-Monat realisierbar sind (das heißt, ob die gewählte Zeitqualität unseren Bedürfnissen gerecht wird!). Grundsätzlich gilt: Es kommt darauf an, was wir vorhaben und was ansteht! Legen wir Wert auf möglichst umfangreiches Zusammensein mit anderen Menschen oder spielt das Partnerthema eine wichtige Rolle im Urlaub, ist die WAAGE-Energie dafür eine Entsprechung. Andererseits muß sich der WAAGE-Archetyp nicht zwangsläufig in dieser Weise auswirken! Wie Sie in den vorangegangenen Kapiteln gesehen haben, verfügen die Urprinzipien über eine breite Palette von Ausdrucksmöglichkeiten und -ebenen. Entsprechend unserem Umgang damit werden diese dann Gestalt annehmen. Verdrängen wir die WAAGE-/VENUS-Energie, wird sich diese dann eben auf unerlöster Ebene, quasi hintenherum, einschleichen, beispielsweise in Form von Oberflächlichkeit, Langeweile und »Harmoniegesülze«. Oder wir realisieren »schockiert«, daß es mit den WAAGE-Tugenden bei uns nicht sehr weit her ist oder daß wir mit Beziehungsproblemen konfrontiert werden.

Meist wird es aber so sein, daß wir gerade zu dem Zeitpunkt Urlaub bekommen, ein neuer Job für uns zu haben ist oder eine Partnerschaft in unser Leben tritt, dessen *Zeitqualität* unserem (momentanen) Lebensrätsel entspricht! Die *nachträgliche* astroenergetische Interpretation der Ereignisse zum Zwecke der Selbsterkenntnis, die ich der »Zukunftsvorhersage-Mentalität« bei weitem vorziehe, läßt uns bewußter erkennen, was hinter den Kulissen abläuft und welche Rolle wir dabei spielen.

Die Bände dieser Tierkreisreihe wollen dazu anregen, möglichst bewußt, eigenverantwortlich und kreativ mit den Herausforderungen des Lebens umzugehen. Wenn wir mittels der Träume und der Astrologie unser Potential, unsere Möglichkeiten und Aufgaben erkennen, kommen wir in die glückliche Lage, im Rahmen unserer schicksalhaft gesetzten Grenzen wirklich frei zu entscheiden und unser Schicksal mitzugestalten!

Es folgen einige Deutungen für Ereignisse, die im WAAGE-Monat in Erscheinung treten können. Werden wir den Anforderungen des WAAGE-Archetypen gerecht, verhindern wir, daß sich dessen unerlöste Ebene einschleicht. Welche der genannten Themen für den Leser oder die Leserin von individueller Relevanz sind, kann nur er/sie selbst herausfinden! Es sei hier noch einmal darauf hingewiesen, daß dieses Kapitel Ihnen die individuelle Lösung Ihrer Rätsel nicht abnehmen oder ersparen will und kann – das wäre gar nicht möglich. Es soll vielmehr ein Bewußtsein für die Rätsel des Lebens geschaffen werden.

Die Ereignisse des Alltags

Initiation in eine neue Partnerschaft oder Eheschließung

Da in der Regel das Kennenlernen und die (eventuelle) Heirat in unterschiedlichen Monaten, also »unter verschiedenen Sternen« stattfinden, sind die beiden Größen »Beziehung« und »Ehe« jeweils aus einem anderen Blickwinkel zu betrachten. Während die Partnerschaft an sich zum Beispiel sehr auf Harmonie, Freundschaft oder Äußerlichkeiten ausgerichtet sein kann (Kennenlernen im WAAGE-Monat), kann ein späterer Eheschluß (im STIER-Monat) von Sicherheitsdenken geprägt sein und stabilisierende oder aber einengende Wirkung haben. Natürlich existiert neben der Paarbeziehung noch eine breite Palette verschiedenster Arten von zwischenmenschlichen Verbindungen (vom Geschäftsbereich bis hin zur Arzt-Patienten-Beziehung), für die das hier Gesagte in modifizierter Form natürlich auch zutrifft. Die nachfolgend genannten Themen können von *zentraler* Bedeutung für eine Beziehungsinitiation (oder Eheschließung) im WAAGE-Monat sein und variieren je nach Partnerschaft.

Beziehungen, die in dieser Zeit des Jahres angefangen werden, sind häufig von einer *Sympathie* zwischen den Partnern geprägt. Möglicherweise haben zwei »Zwillingsseelen« zueinandergefunden, die sich ergänzen und *ausgleichen*. Häufig ist es auch die erotische Energie der Liebesgöttin, deren starke Anziehungskraft als »Partnervermittler« fungierte; und äußerliche *Schönheit* sowie *erotische Ausstrahlung* mögen wesentliche Faktoren für das Zusammenfinden gewesen sein. Werden das Erscheinungsbild und die Erotik allerdings überbewertet und (tiefe) Gefühle und Emotionen an den Rand gedrängt, werden die Betreffenden entweder Weltmeister im Verdrängen von Problemen, oder eine Trennung wird früher oder später unvermeidlich. Wenn die oppositionelle WIDDER-Energie ausgeklammert wird, fehlt der Beziehung die Bereitschaft zur Auseinandersetzung und die Spannung, die eine Verbindung lebendig hält. Oberflächlichkeit und Langeweile machen sich dann breit. Haben beide Partner eine Luftelement-Betonung, werden sie das womöglich gar nicht als unangenehm empfinden. Das geht dann so lange gut (wenn man hier von gut sprechen kann), bis die Probleme überhand nehmen. Aber so weit muß es ja nicht zwangsläufig kommen!

Auf irgendeine Weise kompensiert die Partnerschaft Ungleichgewichte der Betreffenden, und es geht darum, eine wirkliche Harmonie zu entwikkeln, die durch die Bereitschaft, Konflikte zu bewältigen, lebendig bleibt. *Freundschaft, Freiheit* und *Menschlichkeit* sind zentrale Elemente dieser Beziehung; Anklammern würde Widerstände aktivieren. Festhalten ist auch gar nicht nötig, da die beiden Partner durch das Band der Sympathie wie magnetisch verbunden sind. Das ist eine gute Basis für eine wirkliche seelische Verbindung, die über Verliebtsein und erotische Attraktion hinausgeht. Wird die seelische Ebene jedoch ausgeklammert, schlägt jede Sympathie irgendwann ins Gegenteil um und wird zur Antipathie. Die Partner werden lernen müssen, miteinander zu verhandeln und Kompromisse zu schließen. Je nach Eigenart der Betreffenden wird das leichter oder schwerer fallen; für feuerbetonte Partner etwa ist das zunächst eine Herausforderung. Es gilt, zwischen den Extremen von »Friede-Freude-Eierkuchen« und »Kampf um jeden Preis« einen Ausgleich herzustellen; schließlich ist *Ausgleich* das Zauberwort der WAAGE.

Das Kennenlernen im WAAGE-Monat bedeutet zwar, daß das WAAGE-Thema dominieren wird, inwieweit die Partner aber bereit und fähig sind, sich darauf einzulassen und die anstehenden Herausforderungen anzunehmen, das steht natürlich auf einem anderen Blatt. Gerade für egozentrische Typen kann eine solche Beziehung von therapeutischem Wert sein, um die WAAGE-Seite des Daseins zu integrieren. Jedenfalls sollten die Beteiligten akzeptieren, daß die WAAGE »ihr Recht fordert« und beispielsweise ein einengendes Beziehungsverhalten nicht lange zulassen wird.

Hier ein Beispiel einer im WAAGE-Monat geschlossenen Partnerschaft auf parteipolitischer Ebene: Am 16.10.1985 wurde das erste rot-grüne Regierungsbündnis im deutschen Bundesland Hessen geschlossen. Die WAAGE-Energie manifestierte sich vor allem in dem heftigen Hinundherschwanken der Waagschalen zwischen den Befürwortern und den Gegnern der Koalition innerhalb beider Parteien. Zentrales Thema dieser Partnerschaft vor dem Hintergrund der WAAGE-SONNE wäre es gewesen, einen Interessensausgleich zu finden, um damit eine wirkliche Beziehung zur jeweils anderen Partei herzustellen.

Eine weitere spektakuläre politische »Hochzeit« der jüngeren deutschen Geschichte war die der beiden deutschen Staaten (BRD und DDR) am 3.10.1990. »Wiedervereinigung« ist vor dem Hintergrund der WAAGE kein glückliches Wort – von einer verwirklichten Einheit der beiden deutschen

Staaten, die sich über vierzig Jahre in grundverschiedene Richtungen entwickelten, kann sicherlich (noch) nicht gesprochen werden; astroenergetisch entspricht die Verschmelzung der Polarität der FISCHE-Energie. Die WAAGE ist eine Vorstufe davon und betrifft zunächst die *Partnerschaft* zweier verschiedener Seiten. Für die neue deutsch-deutsche »Ehe« gilt also als wesentliches Thema das Finden eines Interessensausgleiches zwischen den Partnern. Vor diesem Hintergrund sind auch die immensen Ausgleichszahlungen beziehungsweise Geldtransfers von West nach Ost zu sehen. Die Waagschale der Ostseite (ehemalige DDR) mußte zunächst zu Lasten der Westseite gestärkt werden – eine Angelegenheit, die große Sensibilität erfordert. Bis ein wirkliches materielles und darüber hinaus ein seelisches Gleichgewicht hergestellt ist, werden wohl noch Jahre vergehen. Wie bei einer zwischenmenschlichen Partnerschaft sollte allerdings auch hier die andere Seite – der WIDDER – nicht ausgeklammert werden, und zwangsläufig auftretende Konflikte sollten offen ausgetragen werden. Dasselbe gilt natürlich auch bezüglich aller anderen »Ehen« im Gefolge der Wiedervereinigung, beispielsweise der Parteien (sowohl die Ost- und West-SPD als auch die Ost- und West-CDU hatten ebenfalls im WAAGE-Monat 1990 »geheiratet«).

Die WAAGE ist keine Einbahnstraße! Partnerschaft bedeutet hier auf jeder Ebene, daß die Interessen beider Seiten Berücksichtigung finden. Eine völlige Anpassung des einen zugunsten des anderen Partners führt hier in eine Sackgasse. So müßte auch die Ex-DDR ihr eigenes Profil in die Ehe einbringen können, um dem Begriff »Partnerschaft« gerecht zu werden.

Urlaub im WAAGE-Monat

Dem WAAGE-Archetypen entsprechen unter anderem folgende Urlaubsarten (welchen Schwerpunkt unser individueller WAAGE-Monat-Urlaub haben wird, müssen wir natürlich selbst herausfinden, möglicherweise erst vor Ort):

o Reisen in WAAGE-betonte Länder oder Städte;
o Urlaub mit dem Partner;
o Urlaub als Medium dafür, mit seinem Reisebegleiter eine Partnerschaft einzugehen;
o Urlaub zum Verlieben;
o der Urlaub dient der Partnersuche, oder man lernt eventuell unverhofft seinen Traumpartner kennen;

o Cluburlaub unter Gleichgesinnten, mit dem Anliegen, sich zu amüsieren und erotische Abenteuer zu erleben;

o harmonischer Urlaub (auch um den Preis der Oberflächlichkeit);

o Schönheit (sowohl der Menschen wie auch des Reiselandes) steht im Mittelpunkt;

o Kunst spielt eine große Rolle; entweder man ist selbst künstlerisch tätig oder als Kunst-Tourist unterwegs;

o Urlaub, in dem man wesentliche Verbindungen zu Mitmenschen knüpft.

Bei Urlaubsantritt im WAAGE-Monat wird der ausgleichende Aspekt der WAAGE-Energie eine wesentliche Rolle spielen. In welcher Hinsicht der Urlaub kompensatorische Wirkung haben wird und auf welcher Ebene wir den Ausgleich erfahren (sollen), hängt von persönlichen Faktoren ab – und natürlich von der Bereitschaft, sich von der leichten, ätherischen Energie der WAAGE tragen zu lassen. Vor dem Hintergrund des Luftzeichens geht es vor allem darum, sich von spontanen inneren Impulsen leiten zu lassen, anstatt alles planen und organisieren zu wollen. Jetzt ist eine vollständige Durchorganisierung des Urlaubs sowieso nicht möglich, denn der Geist weht wie der Wind – wohin er will und wann er will. Es sind »überpersönliche« Energien am Werk, die berücksichtigt werden wollen. Dieser Urlaub eignet sich nicht gerade als »Egotrip«.

Der WAAGE-Monat ist in den meisten Ländern die Urlaubsnachsaison vor der Winterpause. In der Regel geht es jetzt in den Ferienhochburgen ruhiger zu. Kämpfe um gute Sitzplätze in Lokalen oder auf Ausflugsdampfern sind nicht mehr nötig. Die Sonne brennt nicht mehr so heiß – die WAAGE schafft ein harmonisches Klima in der Natur und im Herzen der Menschen (sofern diese das zulassen).

Beginnen wir eine Urlaubsreise im WAAGE-Monat, wird einer oder mehrere der genannten WAAGE-Aspekte zentrale Bedeutung dafür haben. Wir sollten deshalb die WAAGE-Energie – auf welche Art sie sich auch immer in Szene setzen mag – als »Urlaubsbegleiter« zulassen, damit sie uns nicht »hintenherum« mit ihrer Schattenseite konfrontiert.

Berufliche Veränderungen oder Neubeginn im WAAGE-Monat

Starten wir im WAAGE-Monat eine neue Tätigkeit, wird der WAAGE-Archetyp dabei für uns auf irgendeine Weise im Mittelpunkt stehen (auch wenn das in der Stellenausschreibung nicht deutlich herausgekommen ist), etwa dadurch, daß

o wir mit WAAGE-betonten Kollegen oder Vorgesetzten konfrontiert werden;

o die Tätigkeit im WAAGE-Ambiente ausgeübt wird (siehe im zweiten Kapitel, »Orte«);

o WAAGEhafte Qualitäten und Tugenden eine zentrale Rolle spielen und gefordert sind, vor allem Geschick und Freude im Umgang mit Menschen (als Verkäufer, Berater, Vertreter);

o der Job in irgendeiner Weise einen Ausgleich zu unserem bisherigen Dasein herstellt (etwa wenn introvertierte Typen durch die Arbeit gefordert sind, aus sich herauszugehen);

o wir dadurch in Beziehung zu noch unbekannten Seiten des Lebens (oder inneren Wesensteilen) kommen;

o wir uns in eine Kollegin/einen Kollegen verlieben und eine Beziehung anstreben oder eingehen;

o die Tätigkeit eher die oberflächliche Seite des Lebens berührt;

o wir mit der Außenseite der Dinge zu tun haben (etwa als Dekorateur oder in der Modebranche);

o es sich um eine Tätigkeit handelt, die die angenehme, harmonische Seite des Lebens betont (etwa als Tanzlehrer);

o mit einer »heilen Welt« gehandelt wird und das Amüsement im Vordergrund steht (zum Beispiel in Vergnügungsbetrieben);

o eine leichte, beziehungsfördernde Atmosphäre herrscht und man schnell miteinander in Kontakt kommt;

o es sich um eine Arbeitsgemeinschaft handelt oder um eine Tätigkeit, bei der wir in engem Miteinander mit Kollegen oder Kunden stehen;

o der Schönheitsaspekt und die Erotik eine wesentliche Rolle spielen (Friseur, Kosmetikerin);

o Beziehungen im Mittelpunkt stehen (zum Beispiel Ehevermittler, Eheberater);

o das Abwägen wesentliche Bedeutung hat (Richter);

o Kunst (auf niedrigem Niveau Kitsch) im Mittelpunkt der Tätigkeit steht (Kunsthandwerk, Kunsthändler, Galerist).

Wer im WAAGE-Monat einen neuen Job beginnt oder sich beruflich verändert, wird einen oder mehrere der genannten Faktoren in der neuen Tätigkeit

erkennen. Natürlich spielen diese Punkte immer eine Rolle – bei Tätigkeits-
beginn im WAAGE-Monat aber kommt ihnen eine zentrale Bedeutung zu.
Selbstverständlich wird nicht jeder, der im WAAGE-Monat eine neue Be-
rufstätigkeit beginnt, eine Stelle als Richter, Partnervermittler oder in der
Modebranche erhalten. Auf irgendeine Weise mag der Betreffende sich aber
als »verkappter« Beziehungsstifter oder Richter fühlen, etwa wenn er ständig dazu aufgefordert ist, Streit zu schlichten. Da die luftige WAAGE-Energie nicht gerade für Stabilität und lange Dauer steht, ist es nicht unwahr-
scheinlich, daß dieser Job eher eine Zwischenstation, eine »Brücke« zu einer
anderen Tätigkeit sein kann. Um keiner Fehldeutung zu unterliegen, sind
gerade in Zeiten beruflicher Weichenstellungen die Träume hilfreiche Wegweiser.

Geschäfts- und Organisationsgründungen im WAAGE-Monat

Geschäftliche Vorhaben, die im WAAGE-Monat begonnen, und Organisa-
tionen, die jetzt gegründet werden, tragen vorrangig die »Handschrift« des
WAAGE-Archetypen. Neugründungen im WAAGE-Monat stehen unter
dem Vorzeichen der ausgleichenden und beziehungsstiftenden Energie der
WAAGE. Als Beispiel sei hier die Gründung der DDR am 7.10.1949 als Gegenpol zur BRD (Stärkung der Waagschale des politischen Ostens) genannt.
Der Gründungstermin im WAAGE-Monat zeigt zudem, daß Beziehungen
(einerseits zur BRD, andererseits zur Sowjetunion) dabei eine wesentliche
Rolle spielten. Als WAAGE-Staat diente die DDR – zumindest für die
BRD(-Politiker) – als Medium für das Erlernen von WAAGE-Qualitäten
wie Kompromißfähigkeit, Verhandlungs- und Friedensbereitschaft. Und
vom heutigen Standpunkt aus sehen wir, daß die Staatsform der DDR eine
Übergangsform gewesen ist, die nach vierzig Jahren ausgedient hatte.
    Weiterhin spielen WAAGE-Qualitäten wie Partnerschaft und Zusam-
menarbeit eine große Rolle bei Vertragsabschlüssen in dieser Zeit des Jahres;
beispielsweise bei der Gründung der OECD (Organisation für wirtschaftli-
che Zusammenarbeit und Entwicklung) am 1.10.1961 in Paris. Wesentliche
Aufgabe dieser Organisation ist die *Koordination* der wirtschaftlichen Zusammenarbeit des Atlantischen Bündnisses.
    Geschäftsbeziehungen und Verträge, die in diesem Monat geschlossen
werden, sollten WAAGE-Qualitäten wie größtmögliche Freiheit der Ver-
tragspartner beinhalten und auf *Freiwilligkeit* bauen. Insgesamt ist die Zeit

für vertragliche Vereinbarungen jetzt nur günstig, wenn die beiden Seiten die Bedingungen im Geiste der Freundschaft und Menschlichkeit in Freiheit ausgehandelt haben. Ist dies der Fall, dann dient der Vertrag oder der vertragliche Zusammenschluß den Interessen aller Beteiligten. In negativer Hinsicht, wenn man zu oberflächlich auf die Vertragsinhalte blickt oder die Vertragsziele zu ungenau festlegt, kann es später Schwierigkeiten mit deren Umsetzung geben.

Bei Läden, die in diesem Zeitraum eröffnet werden, steht das WAAGE-Prinzip ebenfalls in irgendeiner Weise im Vordergrund. Es wäre natürlich ein Trugschluß zu meinen, daß jetzt nur Galerien und Schönheitssalons aufgemacht würden. Natürlich kommt es auch vor, daß beispielsweise eine Bäckerei (STIER-Entsprechung) im WAAGE-Monat eröffnet wird. Die zentrale energetische Botschaft wird dennoch auch hier vom WAAGE-Archetypen geprägt sein, etwa durch eine besonders ästhetische Dekoration oder dadurch, daß regelmäßig Künstler ihre Werke in den Verkaufsräumen ausstellen. Oder ein integriertes Stehcafé entwickelt sich zu einem beliebten Treffpunkt, wo so manche Beziehung geschlossen wird. Vielleicht sind auch Besitzer oder Mitarbeiter WAAGE-betont, was sich dann im Geschäftsalltag auswirkt.

Anschaffungen im WAAGE-Monat

Auch Gegenstände, die man im WAAGE-Monat erwirbt (sehen wir mal von den üblichen Haushaltswaren ab), bringen auf ihre Weise, als »materielle Medien«, die WAAGE-Energie mit ins Haus. Sachen, die man in dieser Zeit des Jahres erwirbt, können beispielsweise *harmonisierend* wirken oder eine Prise *Erotik* in die Wohung bringen. Auf irgendeine Weise hat das Stück *ausgleichenden* Charakter, und es stellt vielleicht eine Verbindung von bislang isoliert nebeneinander stehenden Gegenständen her. Möglicherweise hat die Anschaffung dieses Objektes den Partnern Verhandlungs- und Kompromißbereitschaft abverlangt, oder es stellt insgesamt einen (finanziellen oder ästhetischen) Kompromiß dar. Eventuell wird die Wohnung jetzt durch Kunstgegenstände verschönert. Überhaupt steht der Verschönerungsaspekt im WAAGE-Monat im Vordergrund und weniger die Zweckmäßigkeit. Handelt es sich um Möbel, kann sich die lockere Energie des Luftzeichens beispielsweise in einer Leichtbauweise ausdrücken.

Wohnungsbezug im WAAGE-Monat

Initiation für das Wohnen ist der erste »offizielle« Tag im neuen Heim (durch bewußtes Hinspüren ist der »Geburtsmoment« nachzuvollziehen, denn dieser ist geprägt von intensiver Energetik – siehe WIDDER-Band). Für die vertragliche Ebene gilt die Unterzeichnung des Miet- oder Kaufvertrages als Startpunkt. Die WAAGE-Energie kann sich auf folgende Weise manifestieren:

o in einem WAAGEhaften Ambiente, beispielsweise in einer nach ästhetischen Gesichtspunkten ausgerichteten, freizügigen Unterkunft;

o indem wir unsere erste gemeinsame Wohnung mit einem Partner beziehen;

o durch das Eingehen einer Partnerschaft haben wir eine neue Wohnung benötigt;

o dadurch, daß es sich um eine Wohngemeinschaft handelt, bei der das Miteinander wesentlich ist (nicht nur eine bloße Zweckgemeinschaft);

o dadurch, daß die Beziehungen zu den Nachbarn oder Vermietern eine wesentliche Rolle spielen werden (positiv oder negativ);

o in einer harmonischen Wohnsituation;

o dadurch, daß wir eine »Brückenfunktion« innehaben und beispielsweise zwischen verfeindeten Hausparteien oder Mitbewohnern ausgleichend einwirken;

o dadurch, daß wir permanent am Abwägen sind – beispielsweise, ob wir bleiben oder ausziehen sollten.

Historische Ereignisse und Zeitgeschehen

Die im folgenden aufgeführten Beispiele wurden wegen ihrer relativ leichten Nachvollziehbarkeit ausgewählt. Das will nun aber nicht besagen, daß andere historische Geschehnisse im WAAGE-Monat, die nach außen hin oder bei vordergründiger Betrachtung scheinbar keinen zentralen Bezug zum WAAGE-Archetypen aufweisen, nicht trotzdem WAAGE-betont sind. In diesem Falle ist um so mehr die Kenntnis von Zusammenhängen, Hintergründen und Wesensart der beteiligten Personen erforderlich, um zu erkennen, wie sich dieser Archetyp jeweils ausdrückt.

Bei Ereignissen im WAAGE-Monat steht der friedliebende und ausgleichende Charakter der WAAGE-Energie im Vordergrund. Jetzt zeigt sich, ob und wo Menschen und Nationen bereit und fähig sind, nach Kompromissen zu suchen, die die Interessen aller Beteiligten so weit wie möglich befriedigen. Denken wir an die »friedliche Revolution« in der DDR im WAAGE-Monat 1989. In zahlreichen Städten demonstrierten Hunderttausende für mehr Demokratie (Volksherrschaft entspricht dem Luftelement!) und für Reformen. Der Geist dieser Volkserhebung fegte das diktatorische DDR-System hinweg und führte ein Jahr später, am 3.10.1990, zur deutschen Wiedervereinigung. Auch dieser politisch bedeutsame Akt, im WAAGE-Monat vollzogen, war von der WAAGE-Energie geprägt: »Die wenig spektakulären Feiern bestätigen ausländische Beobachter in der Auffassung, daß Deutschland ein dem Frieden verpflichteter Staat bleiben will.« Die Rede des damaligen Bundespräsidenten RICHARD VON WEIZSÄCKER anläßlich des Staatsaktes zum Tag der deutschen Einheit entspricht dem Geist der WAAGE: »In freier Selbstbestimmung vollenden wir die Einheit und Freiheit Deutschlands. Wir wollen in einem vereinten Europa dem Frieden der Welt dienen ... Zum erstenmal bilden wir Deutschen keinen Streitpunkt auf der europäischen Tagesordnung. Unsere Einheit wurde niemandem aufgezwungen, sondern friedlich vereinbart. Sie ist Teil eines gesamteuropäischen geschichtlichen Prozesses, der die Freiheit der Völker und eine neue Friedensordnung unseres Kontinents zum Ziel hat ...« (Beide Zitate stammen aus dem »*Chronik-Tageskalender '93*«.)

Ob diese Worte auch wirklich verinnerlicht werden oder lediglich einen schönen Rahmen der Feierlichkeiten (oberflächliche Seite der WAAGE) darstellten, wird sich noch zeigen; schließlich ist auch *Unverbindlichkeit* eine Seite der WAAGE! Damit Friedensappelle und -bekenntnisse nicht nur unverbindliche Phrasen bleiben, ist die Bereitschaft nötig, aktiv auf die andere (gegnerische) Seite zuzugehen und sich um einen Ausgleich zu bemühen (und dafür ist das Zusammenwirken der WAAGE- mit der WIDDER-Kraft notwendig). »Es gibt nichts Gutes, außer man tut es«, schrieb ERICH KÄSTNER und sprach damit das WAAGE-Problem der gutgemeinten Absichten ohne entsprechende Handlungen an. Als Beispiel dafür mag der 2.10.1924 genannt werden, als in Genf von der Völkerbundversammlung der Angriffskrieg geächtet wurde. Daß es mit einen solchen bloß äußerlichen Akt natürlich nicht getan ist, wenn man wirklichen Frieden schaffen und erhalten will, zeigte der Ausbruch des Zweiten Weltkrieges fünfzehn Jahre später.

Kunst hat bei vielen Ereignissen im WAAGE-Monat eine wesentliche Bedeutung, etwa bei der Gründung der niederländischen Künstlervereinigung »De Stijl« am 1.10.1917 durch den Maler PIET MONDRIAN oder bei der Gründung der deutschen Nationalbibliothek am 5.9.1912. Betrachten wir Kunst im weiteren Sinne als eine vom Menschen geschaffene »künstliche Welt«, dann wird ersichtlich, warum der Start des wissenschaftlichen Experiments »Leben in einer künstlichen Welt« am 26.9.1991 in den WAAGE-Monat fällt. Acht Wissenschaftler bezogen in der Sonorawüste (Arizona/USA) für zwei Jahre ein gläsernes Forschungslabor, genannt »Biosphere II«, wo das Ökosystem unseres Planeten künstlich nachgebildet war. Auch das WAAGE-Thema *Gleichgewicht* war zentraler Punkt dieses Unterfangens. Die Forscher erhofften sich Aufschlüsse über die Möglichkeit, in Zeiten der Umweltzerstörung das ökologische Gleichgewicht künstlich aufrechtzuerhalten.

Was in der WAAGE-Zeit im Jahreslauf neu in Erscheinung tritt, rückt *Beziehungen* auf den unterschiedlichsten Ebenen in den Vordergrund des Geschehens. Jetzt wird deutlicher als zu anderen Zeiten, wer mit wem sympathisiert und sich verbündet oder welche Beziehungen abgebrochen werden; auf der Ebene internationaler Beziehungen wären hier beispielsweise der Austritt Hitlerdeutschlands aus dem Völkerbund am 14.10.1933 zu nennen, mit dem sich die Frontstellung des Zweiten Weltkrieges abzuzeichnen begann, oder die Konferenzen der Westalliierten und der BRD im WAAGE-Monat 1954, im Rahmen derer die Neuordnung der politischen und militärischen Bündnissysteme in Westeuropa erörtert wurden.

Vor dem Hintergrund des Luftzeichens steht hinter Ereignissen im WAAGE-Monat häufig auch das Anliegen, die Schwere des irdischen Daseins zu überwinden und (bislang nicht vorhandene) Beziehungen zur Welt, zu den Mitmenschen, zu sich selbst – oder zum Kosmos – herzustellen. So etwa am 4.10.1957, als die Sowjetunion mit dem erfolgreichen Start des *ersten künstlichen* Erdsatelliten »Sputnik 1« die Ära der Raumfahrt einleitete. Es war der erste Schritt der Menschheit (wie wir sie kennen) in Richtung äußerer Kosmos, ein erster *Brückenkopf* zum »Du« außerhalb der irdischen Sphäre und symbolisch gesehen auch zum außerirdischen Bereich in der menschlichen Psyche.

Als das sprichwörtliche »Zünglein an der Waage« hat sich die deutsche Partei FDP entwickelt, deren liberales politisches Profil WAAGE-betont ist. Bezeichnenderweise war es in einem WAAGE-Monat, am 28.9.1969, als die FDP durch das Eingehen einer Koalition mit der SPD einen Machtwechsel in Bonn bewirkte. Seitdem hat sich die FDP als »Mehrheitsbeschaffer« sowohl für die SPD als auch später für die CDU/CSU betätigt. Die problematische Seite der WAAGE-Energie bekam die Partei spätestens Mitte der neunziger Jahre zu spüren, als sie wegen mangelnden eigenen Profils (WAAGE-Problem der zu starken Definition über den Koalitionspartner!) in den meisten Landtagswahlen scheiterte.

Ereignisse im WAAGE-Monat stehen häufig im Gegensatz zur oppositionellen WIDDER-Energie; beispielsweise als am 1.10.1972 erstmalig ein Tempolimit (maximal 100 km/h außerhalb geschlossener Ortschaften) auf bundesdeutschen Straßen eingeführt und die stürmische WIDDER-Energie (der freie Tritt aufs Gaspedal) damit etwas gezügelt wurde. Nachfolgend einige weitere Beispiele für historische Ereignisse und Zeitgeschehen im WAAGE-Monat, die bei Bedarf als Anregungen zum Eigenstudium angesehen werden können. Die Unterteilung ist eine Orientierungshilfe; rubrikübergreifend können gleichzeitig mehrere WAAGE-Aspekte zutreffen.

Thema: (internationale) Beziehungen und Verbindungen

o 12.10.1492: Christoph Kolumbus entdeckt (unbeabsichtigt) Amerika – es ist das erste In-Beziehung-Treten mit der »Neuen Welt«.
o 21.10.1520: Der portugiesische Weltumsegler Magellan entdeckt die Seepassage zwischen Pazifik und Atlantik an der südamerikanischen Südspitze (dieser wichtige *Verbindungsweg* wird später Magellanstraße genannt).
o 26.9.1815: Preußen, Rußland und Österreich schließen sich zur »Heiligen Allianz« zusammen.
o 18.10.1818: Gründung der liberal ausgerichteten »Allgemeinen Deutschen Burschenschaft« in Jena als Gesamtvertretung der Studenten von vierzehn deutschen Universitäten. Bereits 1819 wird dieser Zusammenschluß wegen seiner antimonarchistischen Radikalität wieder verboten.
o 28.9.1864: Unter Mitwirkung von Karl Marx wird in London die »Erste Internationale« gegründet, ein Zusammenschluß von sozialistischen Parteien.
o 2.10.1889: In Washington findet der erste »Panamerikanische Kongreß« statt.
o 27.9.1940: Italien, Japan und das Deutsche Reich schließen den Dreimächtepakt.

o 18.10.1945: Gründung des Suchdienstes des Deutschen Roten Kreuzes; das Ziel ist es, während der Wirren des Zweiten Weltkrieges auseinandergerissene Familien wieder *zusammenzuführen*.

o 13.10.1949: Gründung des Deutschen Gewerkschaftsbundes (DGB) als Dachorganisation der zusammengeschlossenen Einzelgewerkschaften.

o WAAGE-Monat 1967: 77 Entwicklungsländer schließen sich zu einer Gruppe zusammen, deren Ziel die bessere Koordinierung ihrer Politik gegenüber den Industrieländern ist.

o 24.9.1964: Unterzeichnung des zweiten Passierscheinabkommens zwischen dem Westberliner Senatsrat und der DDR. Es ermöglicht Verwandtenbesuche im Osten des geteilten Berlin und trägt zur Entspannung bei. Es ist ein Baustein in der »Brücke«, welche die Teilung der Stadt allmählich überwinden soll (»Politik der kleinen Schritte« des damaligen Regierenden Bürgermeisters von Berlin, WILLY BRANDT).

o WAAGE-Monat 1991: Der Deutsche Bundestag hat den »Vertrag über gute Nachbarschaft und freundschaftliche Zusammenarbeit« mit Polen gebilligt. Der Wortlaut dieses Vertrages trägt die Handschrift der WAAGE-Energie. Hier ein kurzer Auszug: »Oberstes Ziel ihrer Politik ist es, den Frieden zu wahren und zu festigen und jede Art von Krieg zuverlässig zu verhindern. Sie achten gegenseitig ihre souveräne Gleichheit, ihre territoriale Integrität ... Sie betrachten Minderheiten und gleichgestellte Gruppen als natürliche Brücken zwischen dem deutschen und dem polnischen Volk ...«

o 7.10.1991: Vertrag über gute nachbarschaftliche Beziehungen zwischen Deutschland und der Tschechoslowakei.

o 21.10.1994: In der südkoreanischen Hautpstadt Seoul bricht unter dem morgendlichen Berufsverkehr eine Brücke auseinander; es gibt viele Tote. Das zusammengebrochene Brückensymbol hat hier natürlich negative Bedeutung und weist auf die abgerissene Verbindung zur anderen Seite – dem kommunistischen Nordkorea – hin; zu der Zeit war keine Verständigung zwischen Nord- und Südkorea möglich.

Thema: Gemeinschaft, Kollektiv

o 27.9.1825: Die erste öffentliche Dampfeisenbahn verkehrt in England zwischen Darlington und Stockton.

o 26.9.1971: Die Deutsche Bundesbahn startet mit dem Intercity-Verkehr und verbessert damit die Zugverbindungen zwischen den größeren deutschen Städten wesentlich.

o 1.10.1964: Der Hochgeschwindigkeitszug »Shikansen« fährt erstmals zwischen den japanischen Metropolen Tokio und Osaka.

Im Gegensatz zum Individualverkehr (Feuerelement) entsprechen die öffentlichen Verkehrsmittel dem (kollektiven) Luftelement.

Thema: Ausgleich, Harmonisierung

o 16.10.1994: Bundestagswahl in Deutschland; entsprechend dem Wahlzeitpunkt im WAAGE-Monat ist das Ergebnis ziemlich ausgeglichen zwischen der Regierung (CDU/CSU, FDP) und der Opposition (SPD, Grüne, PDS); nur eine hauchdünne Mehrheit von zehn Mandaten ergibt sich für das Regierungsbündnis. Außerdem gab es ein Hin und Her wegen der sogenannten »Überhangmandate«.

o 19.10.1987: Rekordeinbrüche am Aktienmarkt, die einen *Ausgleich* des seit fünf Jahren anhaltenden überzogenen Aktienbooms darstellen. Da die WAAGE jedoch keine Energie der »Tiefe« ist, fallen die Kurse nicht ins Bodenlose (wie etwa am 25.10.1929 – SKORPION! –, dem sogenannten »Schwarzen Freitag«, dem Beginn der Weltwirtschaftskrise), sondern die Kurse gehen schon am folgenden Tag teilweise wieder nach oben.

Thema: Frieden, Verhandlung und Entspannung

o Der WAAGE-Monat 1994 steht im Zeichen eines fortschreitenden Friedensprozesses im Nahen Osten, der durch die Vergabe des Friedensnobelpreises an den Palästinenserführer JASSIR ARAFAT und den israelischen Premierminister ISZAK RABIN gewürdigt wird. In dieser Zeit erfolgt auch der Friedensschluß zwischen Jordanien und Israel, den man noch kurz zuvor nicht für möglich gehalten hat. Im Gegensatz zum Friedensschluß mit den Palästinensern im JUNGFRAU-Monat 1993 – der (entsprechend der JUNGFRAU-Energie) mehr ein pragmatischer Akt der Vernunft war und aus ökonomischer Notwendigkeit heraus geboren wird – erfolgt dieser Friedensschluß (entsprechend der WAAGE) aus einer größeren Freiheit heraus. Ebenfalls in diese Zeit fallen große Fortschritte im Friedensprozeß in Nordirland, nachdem sowohl die katholische IRA als auch deren gegnerisches protestantisches Lager der Gewalt offiziell abgeschworen haben. »Großbritanniens Premier JOHN MAJOR hat der IRA-Partei Sinn Fein erstmals die Hand zum Gespräch ausgestreckt. In einer bahnbrechenden Rede sagte Major in Belfast: ›Ich bin jetzt bereit anzunehmen, daß der Waffenstillstand für immer gemeint ist‹« (Tageszeitung vom 22.10.1994).

o WAAGE-Monat 1993: Nach monatelangen Kämpfen im Rahmen einer UNO-Mission sind die USA jetzt dazu bereit, mit ihrem Gegner, dem somalischen Rebellenführer AIDID, zu verhandeln.

o WAAGE-Monat 1991: Die NATO beschließt, ihre atomaren Flugzeugbomben in Europa um die Hälfte zu verringern.

o 4.10.1990: Die Außenminister der USA und der UdSSR einigen sich in den letzten wichtigen Punkten über die Abrüstung in Europa.

o 21.10.1969: WILLY BRANDT wird der erste sozialdemokratische Kanzler der Bundesrepublik Deutschland; sein Hauptwerk ist die Friedenspolitik gegenüber dem Osten (dafür erhält er 1971 den Friedensnobelpreis); daneben ist seine Leitidee: »Mehr Demokratie wagen.«

o 25.9.1959: Der sowjetische Staats- und Parteichef NIKITA SERGEJEWITSCH CHRUSCHTSCHOW trifft den amerikanischen Präsidenten DWIGHT D. EISENHOWER auf dessen Landsitz Camp David. Die Gespräche dienen der Entspannung des Ost-West-Verhältnisses und prägen den von der WAAGE-Energie durchdrungenen Begriff »Geist von Camp David«.

o 25.9.1555: Der »Augsburger Religionsfriede« beendet die Glaubenskriege; den weltlichen Reichsstädten wird die Religionsfreiheit zugestanden; den Anhängern des Augsburger Bekenntnisses wird nach Verhandlungen per Reichsgesetz Frieden und Besitz garantiert.

Thema: (Geistes-)Freiheit

o 5.10.1921: Gründung des internationalen PEN-Clubs in London, der sich vor allem für schriftstellerische Freiheit, Meinungsfreiheit und Pressefreiheit einsetzen will.

o 29.9.1960: In Deutschlands Gymnasien wird die Möglichkeit der Fächerwahl für Abiturienten eingeführt; die Pflichtfächer (Pflicht = Erdelement!) werden reduziert, Wahlpflichtfächer eingeführt, und Möglichkeiten zur freiwilligen Belegung von Unterrichtsveranstaltungen (in Form von Arbeitsgemeinschaften) werden angeboten.

o 11.10.1962: Eröffnung des zweiten Vatikanischen Konzils in Rom; es werden bedeutende Entscheidungen über die Religionsfreiheit und den Ökumenismus getroffen.

o 30.9.1989: Die ostdeutschen Botschaftsflüchtlinge erhalten die offizielle Ausreisegenehmigung. Damit können alle in die bundesdeutschen Botschaften in Prag und Warschau geflüchteten DDR-Bürger in die BRD ausreisen. Verhandlungen mit den entsprechenden Behörden und Bundesaußenminister GENSCHER waren erfolgreich.

o 4.10.1993: Ein Putschversuch reformfeindlicher Nationalisten und Altkommunisten gegen den russischen Reformpolitiker und Präsidenten BORIS JELZIN scheitert. Die gewaltsame Bezwingung der Gegner mit militärischen Mitteln ist allerdings nicht im Sinne der WAAGE. Vor dem Hintergrund des Friedenszeichens hätte es eigentlich zu einer Einigung auf Verhandlungsebene kommen müssen. Dadurch wäre die andere Seite der Medaille (die in den Reformgegnern ihren Ausdruck hatte) mit einbezogen worden.

Thema: Kunst, Künstlichkeit und Ästhetik

o 6.10.1906: Gründung des deutschen Werkbundes mit dem Ziel, »ästhetisch anspruchsvolle Massenprodukte« herzustellen.

o 10.10.1913: Mit der Sprengung der letzten Sperre sind der Atlantische und der Pazifische Ozean durch einen *künstlichen* Wasserweg, den Panamakanal, miteinander *verbunden*.

o 27.9.1992: Fertigstellung des Rhein-Main-Donau-Kanals, einer *künstlichen* Wasserstraße, die eine schiffbare *Verbindung* von der Nordsee zum Schwarzen Meer herstellt. Die andere Seite der Medaille liegt hier in der immensen Zerstörung natürlicher Umwelt im Zuge des Ausbaues; hierin manifestiert sich der archetypische Spannungsaspekt zwischen dem Naturzeichen KREBS und dem »künstlichen« Luftzeichen WAAGE (die beiden Energien befinden sich im Tierkreis im Quadrat zueinander).

Thema: Luftelement (Überwindung der Schwerkraft)

o 17.10.1956: Das erste Gas-Graphit-Kernkraftwerk der Welt geht in Großbritannien ans Netz; die Kühlung erfolgt mit Gas (Luftelement), statt wie bisher üblich mit Wasser. Ein weiterer WAAGE-Aspekt: Es ist das erste für die *zivile* Elektrizitätsgewinnung genutzte Kernkraftwerk, das ans Netz geht. Alle bisherigen Kernkraftwerke dienten militärischen Zwecken.

o Im WAAGE-Monat stehen häufig auch Ereignisse, die mit der *Luftfahrt* in Verbindung stehen, in den Schlagzeilen; beispielsweise der erste Flug um die Erde, der am 6.5.1924 (WIDDER) in Seattle (USA) begonnen und am 28.9.1924 (WAAGE) beendet wird. Die Umrundung der Erde stellt zunächst eine symbolische *Verbindung* der Erdteile dar, die im Zeitalter der Flugreisen zur Realität wird.

o Ebenfalls im WAAGE-Monat finden der erste erfolgreiche Transatlantik-flug des Luftschiffes »Graf Zeppelin« (Start am 11.10.1928) sowie der Jungfernflug der »Tante Ju« – dem am weitesten verbreiteten deutschen Verkehrsflugzeug (13.10.1930 in Berlin) – statt. Auf der negativen Seite wären der 25.9.1990 zu nennen, als der UNO-Sicherheitsrat eine Luftblockade gegen den Irak wegen dessen Kuweit-Besetzung beschließt, oder das bislang schwerste Flugzeugunglück in den Niederlanden am 4.10.1992.

o 1.10.1921: In Berlin wird das erste deutsche Müllkraftwerk in Betrieb genommen. WAAGE-Entsprechung: Damit wird das Problem der Müllentsorgung lediglich »unter den Teppich gekehrt«; wegen der Giftstoffe, die diese Kraftwerke durch die Müllverbrennung in die *Luft* blasen, sind sie umstritten.

Thema: Erotik und Frausein

o 4.10.1893: Helene Lange von der bürgerlichen Frauenbewegung in Deutschland bringt erstmals die Monatszeitschrift »*Die Frau*« heraus.

o 7.10.1925: Premiere der »Revue Negre« im Pariser Musiktheater an den Champs-Élysées. Attraktion ist die »schwarze Perle« Josephine Baker, eine Tänzerin aus den USA. Sie avanciert mit ihrer Show, die von feminiiner Erotik knistert – barbusig und nur mit einem Rock aus Bananen bekleidet – zum Weltstar.

Einige Anregungen zur Eigenbeobachtung im WAAGE-Monat

Zunächst ein Fragenkatalog, der helfen soll, das eigene *aktuelle* WAAGE-Rätsel zu erfassen. Die Fragen können natürlich zu jeder Zeit gestellt werden; energetisch ist jedoch der WAAGE-Monat die günstigste Zeit dafür.

Harmonie und Ausgleich

Bin ich mit meinem Leben in Harmonie? Besteht eine harmonische Verbindung zwischen meinem Innen- und meinem Außenleben? Gelingen mir harmonische Beziehungen? Was ist der Preis, den ich für Harmonie bezahle? Lebe ich Scheinharmonien? Kehre ich vielleicht Probleme unter den Teppich? Wenn ja, warum habe ich das nötig, wovor habe ich Angst? Welche Lebensbereiche sollte ich versuchen harmonischer zu gestalten?

Bin ich ein ausgeglichener Mensch? Wo sollte/möchte ich einen Ausgleich herstellen? In welchem Lebensbereich gilt es jetzt insbesondere abzuwägen und ein Zuviel oder ein Zuwenig auszugleichen, bevor Entscheidungen getroffen werden? Erkenne ich den kompensatorischen (ausgleichenden) Aspekt meiner Träume und Alltagssituationen? Bin ich mir darüber bewußt, daß das Leben Einseitigkeiten nicht zuläßt und immer bestrebt ist, einen Ausgleich zu schaffen, wenn ich mich im Übermaß mit einer Seite der Medaille identifiziere? Welche Situationen dienen als Übergang und haben »Brücken-« beziehungsweise »Sprungbrettfunktion«?

Beziehungen und Partnerschaft

Mit wem oder was möchte/sollte ich in Beziehung treten? Handelt es sich um einen Menschen, einen Gegenstand, eine Situation oder eine innere Wesensseite, wozu ich eine Beziehung herstellen sollte? Wie ist der Zustand meiner Beziehungen oder Partnerschaft? Worauf lege ich besonderen Wert in meiner Partnerschaft? Fällt es mir schwer oder leicht, mit meiner Umwelt in Beziehung zu treten? Wie gehe ich dabei vor, wenn ich Beziehungen knüpfen will? Was hindert mich daran, Beziehungen einzugehen? Habe ich Erwartungen an meinen Partner, die unsere Beziehung blockieren? Habe ich meinen Seelenpartner schon gefunden?

Frieden

Womit oder mit wem sollte ich derzeit insbesondere Frieden schließen? Gibt es etwas, das mir meinen inneren Frieden raubt? Wenn ja: Was kann ich tun, um meinen Frieden wiederzufinden? Bin ich bereit, mich aktiv für Frieden einzusetzen – auch in mir selbst? Was bedeutet Frieden für mich? Bin ich ein friedlicher beziehungsweise friedliebender Mensch? Wenn ja: aus Angst vor Aggression und Konfrontation oder aus einer inneren Stärke heraus? Wie sieht es mit meinem inneren Frieden aus? Welche seelischen Wesensseiten sollten miteinander Frieden schließen? Bin ich kompromißfähig? In welchem Bereich ist gerade ein Kompromiß angebracht oder sogar gefordert? Neige ich zu »faulen« Kompromissen, die niemandem dienen?

Schönheit und Oberflächlichkeit

Was bedeutet mir Schönheit? Was empfinde ich als schön? Kann ich die Schönheit der Welt erkennen und mich daran freuen? Was sollte ich verschönern, wo sollte ich mehr Schönheit in mein Dasein bringen? Bin ich auf äußere Schönheit fixiert? Oder erkenne ich, daß die äußere Schönheit die Oberfläche der Welt ist und nicht mit deren Inhalt verwechselt werden darf? Kann ich mich bei Bedarf an der »Oberfläche der Welt« bewegen, das heißt, wenn nötig auch oberflächliche Begegnungen mit meinen Mitmenschen haben? Oder neige ich grundsätzlich zu Oberflächlichkeit und vergesse den inneren Gehalt? Wo wird Unverbindlichkeit zu Verantwortungslosigkeit oder mangelndem Engagement?

Kunst

Welcher Kunst fühle ich mich verbunden? Habe ich Ambitionen, mich künstlerisch auszudrücken und zu betätigen? Wenn ja: Was hindert mich daran? Was bedeutet Kunst für mich überhaupt? Wie steht es mit meiner »Lebenskunst«? In welchen Bereichen reagiere ich »künstlich« beziehungsweise führe ich ein »künstliches« Leben?

Liebe und Sympathie

Was bedeutet mir »Liebe«? Wem (oder was) gegenüber empfinde ich Liebe? Gelingt es mir (hin und wieder), absichtslos zu lieben? Kann ich Liebe unabhängig davon, wie sich das Liebesobjekt mir gegenüber verhält, empfinden? Spüre ich Liebe in mir auch unabhängig von Liebesobjekten? Ist mir der Unterschied zwischen »personaler« und »himmlischer« Liebe bewußt? Hat mich die himmlische Liebe schon einmal überkommen? Ist mein Dasein ein liebendes Leben? Was hält mich davon ab, mich selbst und die Welt zu lieben? Wo schnüre ich die Liebe in ein Zwangskorsett aus Ängsten, Vorstellungen und Egoismen? Wie steht es mit der Entwicklung meiner Menschlichkeit?

Die nachfolgenden Beispiele von alltäglichen Ereignissen im WAAGE-Monat sollen Sie dazu anregen, eigene Beobachtungen anzustellen. Es geht dabei keineswegs um besonders spektakuläre Angelegenheiten, denn gerade in den kleinen, unscheinbaren Alltagserlebnissen kommen unsere Lebensrätsel zum Tragen. So kann der Alltag zu einer »astroenergetischen Demonstration« avancieren, wenn wir nur aufmerksam genug beobachten, was da *eigentlich* (energetisch) vor sich geht.

Vor allem die individuelle Position des WAAGE-Planeten VENUS und die Häuserstellung des WAAGE-Zeichens im Geburtshoroskop geben darüber Aufschluß, auf welche Art und Weise und in welchem Bereich wir unsere persönlichen WAAGE-Erfahrungen machen werden. Entsprechend unserem Sternzeichen werden wir auf die WAAGEhaften Ereignisse reagieren.

o Ein Klient erlebte die WAAGE-Energie vor allem in einem Hinundherschwanken zwischen einem altem und einem neuen Zustand, zwischen Ängsten und Zuversicht. Medium dafür bot in erster Linie die berufliche Ebene (STEINBOCK-VENUS im zehnten Haus).

o Für einen Feuerelement-betonten Seminarteilnehmer ging es vor allem darum, einen besseren Bezug zu den Mitmenschen zu gewinnen, ihnen mehr Liebe entgegenzubringen und die »Waage« zwischen Nähe und Distanz zu finden.

o Eine STIER-Geborene berichtete davon, daß sie mit den Luftmonaten immer ihre Probleme hat. Sie benötigt dann alle ihre Kraft, um ihr inneres Gleichgewicht zu halten. Sie hat Liebeskummer, weil ein Freund, zu dem sie eine lockere Beziehung hat, wieder mit seiner Exfreundin zusammen ist. So leicht scheint sie diese Beziehung wohl doch nicht genommen haben; der WAAGE-Monat hält ihr hier einen Spiegel vor Augen. Das fixe Erdzeichen STIER tut sich mit der lockeren, unverbindlichen Luftenergie zunächst eher schwer, solange Anhaftungen bestehen.

o Eine KREBS-Geborene erlebte das Beziehungsthema vor allem über die Nachbarschaft (WAAGE im dritten und vierten Haus). Sie hat neue Nachbarn bekommen und schrieb dazu: »Die letzten zwei Jahre sind die Leute über uns kaum zu Hause gewesen. Die neuen Mieter verlassen oft in aller Frühe polternd das Haus und haben viel Besuch. Es ist ein ständiges Kommen und Gehen. Gleichzeitig sind auch unterhalb von unserer Wohnung neue Mieter eingezogen. Zwischen den beiden Parteien besteht ein richtiger Gegensatz. Mein WAAGE-Thema: ein Gleichgewicht finden. Im WAAGE-Monat empfand ich dieses neue Leben und Treiben im Haus ganz angenehm. Vor allem weil ich unablässig spürte, daß ich nicht allein bin. Im SKORPION-Monat änderte sich das schlagartig, und ich fühlte mich von den ständigen Geräuschen überflutet. Ich konnte mich kaum abgrenzen – nur wenn ich das Haus verließ.«

o Eine Seminarteilnehmerin mit WASSERMANN-VENUS wurde im WAAGE-Monat von einem Ausländer umworben (Ausland = WASSERMANN-Bereich, daher ziehen Menschen mit dieser VENUS-Position häufig Ausländer als Partner vor).

o Eine andere Frau bekam eine neue Arbeitskollegin. Sie erlebte diese als sehr WAAGE-betont: als ausgeglichenen Typ, ständig lächelnd, sympathisch und zufrieden mit dem Job. Die Seminarteilnehmerin hatte durch ihren STEINBOCK-Aszendenten zunächst Schwierigkeiten, die leichte Seite des Lebens anzunehmen beziehungsweise das Leben leichtzunehmen. Entsprechend fand sie diese neue Kollegin zunächst »furchtbar«; denn schließlich fungierte diese als Spiegel für die WAAGE-Probleme unserer Teilnehmerin (WAAGE und STEINBOCK befinden sich im Spannungsaspekt des Quadrats zueinander – hier muß ein Ausgleich gefunden werden).

o Anders eine WASSERMANN-Geborene, die im WAAGE-Monat einen bislang als schwierig eingestuften Kollegen als wesentlich zugänglicher erlebte. Ihre WASSERMANN-SONNE fühlt sich im WAAGE-Monat wohl, schließlich sind die beiden Luftzeichen miteinander »verwandt«.

o Eine Klientin leistete es sich im WAAGE-Monat erstmals, eine Schönheitsfarm zu einem »Verwöhnwochenende« zu besuchen. Ein anderer Teilnehmer begann ein Malseminar, um seine künstlerische Ader zu fördern.

o Eine FISCHE-Geborene erkannte ein Ungleichgewicht in ihrer Arbeit. Sie hatte den Eindruck, trotz großer Leistungen zuwenig Anerkennung zu bekommen. Die Waagschalen schienen ihr hier nicht ausgeglichen. Eine Erkenntnis hätte darin bestehen können, den Job lockerer zu nehmen, die »Leistungs-Waagschale« geringer zu gewichten, um ein Gleichgewicht herzustellen.

o Eine LÖWE-Geborene suchte im WAAGE-Monat Hilfe bei einer Eheberatung. Die Unverbindlichkeit der WAAGE zeigte sich hier allerdings darin, daß das Paar sich nach einigen Monaten doch trennte.

o Nach einer Zeit der »Erdschwere« im JUNGFRAU-Monat (Erdzeichen!) wegen unseres Umzuges fühlte sich das Leben im WAAGE-Monat wieder leichter an. Die Knochenarbeit war weitgehend erledigt, und jetzt waren Verschönerungen und Dekoration (WAAGE) an der Reihe. Weiterhin ergaben sich durch die Neuerscheinung der ersten beiden Tierkreisbände im WAAGE-Monat 1994 neue Beziehungen. Das Erscheinen dieser Bücher im WAAGE-Monat sagt mir, daß ein wesentlicher Aspekt der Arbeit an der Tierkreisreihe das Herstellen von Beziehungen zu diesen verschiedenen Seiten des Lebens beziehungsweise Energien ist.

Diese Beispiele sollen und können natürlich nicht »beweisen«, daß die energetische Astrologie »funktioniert«. Ihr subjektiver Charakter macht zudem deutlich, daß jeder nur für sich selbst herausfinden kann, wie es sich damit verhält. Ich möchte jeden dazu ermutigen und einladen, in dem Erlebnisfeld mitzuforschen, das bislang noch am wenigsten bekannt ist: die menschliche Psyche. Durch das Führen eines astroenergetischen Tagebuches oder Traumtagebuches schreibt jeder sein individuelles Astrologiebuch selbst.

5
Die kreative Umsetzung des WAAGE-Rätsels

Die nachfolgenden Übungen zu WAAGE-Themen können bei Bedarf eingesetzt werden; vor allem der WAAGE-Monat eignet sich dafür, weil in dieser Zeit die WAAGE-Energie im Mittelpunkt steht. Wichtig bei der kreativen Umsetzung ist die Freude am Tun; Leistungsdruck und Perfektionismus sollten wir vermeiden. Die kreative Auseinandersetzung mit den Tierkreisarchetypen ist schöpferische Selbsterfahrung, und die Resultate haben ganz persönlich mit uns selbst zu tun. Wir brauchen damit niemandem zu imponieren.

Annäherung durch Imagination und Meditation

Das Setting für Imaginationen und Meditationen: die innere Bereitschaft, normale psychische Stabilität und Belastbarkeit, ein geeigneter Ort (in der Wohnung oder draußen in der Natur), an dem man für die Dauer der Übung ungestört ist (Telefon und Klingel sollte man abstellen). Je nach Vorliebe können Sie liegend oder sitzend imaginieren; es kommt darauf an, die Bewußtseinsschwelle zu senken, damit die inneren Bilder ins Bewußtsein dringen können, ohne daß Sie dabei jedoch einschlafen. Und beim Meditieren richten wir unsere Aufmerksamkeit immer wieder auf das gewählte Konzentrationsobjekt.

Energetisch günstige Zeiten für die WAAGE-Motive ist vor allem der WAAGE-Monat und die Zeit, in der der transitierende MOND in Konjunktion oder Opposition zu unserer VENUS (im Geburtshoroskop) steht, was jeweils einmal im Monat der Fall ist. Und der Zeichenwechsel der SONNE von der JUNGFRAU in die WAAGE (siehe Astrokalender) ist ebenfalls ein geeigneter Moment, um sich auf die WAAGE-Energie einzustimmen.

Es ist darauf zu achten, die Übungen in entspannter Atmosphäre durchzuführen und nicht zu übertreiben (Grundsatz: Nicht mehr, als mir guttut!). Von Geräuschen und Gedanken halten wir Abstand, und wir lassen den Gegenstand der Meditiation oder Imagination ganz unbefangen auf uns wirken. Zunächst spüren wir nur hin, lassen uns auf die Bilder, Gefühle und Körperempfindungen ein, ohne sie gleich zu interpretieren. Eine Analyse können wir danach durchführen, wenn wir das wollen. Durch die Konzentration auf die WAAGE-Energie in der meditativen Schau nehmen wir Kontakt zu dieser Wesensseite (unserer inneren VENUS) auf. Die gemachten Erfahrungen können wir anschließend als Selbsterfahrung werten.

Brückenimagination

Die Brücke ist als Imaginationsobjekt hervorragend geeignet, um Erkenntnisse im individuellen WAAGE-Bereich (Verbindung und Übergang) zu vermitteln. Im folgenden einige Erlebnisse von Seminarteilnehmern zu einer Imagination mit der Vorgabe »Brückenüberquerung«:

o »Ich gehe über die Brücke. Auf der anderen Seite sehe ich Urwald und Eingeborene. Erst habe ich Angst, doch ich überwinde sie und gehe auf die Eingeborenen zu. Diese reagieren zunächst abwehrend. Um sie für mich zu gewinnen, schenke ich ihnen verschiedene Batikschals. Sie schlingen sich die Schals um den Kopf; jetzt akzeptieren sie mich. Ich lebe bei ihnen, habe das Gefühl, im Paradies zu sein.«

o »Ich stehe vor der Brücke, es ist felsig, der Himmel ist grau, und es regnet. Die Brücke ist lang. Am anderen Ende scheint die Sonne. Als ich die Brücke überquere, bessert sich das Wetter mit jedem Schritt. Auf der anderen Seite sehe ich Bäume und Vögel. Als ich drüben ankomme, fühle ich mich sehr wohl.«

o »Die Brücke ist schwarzweiß. Ich hatte zunächst Befürchtungen, mich auf diese Imagination einzulassen. Doch auf der anderen Seite erwarten mich totale Ruhe und Frieden. Das beruhigt mich.«

o »Ich bin sofort am anderen Ufer. Ein sonniges, wunderschönes Grün empfängt mich dort.«

o »Ich werfe, auf der Brücke stehend, Sachen ins Wasser. Es sind Geschenke, die ich vor kurzem erhielt und die mich belasten. Danach fühle ich mich erleichtert.«

o »Ich bin auf einer wackeligen, löchrigen Hängebrücke, halte mich krampfhaft fest, laufe schließlich mit zitternden Beinen weiter, komme bis zur Mitte, sehe von dort aus am anderen Ufer Urwald und ein Äffchen.«

o »Ich befinde mich auf einer Bogenbrücke, zögere zunächst, merke dann aber, daß es gar nicht so schlimm ist, drüberzulaufen. Es dauert lange, bis ich auf der anderen Seite ankomme. Drüben ist Nadelwald. Ich bin ratlos, denn es gibt hier keine Wege nach rechts oder links am Waldrand entlang, sondern nur einen Weg mitten in den Wald. Ich habe Angst, in den Wald hineinzugehen.«

o »Ich gehe über zwanzig oder dreißig verschiedene Brücken, probiere alle aus.«

o »Ich hüpfe über die Brücke. Der Wind läßt das Wasser hochschwappen. Auf der Brücke bilden sich Pfützen, darin spiegeln sich Regenbogenfarben und Wolken. Das gefällt mir, hier bleibe ich. Das andere Ufer interessiert mich nicht.«

o »Ich gehe sehr vorsichtig über die Brücke, bleibe in der Mitte stehen. Mein Blick ist auf einen hohen Punkt in der Ferne (am anderen Ufer) fixiert; ich meine, den Eiffelturm darin zu erkennen. Diese Fixierung hindert mich daran, weiterzugehen und auf die andere Seite zu gelangen.«

o »Die Brücke ist in der Mitte abgebrochen. Ich stehe an der Bruchstelle und gucke den wirbelnden Wassern zu.«

o »Meine Brücke ist sehr steil, es geht immer höher hinauf. Es fühlt sich an wie beim Bergsteigen. Ich komme erst nicht hoch, dann gelingt es doch. Auf der anderen Seite sehe ich die Sonne und eine Wüstenlandschaft.«

Das sind einige (verkürzt wiedergegebene) Imaginationen zum Brückensymbol. Sie stammen aus einer einzigen Seminargruppe, sind also nicht aus verschiedenen Kursen zusammengetragen. Um so stärker fällt es auf, daß überdurchschnittlich viele Phantasien zum anderen Ufer sich in Naturbildern ausdrücken. Das zeigt, daß die (innere) Brücke in erster Linie eine Verbindung vom Bewußtsein zur inneren Naturseite der Seele darstellt. Wem der Übergang gelingt, der assoziiert in der Regel positive Gefühle damit; ein Zustand der Entspannung wird erreicht. Der Übergang über die Brücke ist häufig mit einem Wechsel des Schwerpunktes von der Kopf- zur Gefühlsebene hin verbunden. Wem der Übergang (noch) nicht gelingt, der mag sich fragen, wo hier Blockaden sind. Häufig sind damit auch Entspannungs- oder Schlafprobleme angezeigt. Wir können in solch einem Fall den Brückenübergang immer wieder einmal aufs neue versuchen; erzwingen läßt sich dieser jedoch nicht. Wir sollten Geduld mit uns haben und Ängste nicht wegschieben, sonst klappt es nämlich erst recht nicht. Statt dessen versuchen wir bei Schwierigkeiten mit dem Überqueren der Brücke, Hilfsmittel zu imaginieren. Oder wir stellen uns vor, daß befreundete Mitmenschen uns begleiten. Imaginierte Brückenübergänge sind von therapeutischer Wirkung; sie sind ein Bild für die Verbindung unserer inneren Polarität.

Darüber hinaus zeigen sie aber auch unseren Zugang zum »anderen Ufer« im Außen, zum Mitmenschen und Partner an. Ist die imaginierte Brücke abgebrochen, wie in einem der Beispiele, dann sollten wir uns fragen, ob die Beziehung zu unserer Innenwelt oder zu einem bestimmten Menschen abgebrochen ist. Ist die Brücke alt, baufällig oder zerstört, kann es hilfreich sein, in einer Imaginationsserie die Brücke zu renovieren oder neu aufzubauen. Da es sich hier um wesentliche seelische Prozesse handelt, läßt sich das natürlich nicht auf die Schnelle erledigen. Wir sollten uns Zeit dafür nehmen und nach jeder Sitzung unsere Erlebnisse und Gefühle notieren. Auch das Malen der geschauten Brücke und des fortschreitenden Brückenbaus unterstützt die seelischen Heilungsprozesse.

Neben der Brücke bieten sich als WAAGE-Symbole auch *Leiter* und *Treppe* für Imaginationen zum Thema *Verbindung* an.

Beziehungsimagination

Diese Imagination ist vor allem dann hilfreich, wenn wir uns im Partnerbereich in einer Phase der Verwirrung oder Neuorientierung befinden. Stehen wir in einer Partnerbeziehung, dann können uns diese spontan geschauten Bilder – neben unseren Träumen – Auskunft über deren Zustand geben.

Nach einer angemessenen Entspannungsphase lenken wir unsere Aufmerksamkeit auf die Beziehung, in die wir imaginativ eintauchen wollen. Wem das hilft, der kann auch mit der »Einstellung« auf eine bestimmte Begebenheit beginnen, etwa ein gemeinsames Erlebnis mit dem Partner, ein Gespräch, ein Streit und so weiter. Dann läßt man der Phantasie freien Lauf und betrachtet die Bilder, die spontan dazu aufsteigen. Diese tauchen nicht unbedingt in einer logischen Reihenfolge auf, sondern haben mehr assoziativen Charakter, sind also *symbolisch* zu verstehen. Deutungen sollten aber erst nach Beendigung der Imagination gemacht werden, um den Bilderfluß während des Imaginierens nicht zu blockieren. Die innerlich geschauten Bilder beziehen wir auf unser Partnerthema. Wenn sich beispielsweise spontan ein Wandlungssymbol einstellt (siehe SKORPION-Band), dann wird das die Notwendigkeit oder das Ereignis einer Veränderung ankündigen. Ob das für uns angenehm ist oder nicht, wird dann in großem Maße von unserer Einstellung und Bereitschaft zum Wandel abhängen.

Wenn unser Partner spontan in einer anderen Imagination auftaucht – ohne daß wir das Partnerthema im Auge hatten –, sagt dies in der Regel auch etwas über unsere Beziehung aus. Wichtig für die Deutung sind die Gefühle, die mit den inneren Bildern einhergehen. Gefühle sagen mehr als viele Worte.

Liebesimagination

Wer die Liebesenergie der WAAGE/VENUS »auftanken« möchte, kann das imaginativ durch eine Begegnung mit der *Liebesgöttin* versuchen. Da sich die VENUS nicht einfach herzitieren läßt, sollten wir hierbei viel Wert auf die Einstimmung legen. Wir können uns ein passendes Ambiente imaginieren, etwa einen schönen Garten oder einen Raum aus »*Tausendundeiner Nacht*«. Es sollen aber keine festen Vorgaben gemacht werden, denn die VENUS wird sich ganz individuell zeigen. Die innere Bereitschaft und die Freude an dieser Begegnung sind das Entscheidende. In der Regel werden wir die Liebesgöttin als schöne, anmutige Frau sehen, vielleicht erscheint aber auch ein Liebesgott; wir können uns dann später Gedanken darüber machen. Jetzt geht es zunächst darum, uns der überirdischen Liebe und Erotik, der Anmut und Schönheit der Erscheinung hinzugeben. Wir lassen uns ganz davon einhüllen, nehmen diese Energie in uns auf, werden selbst anmutig und schön, spüren die Göttin in uns. Gelingt uns die Imagination, dann können wir dieses Gefühl auch »zurückholen«, wenn wir gerade nicht imaginieren. Haben wir erst einmal Kontakt zu unserer inneren VENUS hergestellt, wird es uns auch im Alltag leichter fallen, ihre harmonisierende Kraft zu spüren.

Imagination zum Luftelement

Wenn es uns an Leichtigkeit fehlt, wenn es nötig ist, einmal die Vogelperspektive einzunehmen oder ein beschwingtes Lebensgefühl zu fördern, kann eine solche Imagination hilfreich sein. Zunächst geht es darum, die Schwerkraft zu überwinden und abzuheben, in die Lüfte zu steigen. Die Vorgehensweise ist dabei sehr individuell, wie die Erfahrung in Seminaren gezeigt hat. Es sollen hier also keine Vorgaben gemacht werden. Menschen mit Betonung des Erdelementes tun sich bekanntlich am schwersten damit.

Wenn Sie auch dazu gehören, dann sollten Sie Geduld aufbringen und schrittweise vorgehen. Imaginieren Sie Hilfsmittel oder »Sicherheiten«, etwa einen Fallschirm. Sie werden sehen, daß es dann leichter geht. Sind Sie erst einmal oben, genießen Sie den freien Flug, das schwerelose Gleiten über dem Erdboden. Betrachten Sie die Welt von oben, schauen Sie sich genau an, wo Sie sind. Registrieren Sie gut, was Sie sehen, doch fangen Sie noch nicht mit dem Deuten an. Lassen Sie sich zunächst einfach treiben vom Wind, von der Phantasie, von den inneren Bildern. Die Landung sollte anschließend nicht vergessen werden.

Bei allen Imaginationen, die wir im WAAGE-Monat durchführen, werden die spontan geschauten inneren Bilder auf irgendeine Weise unser aktuelles persönliches WAAGE-Thema ins Spiel bringen. Die Vorgehensweise bei der Deutung entspricht dabei der astroenergetischen Traumdeutung (siehe dazu auch den Einführungsband). Imaginationen spiegeln häufig den aktuellen Seelenzustand wider und zeigen bildhaft auf, wie die Seele unsere Lebenslage empfindet.

Das nachfolgende Beispiel einer Imagination im WAAGE-Monat stammt von einer WIDDER-geborenen Klientin. Sie imaginierte über diesen Traum, den sie im vorangegangenen JUNGFRAU-Monat träumte: »Ich fahre mit meinem Mann in dessen Auto; er sitzt am Steuer. Wir kreuzen eine Autobahn, die über der Straße, auf der wir fahren, führt. Plötzlich höre ich ein furchtbares Krachen, und ich vermute, daß es auf der Autobahn mehrere Unfälle gegeben hat. Von meiner Position aus – unterhalb der Autobahn – kann ich allerdings nichts sehen, nur hören. Dann kommen Leichenteile durch die Gegend geflogen. Mich ekelt, ich finde das äußerst unappetitlich. Besonders fällt mir eine am Ellbogen abgetrennte Hand auf, die in der Wiese gelandet ist.«

Dieser massive Traum gab Anlaß zu einer geführten Imagination während einer Beratungsstunde. Nachdem sich die Klientin ausreichend entspannt hatte, führte ich sie noch einmal in diesen Traum hinein. Sie imaginierte dazu folgende spontanen Bilder:

»Ich laufe mit meinem Mann (er voraus, ich hinterher) auf die Wiese, wo die Leichenteile verstreut herumliegen. Ich erblicke die abgetrennte Hand, würde am liebsten wegsehen. Dann fasse ich doch Mut und schaue mir die Hand genauer an. Es ist eine linke Hand, deren Handfläche nach oben zeigt. Bei näherem Hinsehen erkenne ich einen Ring am Ringfinger. Um den Ring genauer zu sehen, müßte ich die Hand umdrehen. Der Gedanke ekelt mich. Mein Mann steht nur herum und tut nichts, überläßt alles mir, wie er das früher auch real praktiziert hat. Es macht mich wütend. Ich drehe die Hand selbst um. Sie ist noch warm. Jetzt erkenne ich den Ring meines Vaters. Die Männerhand ist jetzt deutlich erkennbar. Ich weiß nicht, was ich mit der Hand machen soll. Am liebsten liegen lassen. Aber ich habe kein gutes Gefühl dabei. Dann laufe ich zum Auto und hole ein Papier, Pergamentpapier. Darin wickle ich die Hand ein, dann gehe ich damit hoch zur Autobahn. Eine Treppe führt die Böschung hoch. Oben erkenne ich, daß der Unfall so schlimm gar nicht gewesen ist. Weniger Autos sind darin verwickelt, als ich vermutete. Und die Betroffenen scheinen auch nur leicht verletzt. Niemand in Sicht, dem die Hand gehören könnte. Ich gebe sie den Sanitätern, die auch hier sind. Sie versprechen mir, der Sache nachzugehen. Ich laufe zum Auto zurück. Mein Mann ist weg, und ich bin erstaunt, als ich jetzt mein eigenes Auto hier stehen sehe. Ich fühle mich wesentlich erleichtert und besser als vor der Imagination, steige in mein Auto und fahre weg.«

Es verwundert nicht, daß in dieser Imagination im WAAGE-Monat das WAAGE-Thema Beziehung und Partnerschaft im Vordergrund steht. Die Klientin lebt seit einiger Zeit getrennt von ihrem Gatten und ist hin- und hergerissen zwischen Gefühlen der Erleichterung einerseits sowie Angst- und Schuldgefühlen andererseits. Die abgetrennte Hand ist ein Symbol für das Trennungsthema. Der väterliche Ring, den sie an der Hand entdeckt, ist ein WAAGE-Symbol und verweist auf ihre Vaterbeziehung. Diese hat sie in schlechter Erinnerung, sie meinte, daß der Vater sie ständig blockierte, bremste und frustrierte, wenn sie etwas »in die Hand nahm« (aktive Handlungsfähigkeit ist für WIDDER-Geborene ein besonders heikles Thema). Sie integrierte diese väterliche Blockade, die sie handlungsunfähig machte, und fand eine Fortsetzung davon in ihrer Ehe: Ihr Mann hatte sie »in der Hand«; der Traum zeigt das dadurch, daß er am Steuer des Wagens sitzt.

Daß die Hand jetzt abgetrennt ist, spricht – weil es sich um die blockierende Hand des Vaters handelt – für einen Zugewinn an Selbständigkeit. Deshalb findet sie am Ende der Imagination auch ihr eigenes Auto vor, und der Gatte ist verschwunden. Durch ihren Mut, die Ekelgefühle zu überwinden und die abgetrennte Hand anzuschauen, zu berühren, hat sich diese positive Entwicklung ergeben: Sie hat selbst Hand angelegt an der Bewältigung ihrer Probleme. Die Wandlung ihrer Gefühle während der Imagination – von Abscheu zur Erleichterung – unterstreicht das. Die Übergabe der Hand an die Sanitäter ist eine symbolische Handlung, die den Beginn des (seelischen) Heilungsprozesses anzeigt. Daß die Unfälle gar nicht so schlimm waren, wie sie sich das ausgemalt hatte, weist ebenfalls darauf hin, daß sie mit der Trennung und den damit verbundenen Problemen besser fertig werden wird, als sie zunächst dachte, und daß sich die erlittenen Verletzungen in Grenzen halten.

Ihre aktuelle Lebenssituation zeigte ein stimmiges Bild dieser Entwicklung. Die Auflösung des gemeinsamen Hausstandes mußte sie allein bewältigen, da der Vater gerade jetzt krank war. Es war kein Kinderspiel für sie, die permanenten Ängste, ob sie alles schaffen und richtig machen würde, zu überwinden. Doch gerade die Auseinandersetzung mit unseren Ängsten und daß wir uns nicht von ihnen überwältigen lassen, sie aushalten, trägt zur Ich-Stärkung bei. Schließlich meisterte sie diese Herausforderung und stellte ihre Handlungsfähigkeit unter Beweis.

Weitere Objekte für Imaginationen oder Meditationen zum WAAGE-Thema:

o musikalische Entsprechungen der WAAGE- beziehungsweise VENUS-Kraft (siehe zweites Kapitel);

o das Sigel der WAAGE und das der VENUS;

o eine bildhafte Darstellung des WAAGE-Symbols;

o der Planet VENUS (als Einstimmung VENUS-Mythos oder astronomische Berichte lesen);

o das astrologische Konstellationsbild unserer VENUS im Geburtshoroskop;

o ein Bild oder Foto, welches ein WAAGE-Thema abbildet, oder ein entsprechendes Traumbild;

o ein selbstgemaltes Bild über die WAAGE-Energie oder ein im WAAGE-Monat spontan gemaltes Bild;

o unsere Partnerschaft oder andere Beziehungen;

o eine WAAGE-Tugend (Liebes- und Beziehungsfähigkeit, Schönheit, Erotik und so weiter); es geht dabei nicht um eine intellektuelle Auseinandersetzung, sondern um ein Hinspüren, wir fühlen uns in das Thema ein und lassen es wirken.

Affirmationen

Folgende Affirmationen bieten sich als positive Bestärkungen bei Problemen (Defiziten!) im WAAGE-Bereich an. Stellt sich einer dieser hilfreichen »Zaubersprüche« als besonders wichtig für uns heraus, wiederholen wir diesen laut oder im Geiste so häufig, wie es uns guttut, und verbinden uns dadurch mit seiner segensreichen Wirkung. Nach einer gewissen Zeit der bewußten Intonation der Affirmation wird diese auf unbewußter Ebene ihre heilende Botschaft vertiefen.

o »Die Liebesgöttin erfüllt mich mit ihrer Liebe, Zärtlichkeit und Erotik.«
o »Die Liebe macht mich schön.«
o »Meine innere Waage ist im Gleichgewicht.«
o »Ich bin erfüllt von Harmonie und innerem Frieden.«
o »Ich bewege mich im Einklang mit den inneren Waagschalen.«
o »Ich bin getragen von einem lebendigen Gleichgewicht.«
o »Ich bin in Freiheit mit meinem Partner verbunden.«
o »Ich werde meinen Seelenpartner finden, wenn die Zeit dafür reif ist.«
o »Ich erfreue mich an der Schönheit der Welt.«
o »Ich liebe das Leben.«
o »Mein Leben ist gelebte Liebe.«
o »Mein Seelenvogel erhebt sich in leichtem und freiem Flug.«

Weitere Affirmationen lassen sich aus den Ausführungen dieses Buches bei Bedarf selbst ableiten. Wer bereits ein Übergewicht im WAAGE-Bereich hat, wird vermutlich Affirmationen aus anderen (unterentwickelten) Bereichen benötigen.

Rollenspiele, Spiele und Übungen

Den Anstoß für eine dramaturgische Umsetzung kann ein Traum geben, der ein Thema der WAAGE-Energie erkennen läßt. Wurde etwa in einem Traum ein *Partnerproblem* ersichtlich, läßt sich daraus eine kleine Szene entwikkeln. In einer Gruppe beziehen wir für die Ausgestaltung die spontanen Einfälle der Teilnehmer ein. Man sollte die Wirkung dieser Übungen auf die Psyche nicht unterschätzen. Jemand, der gerade auf diesen Bereich sensibilisiert ist, kann durch eine stimmige Übung ermutigt werden, in dieser Richtung weiterzuarbeiten.

Um in Beziehung zu den verschiedenen inneren Wesensseiten zu treten und Komplexe in den Griff zu bekommen, kann die *Dialogmethode* hilfreich sein. Auch bei Schüchternheit und bei Problemen, auf Mitmenschen (vor allem auf das andere Geschlecht) zuzugehen, und ganz allgemein bei Beziehungsproblemen kann es helfen, durch solche Dialoge weiterzukommen. Wir stellen zwei Stühle gegenüber, einen für unser Ich und einen für den imaginären Partner (das kann ein real existierender Mensch oder eine Phantasieperson sein, die für eine innere Wesensseite oder einen Phantasiepartner steht). Wir beginnen bei der Position, die sich spontan anbietet, und eröffnen den Dialog, den wir laut aussprechen (also nicht nur als Gedankenspiel betreiben). Wir lassen abwechselnd beide Seiten zu Wort kommen, versetzen uns also auch emotional in die Gegenseite und lassen diese genauso engagiert zu Wort kommen. Egal, was dabei herauskommt – in jedem Fall haben wir damit begonnen, eine *Beziehung* zwischen unserem Ego und dem jeweiligen Dialogpartner herzustellen. Anschließend kann der Dialog ausgewertet werden, entweder in der Gruppe, in der Therapiesitzung oder – wer sich das zutraut – allein. In letzterem Fall bietet es sich an, die Szene mit Kassettenrecorder aufzunehmen. Wem es gelingt, sich auf diese Übung einzulassen, der wird zum einen eine seelische Erleichterung verspüren und zum anderen wichtige Erkenntnisse aus den unbewußt-spontanen Äußerungen, aus Mimik und Gestik (bei Videoaufnahmen) ziehen können.

Spiele und Übungen im Zeichen der WAAGE sind vor allem *Paarspiele*, *Partnerübungen*, *Flirtspiele* und Übungen mit *erotisierender* Wirkung. Eigene »Liebesrituale« zu kreieren kann neuen Schwung in festgefahrene Partnerschaften bringen. Sich schönmachen für den Partner und seine Verführungskünste spielen lassen gehört hierher. Übungen zum Thema *Harmonie*: Ganz bewußt bei realen oder gespielten Auseinandersetzungen eine ausgleichende Position einnehmen. Oder versuchen, allein oder mit anderen die Gegenstände im Raum oder vorher ausgewählte Sachen auf dem Tisch in eine harmonische Anordnung zu bringen. Sind Mitspieler dabei, ist auch das WAAGE-Thema Teamwork von Bedeutung. Wir können uns fragen, ob wir kompromißfähig sind, ob wir dazu neigen, unsere Bedürfnisse durchzusetzen oder faule Kompromisse zu schließen. Der WAAGE entspricht es, wenn wir versuchen, gemeinsame Lösungen zu finden, die allen Beteiligten gerecht werden.

Wir können auch auf den Spielplatz gehen und uns mit dem Partner auf die *Wippe* setzen. Dort erleben wir körperlich das Auf und Ab der Pole, versuchen, ein Gleichgewicht herzustellen, indem wir unsere Position verändern, näher an den Partner heran- oder weiter wegrücken. Wir spüren hin, was in uns passiert, wenn wir im Ungleichgewicht sind, uns unser Gegenüber »in der Luft hängen läßt« und so weiter. Wir können natürlich noch viele andere kleine Übungen finden, in denen wir spielerisch das Gleichgewichtsthema erfahren.

Die Umsetzung in Geschichten oder Gedichte

Wir können in einer Geschichte, einer märchenhaften Handlung oder einem Gedicht unserer Phantasie freien Lauf lassen und schreibend Ideen und Wünsche ausleben. Da die Seele auf unsere Phantasieprodukte ähnlich reagiert wie auf die Wirklichkeit, haben wir mit dem Schreiben eine Möglichkeit, innere Prozesse zu begleiten und zu unterstützen. Vor allem unsere Träume bieten sich als Anregungen dafür an, eigene Geschichten zu verfassen; literarische Qualitäten sind dabei nicht notwendig; die Hauptsache ist unsere innere Beteiligung.

Der WAAGE entsprechen vor allem *Liebesbriefe, Liebesgedichte* oder Geschichten, die um Liebe und Partnerschaft kreisen. Wer seine Beziehung beleben möchte, kann eine Serie von Liebesbriefen schreiben, selbst wenn man mit dem Partner zusammenlebt. Es geht hier auch darum, seine Phantasien zunächst aufzuschreiben und auszuschmücken. Möglicherweise kann das ein vollwertiger Ersatz dafür sein, wenn sich bestimmte Wünsche mit dem Partner (zunächst) nicht realisieren lassen. Oder das Schreiben bildet einen Anstoß dazu und liefert uns neue Ideen, die wir dann in unseren Beziehungsalltag integrieren können.

Um seine Beziehung zu den eigenen verschiedenen Wesensseiten zu vertiefen, zu verbessern oder bewußtzumachen, ist eine schriftliche Traum-

oder Horoskopanalyse meist hilfreich. Was wir schwarz auf weiß vor uns haben, hat eine eindringlichere Wirkung als ein bloßes Gedankenspiel. Auf das Horoskop bezogen können wir phantasieren, daß bestimmte Planeten – in Gestalt von Göttern, Menschen oder sonstigen Symbolen – miteinander kommunzieren oder Beziehungen eingehen. Oder wir versuchen, die jeweils von den Planeten symbolisierten inneren Wesensseiten zu fassen, indem wir darüber reflektieren. Vor allem die Oppositionen im Horoskop bieten sich dafür an, schreibend eine Brücke zwischen beiden Seiten zu bauen. Nachfolgend ein Auszug aus einer schriftlichen Selbstdarstellung einer Seminarteilnehmerin, worin sie den Gegensatz zwischen ihrer WIDDER-SONNE und ihrem WAAGE-Aszendenten beschreibt:

»Ich habe die Opposition zwischen meiner SONNE und dem Aszendenten häufig so empfunden, als wäre ich zwei verschiedene Menschen. Das ›Gemeine‹ dabei ist, daß der eine Mensch innen sitzt und überhaupt nicht gesehen wird. So denkt ein jeder, der Innere wäre gar nicht vorhanden. Der andere sitzt quasi als Zwangsjacke darüber. Der innere Mensch (WIDDER-SONNE) ist ein roter Teufel, lustig, gierig, mutig und voller Energie, aufmüpfig und aufbrausend. Der äußere (WAAGE-Aszendent) ist ein weißes Schaf mit Engelsflügeln. Er will immerzu, daß alle Wesen sich lieben und achten, und ist bereit, alles dafür zu opfern. Er will selbst schön sein und alles um sich schön haben und machen. Weil der rote dem weißen Menschen innewohnt und der weiße zu repräsentieren hat, muß sich der weiße immer erst mit dem roten einig werden. Weil aber der rote immer Opposition spielt, ist es ein furchtbarer Kampf zwischen den beiden. Damit das Gepolter des Kampfes nicht zu sehen ist – weil der weiße nicht gestattet, daß man es öffentlich sieht! –, gehen die beiden in die Einsamkeit, um sich auseinanderzusetzen.

Als die beiden noch jung waren, spielten sie arglos miteinander. Später fing der Kampf an, der zu einem schlimmen Krieg ausuferte. Die beiden versuchten sich gegenseitig umzubringen; während des Krieges war der rot-weiße Mensch, der ich eigentlich bin, nicht zu sehen. Dieser malte schöne Bilder, aber mit schaurigen Themen. Als beide fast tot waren, sahen sie ein, daß etwas geschehen mußte, aber sie wußten nicht, was. Der weiße Mensch sperrte den roten ein, und dieser brannte das weiße Schaf von innen und tobte. Meistens herrschte das Schaf, während der Teufel ständig lästerte und es mit seiner ständigen Opposition verwirrte. Manchmal zerriß er auch die Schafshülle, zeigte seinen Zorn und vertrieb damit die Leute. Diese dachten dann, das Schaf wäre krank oder es wäre von einem bösen Geist besessen. Sie glaubten aber nie, daß der rote Mensch tatsächlich in dem Schaf lebt. Das Schaf wiederum bat nun den Teufel, sich doch möglichst nur heimlich zu zeigen, weil es um sein Ansehen fürchtete. Meist hielt sich der Teufel daran, aber nicht immer. Er tut, was er will. Das ist dem Schaf besonders peinlich, und es fürchtet seine Tücke.

Nachdem die beiden nur eine Behausung haben und zusammenleben müssen, versuchten sie sich allmählich zusammenzuraufen. Das ist äußerst schwierig. Das Schaf ist etwas arrogant, es meint, geistig dem Teufel überlegen zu sein, und strebt nach geistigen Idealen. Der Teufel meint dann, daß er wichtiger wäre, weil wir schließlich jetzt auf der Erde leben. Er stellt die irdischen Belange über die himmlischen. Mittlerweile habe ich das Gefühl, daß die beiden schon besser miteinander auskommen. Es wird aber wohl noch eine Weile dauern, bis sie vollends erkannt haben, daß sie Brüder sind, zwei Seiten einer Medaille, die sich gegenseitig brauchen und ergänzen.«

Sonstige Umsetzungen

Eindrucksvolle Erlebnisse der WAAGE-Energie können sein: Ein Spaziergang im WAAGE-Monat in der Natur. Mit allen Sinnen den Übergang zwischen Sommer und Winter erfahren. Bewußt wahrnehmen, wie sich Mutter Natur vor dem (scheinbaren) Absterben im nachfolgenden SKORPION-Monat in ihrer überirdischen Schönheit zeigt, etwa in bunt verfärbten Laubwäldern. Die himmlische Harmonie spüren, wenn die Herbstsonne mit ihren milden Strahlen die Welt verzaubert (der »goldene Oktober«). Beobachten, wie sich die Zugvögel sammeln, um ihre lange Reise in den Süden gemeinsam anzutreten. Den Planeten VENUS als Abend- oder Morgenstern am Himmel betrachten und auf sich wirken lassen. Ganz bewußt Brücken überqueren und hinspüren, was dabei innerlich vor sich geht.

Um ein Gefühl für den WAAGE-Aspekt Sextil zu bekommen (siehe dazu erstes Kapitel), bietet sich folgende kleine Übung an: Wir markieren einen Kreis und teilen diesen in sechs gleich große Abschnitte auf, so daß sich sechs Bereiche zu jeweils sechzig Kreisgraden ergeben (Sextil-Abstand). Je nachdem, wie viele Personen an der Übung teilnehmen (maximal sechs), stellen wir uns an diesen Sextilpunkten auf. Sind weniger als sechs Personen beteiligt, sollte jeder Teilnehmer zumindest einen direkten Sextil-Partner neben sich haben, um sich in diesen Winkel einfühlen zu können. Die Blickrichtung geht zur Kreismitte. Anschließend versuchen wir zu erspüren, wie sich die Beziehung zu unseren Sextil-Partnern anfühlt; das sind jene Mitspieler, die rechts und/oder links neben uns im Sechzig-Grad-Abstand stehen. Wir sollten uns dafür etwas Zeit nehmen, um die Wirkung dieser Verbindung auch nachempfinden zu können. Anschließend können wir die Eindrücke auswerten und miteinander besprechen.

Wir werden bei dieser Übung feststellen, daß wir den Sextil-Partner nicht direkt im Blickfeld haben (Blickrichtung zur Kreismitte!). Wir spüren jedoch seine Anwesenheit, nehmen diese von den Augenwinkeln aus wahr. Es besteht die Gefahr, diesen Aspekt zu übersehen. Wer diese Erfahrung macht, tut gut daran, sich seine Sextile im Geburtshoroskop gelegentlich bewußtzumachen und sich zu fragen, welche Gelegenheiten wir verpassen, einfach weil kein Druck zu dessen Realisierung zwingt. Bildlich ausgedrückt: Das Gold liegt am Straßenrand, und wenn wir nicht genau hinsehen, sondern nur immerzu geradeaus starren, werden wir es übersehen. Es drängt sich uns nicht auf.

Die WAAGE-Themen als Bilder

Wenn wir Gefühle, Träume oder Phantasien malen, verleihen wir ihnen Ausdruck und sie rücken näher an unser Bewußtsein. Bei spontan gemalten Bildern ist es eben nicht »zufällig«, wie wir die Striche setzen, welche Farben wir verwenden oder wie wir den Raum aufteilen. Alle diese Aspekte haben eine individuelle Bedeutung – das Unbewußte führt den Pinsel in weit größerem Maße mit, als wir das glauben oder wahrhaben wollen. Und wenn wir uns dieser Führung anvertrauen, statt ängstlich alle »verräterischen« Elemente ausschließen zu wollen, können wir sehr viel über uns erfahren. Die spontanen Kinderzeichnungen sind der »reinste« Ausdruck seelisch-unbewußter Regungen.

In bezug auf die WAAGE betrachten wir unter anderem *Aktstudien* und *Aktfotos*, bei denen der ästhetisch-erotische Aspekt überwiegt (keine Pornographie). Außerdem bietet sich an, Traum- und Phantasiebilder zu den WAAGE-Themen oder zu Träumen im WAAGE-Monat zu malen oder die VENUS-Stellung im Horoskop in einem Bild auszudrücken. Selbstgefertigte Bilder rühren wie die Traumbilder die Gefühlsebene an; die analytische Arbeit wird damit um die seelische Dimension erweitert. Die nachfolgende Zeichnung wurde von einer Seminarteilnehmerin aufgrund eines Traumes im WAAGE-Monat (dem »Runentraum« im folgenden Traumkapitel, Seite 186 ff.) angefertigt.

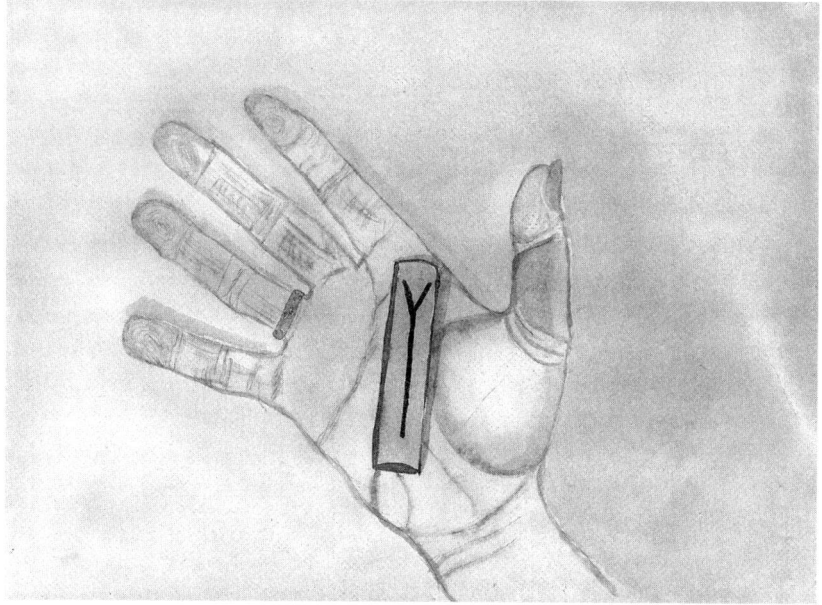

Spontan gemalte Bilder im WAAGE-Monat deuten wir vor dem Hintergrund der WAAGE-Entsprechungen. Beispielsweise können wir uns fragen, wie die einzelnen Bildelemente miteinander in Beziehung stehen, ob es überhaupt eine Beziehung zwischen den Einzelteilen gibt. Das kann dann als Selbsterfahrung für die eigene Beziehungsfähigkeit dienen. Wir sollten hier mit dem Analysieren allerdings nicht übertreiben. Vielmehr kommt es darauf an, die Bilder auf unsere Seele wirken zu lassen, uns in sie einzufühlen, sie in unserem Herzen zu bewegen.

Der astroenergetische Partnervergleich

Bei dieser Methode der Partnerschaftsastrologie vergleichen wir die Ge-
burtshoroskope der Betreffenden miteinander. Am besten fotokopiert man
die beiden Horoskope auf durchsichtige, möglichst verschiedenfarbige Fo-
lien und legt diese anschließend übereinander. Ich habe etwa mein Horoskop in Rot und das meiner Partnerin in Blau kopiert und gehe jetzt daran,
nachzuprüfen, wie sich die jeweiligen Konstellationen gegenseitig berühren:
In welche Häuser der Partnerin fallen meine Planeten (und umgekehrt)?
Welche Aspekte bilden unsere Planetenkräfte zueinander, und wie verhält es
sich mit der jeweiligen Elementenverteilung? Wir haben hier ein Instrument,
um die energetischen Wechselwirkungen zwischen den Partnern bewußter
zu erfassen, zu erkennen, wo wir uns fördern oder behindern und so weiter.

Beim Partnervergleich geht es zunächst einmal nicht um eine Unterteilung
in »gute« oder »schlechte« Verbindungen, sondern um eine Bewußt-
machung der gegenseitigen Beeinflussung. Spannungsaspekte sind dabei
ebenso wertvoll und notwendig wie die (beliebteren) Harmonieaspekte.
Alles in dieser Welt sendet Reize aus, wirkt energetisch auf die Umwelt ein.
Das ist ein autonomer Vorgang, und wir haben uns schon so daran gewöhnt,
daß wir ihn kaum noch wahrnehmen. Dabei laufen wir aber Gefahr, auch für
uns schädliche Einflüsse kritiklos und unbewußt hinzunehmen. Zweifellos
ist nicht jede Beziehung (zu Menschen, Dingen oder Situationen) förderlich
für unsere seelische und körperliche Gesundheit.

Für den Astrologie-Neuling empfiehlt sich zunächst der Blick auf die Elementenverteilung. Ich denke, es läßt sich gefühlsmäßig und assoziativ leicht
nachvollziehen, wie sich eine Partnerschaft gestalten kann, wenn der eine
Partner beispielsweise eine Erdelement-Betonung und der andere ein Übergewicht im Luftelement hat: Der Erdtyp wird den »Luftikus« in seinen Hö-
henflügen bremsen und ihm im günstigen Fall ein Realitätsgefühl vermitteln,
während der Luftmensch dafür geschaffen ist, die spielerisch-leichte Seite im
Partner hervorzulocken. (Die Elemente sind in den jeweiligen Tierkreisbän-
den ausführlich beschrieben.)

Nicht selten wählt man unbewußt einen Partner, der sozusagen stellvertretend die eigenen ungelebten Seiten verkörpert. In den geschlechtsspezifi-
schen Rollenfestlegungen vergangener Tage projizierte der Mann seine
weibliche Seite in die reale Frau, die für das YIN-Prinzip (Gefühle, Zärtlich-

keit, Mütterlichkeit) zuständig war, während der Gatte stellvertretend die männlichen Anteile seiner Gattin lebte. In unserer heutigen Zeit begreift man allmählich, daß männliche und weibliche Wesenszüge beiden Geschlechtern innewohnen und es nicht damit getan ist, eine dieser Seiten stellvertretend leben zu lassen. Andererseits braucht der Mann die Frau als Spiegel, um die weiblichen Kräfte hervorzulocken, und umgekehrt.

Im Zusammenspiel der Energien treten die beteiligten Aspekte deutlicher in Erscheinung und können so bewußtgemacht werden. Einige Beispiele sollen das verdeutlichen: Ein Mensch mit WIDDER-Aszendent spiegelt in der Art und Weise, wie er sich nach außen hin ausdrückt, wie er sich in der Welt bewegt, das Gefühlsleben eines Partners mit WIDDER-MOND wider. Das Verhalten des einen wird dem anderen sozusagen aus der Seele (MOND) sprechen, wenn dieser einen »guten Draht« zu seinem MOND (Gefühlsbereich) hat. Hat der MOND-Partner jedoch ein massives Problem mit dieser Seite, wird diese Konstellation wahrscheinlich als permanente Herausforderung, als ein ständiges Auslösen der damit verbundenen inneren Verletzungen empfunden werden (zum MOND siehe KREBS, zum Aszendenten siehe WIDDER).

Vor allem bei Zwischenverbindungen des SATURN (siehe STEINBOCK) werden die herausfordernden Aspekte überwiegen. Je nachdem, auf welches Planetenprinzip dieser jeweils seinen »Schlagschatten« wirft, wird die entsprechende Wesensseite einer Prüfung unterzogen. Das ist zunächst natürlich kein Vergnügen, und man wird geneigt sein, solche Herausforderungen aus der Beziehung zu verbannen. Doch es wird einem nicht gelingen, wenn diese Themen und Aufgaben in die lebendige Beziehungsstruktur eingewoben sind, wie uns die Horoskope symbolisch aufzeigen. Daß es sich für die persönliche Weiterentwicklung lohnt, solche kritischen Beziehungsaspekte anzugehen, zeigt uns gleichnishaft die Fähigkeit der SATURN-Energie, Kohle in Diamanten zu verwandeln. Nötig für diesen Umwandlungsprozeß ist einerseits Zeit und zum anderen ein gewaltiger Druck.

Ein häufiger »Eheaspekt«, der sich im Partnervergleich zeigt, ist die SONNE-MOND-Konjunktion. Die SONNE des einen Partners steht dabei in Konjunktion mit dem MOND des anderen; das heißt, daß beide Wesenskräfte im selben Tierkreiszeichen stehen. In der Regel befindet sich die SONNE des Mannes in Konjunktion mit dem MOND der Frau. Die SONNE ist das männlich-aktive Bewußtseinsprinzip, das beim MOND auf die weiblich-empfängliche Gefühlsseite trifft. Wenn die SONNE der Frau mit dem MOND des Gatten konjugiert, dann hat sie in dieser Verbindung die männliche Position inne (zumindest im Bereich des betreffenden Tierkreiszeichens, in dem sich die Konjunktion abspielt). Je exakter die Konjunktion, also je dichter SONNE und MOND beieinander stehen, desto intensiver ist die Wirkung. Zwei Menschen, die eine SONNE-MOND-Konjuktion miteinander haben, fühlen sich zueinander hingezogen, und zwischen ihnen herrscht von Anfang an ein Gefühl der Vertrautheit, eine Seelenverwandtschaft.

Einige Beispiele für SONNE-MOND-Konjunktionen von prominenten (Ex-)Paaren: RICHARD BURTON (SONNE) und LIZ TAYLOR (MOND) im SKORPION, BOB DYLAN (SONNE) und JOAN BAEZ (MOND) in den ZWILLINGEN, HENRY MILLER (SONNE) und ANAÏS NIN (MOND) im STEINBOCK. Unter umgekehrten Vorzeichen: WOODY ALLEN (MOND) und MIA FARROW (SONNE) im WASSERMANN.

Zweimal so intensiv sind *doppelte* SONNE-MOND-Konjunktionen, wenn also die SONNE des Mannes mit dem MOND der Frau und gleichzeitig der MOND des Mannes mit der SONNE der Frau in Konjunktion stehen. Das trifft jedoch selten zu.

»Schwierige« Konstellationen zwischen zwei Menschen können auf unverarbeitete Probleme aus früheren Existenzen hinweisen, die sich in dieser Verkörperung neu formieren. Darin besteht die Chance, jederzeit an der Bereinigung der ungelösten Aufgaben zu arbeiten. Es ist nicht nötig, per »Rückführung« in frühere Leben katapultiert zu werden, um unsere jetzigen Probleme lösen zu können! Wir finden sie im Hier und Jetzt wieder, und zwar in einer Weise, die unserem derzeitigen Bewußtseinsstand gerecht wird.

Die theoretischen Erkenntnisse, die uns der astrologische Partnervergleich vermittelt, werden wir im Beziehungsalltag und in den Träumen wiederfinden. Alltag und Traum bestätigen oder verwerfen unsere astrologischen Deutungen und dienen als Richtschnur dafür, was bloße Einbildung und was innere Realität ist.

6
Die Deutung der Träume
im WAAGE-Monat

Die nachfolgende Checkliste kann als Orientierungshilfe dafür dienen, den *Bedeutungskern* der dargestellten Fallbeispiele schneller zu erfassen und das individuelle Thema, das im WAAGE-Monat nach Bewußtwerdung drängt, zu erkennen. Diese Kernaussagen zur WAAGE beziehungsweise VENUS sind als Anstöße dafür gedacht, das eigene individuelle Thema mit dieser Energie herauszufinden. Sie verdeutlichen, unter welchen Gesichtspunkten die Träume in dieser Zeit des Jahres *vorrangig* zu betrachten sind. Welche der genannten Aspekte in einem Traum besonders hervortreten und vor welcher Kulisse die Traumhandlungen stattfinden, hängt natürlich von den subjektiven Gegebenheiten des Träumers ab.

Was uns die Träume zeigen

Die Träume im WAAGE-Monat wollen in erster Linie ein Bewußtsein dafür schaffen, wie es mit unseren *Beziehungen* und *Partnerschaften* aussieht, mit wem oder was wir (wieder) *in Beziehung treten* sollen, wo wir zu *Beziehungssucht* neigen und wie es um unsere *Beziehungs-* und *Liebesfähigkeit* im allgemeinen bestellt ist. Darüber hinaus spinnen die Traumbilder dieser Zeit – wenn wir ein entsprechendes Alter erreicht haben – häufig einen roten Faden zu unserer individuellen WAAGE-Entwicklungsphase (sechsunddreißigstes bis zweiundvierzigstes Lebensjahr) und zeigen, wie Defizite aus dieser Zeit in unsere Gegenwart hineinwirken. Weiterhin steht jetzt im Mittelpunkt und soll durch die Träume bewußtgemacht, erhellt, werden,

o wo wir (innerlich oder in äußeren Situationen und Beziehungen) nach einem Ausgleich streben sollen;

o wie ausgeglichen wir wirklich sind, was uns ins Ungleichgewicht bringt und was wir tun können, um wieder ins Lot zu kommen;

o wo wir uns in einem Balanceakt zwischen zwei Seiten oder Einstellungen befinden;

o wo eingleisiges Verhalten oder einseitige Einstellungen kompensiert werden (müssen);

o unsere Bindungsfähigkeit und -bereitschaft;

o mit wem wir bewußt oder unbewußt versuchen in Beziehung zu treten und wie es uns dabei ergeht;

o welche Beziehungen für uns erstrebenswert sind und welche nicht;

o was wir in einer Partnerschaft am meisten suchen/brauchen;

o wodurch wir Freude am Leben erfahren und was uns daran hindert;

o unsere individuelle Art, Liebe zu empfinden;

o wen wir wirklich lieben (auch Liebeshindernisse);

o wo wir Kompromisse schließen und uns um einen gerechten Ausgleich der verschiedenen Interessen bemühen sollten;

o unsere diplomatischen Fähigkeiten und wo wir diplomatischer vorgehen sollten;

o wie es um unseren inneren und äußeren Frieden bestellt ist und was wir dafür tun können, Zufriedenheit zu erlangen;

o wie es mit den WAAGE-Tugenden wie Gewaltlosigkeit, Menschlichkeit, Gerechtigkeit, Brüderlichkeit und so weiter in unserem Dasein bestellt ist;

o wen oder was wir (unbewußt) anziehen beziehungsweise sympathisch finden;

o unseren individuellen Zugang zur Kunst;

o wo wir »künstlich« sind (reagieren).

Fallbeispiele

Traum vom 4.10.1993: » Die Friedenstaube«

»Ich sehe an einem Stand sehr schöne Ohrringe, lauter Einzelstücke. Einer gefällt mir besonders. Es ist ein Gehänge, unten eine kleine emaillierte Kugel, dunkelblau mit einer Friedenstaube darauf. Ich möchte den Ohrring unbedingt haben, hab' aber kein Geld dabei, also muß ich mir von meinem Mann welches holen. Als ich zurückkomme, hat die Frau ihren Stand schon weggeräumt. Sie holt mir den Ständer, an dem der Ohrring hing, nochmals heraus. Doch die Friedenstaube ist schon verkauft. Ich nehme dann einen anderen Ohrring, der mir aber nicht halb so gut gefällt.

Dann bin ich in einem Entbindungsheim und habe gerade eine sehr leichte Geburt hinter mir (es ist mein zweites Kind). Ich suche mein Kind. Die Neugeborenen sind in Schubläden am Bett einer Mutter. Es stehen vier Mütter mit mir herum, aber es sind nur drei Babys da, alle drei bildhübsche Jungen und noch ohne Namen. Ich frage die Schwester; diese hofft, daß sie die Kinder nicht durcheinandergebracht hat. Als ich meinen Namen sage, weiß sie jedoch sofort, welches Kind meines ist. An einem hängt ein Zettel mit den Buchstaben ›PE‹. Das ist mein Kind. Ich lege es sofort an die linke Brust, und es trinkt in vollen Zügen. Später bekomme ich ein drittes Kind; das zweite ist jetzt schon recht groß. Ich bin begeistert von den Kindern.

Die nächste Szene spielt in meiner Wohnung; ich bin im Bad. Das Telefon klingelt. Helmut, mein Mann, hebt ab. Wilfried, ein Bekannter von ihm, ist am Apparat. Da höre ich, wie Helmut zu Wilfried sagt, daß er mich jetzt an den Hörer holen will. Aber ich will nicht mit Wilfried reden. Daraufhin sagt Helmut zu Wilfried, wie menschenscheu ich doch sei, genau wie mein Vater. Ich bin entrüstet über so eine Frechheit und keife ihn an, er soll sich um sich selbst und seinen Vater kümmern. Da läutet unser zweiter Telefonanschluß. Ich will rangehen und mich an Helmut vorbeidrängeln, doch er läßt mich nicht. Ich kann die ganze Situation kaum fassen. Er geht an den anderen Anschluß, und ich lege den Hörer des Apparates auf, an dem Wilfried an der Strippe ist.«

Dieser Traum einer KREBS-geborenen Seminarteilnehmerin zeigt deren momentanen Entwicklungsstand in der Integration der WAAGE-Energie. Da der KREBS innerhalb des Tierkreises in einem archetypischen Spannungsverhältnis (Quadrat) zur WAAGE steht, ist der WAAGE-Monat gerade auch für KREBS-Geborene eine besondere Herausforderung. Der KREBS-betonte Mensch, der sich sehr stark mit seinen Gefühlen, mit Familie und dem Innenbereich identifiziert, muß von der WAAGE einiges dazulernen. Vor allem die Lektion, lockerer und unverbindlicher auf die Mitmenschen zuzugehen und sich – unabhängig von momentanen Stimmungen – der Welt insgesamt mehr zuzuwenden, ohne freilich seine Seele dabei preiszugeben. Es geht darum, mit der Welt, wie sie ist, Frieden zu schließen und seine seelische Eigenart dabei zu wahren.

Unsere Teilnehmerin ist auf dem Weg dorthin, und der Traum im WAAGE-Monat ist eine Momentaufnahme dessen, wo sie gerade steht. Ihre eigenen Gedanken zu dem Traum sind folgende:

»Das wichtigste Bild des Traumes ist für mich der Ohrring mit der Friedenstaube, den ich nicht bekomme. Die Taube ist für mich ein wesentliches WAAGE-Symbol. Als KREBS-Geborene habe ich es mit dieser Energie bislang nicht gerade einfach gehabt, vor allem wenn es darum ging, mit meinen Mitmenschen in lockere und unverbindliche Beziehungen zu treten. Wenn ich spürte, daß unsere Seelen nicht dieselbe Sprache sprachen, zog ich mich schnell zurück. Kein Wunder, daß mein Bekanntenkreis immer kleiner wurde. Im Moment durchlebe ich eine Phase, in der ich hauptsächlich auf mich bezogen bin, wenig Freunde habe, mit denen ich etwas anfangen kann oder will. Ich rede mir ständig ein, daß ich meine Zeit so viel kreativer verbringe. Und doch nagt in mir ein Zweifel, ob es so paßt. Das Thema läßt mir keine Ruhe, läßt mich nicht in Frieden. Es ist deshalb kein Wunder, wenn ich die Friedenstauben-Ohrringe im Traum nicht bekomme.

Dann im Entbindungsheim. Ich erhalte einen Jungen aus einer Schublade gereicht. Dessen Anfangsbuchstaben sind die meines Bruders. Ich frage mich also, wie meine Beziehung zu diesem aussieht, und muß mir sagen, daß ich ihm und seiner Lebensweise manchmal recht ablehnend gegenüberstehe. Ich empfinde ihn als Materialisten und verstehe nicht, wie man so sein kann. Anscheinend habe ich ihn in eine ›Schublade‹ gesteckt. Im Traum wird er wieder zum Baby. Durch dieses Bild legt mir die WAAGE nahe, daß ich ihn – wie die Mutter ihr Kleinkind – so annehmen soll, wie er ist. Ich soll ihm gegenüber unvoreingenommener sein, ihn ›aus der Schublade herausholen‹. Mir wird klar, daß ich es ihm ja nicht gleichtun oder sein Tun für richtig befinden muß, wenn ich ihm Sympathie und geschwisterliche Liebe entgegenbringe. Dieser und andere Träume im WAAGE-Monat haben mich daran erinnert, daß jeder ein Geschöpf Gottes und liebenswert ist. Wenn ich ihn ablehne, das habe ich erkannt, dann hauptsächlich aus eigener Unsicherheit.

Das dritte Traumstück bezieht sich auf meine Schwierigkeit, mit Menschen umzugehen, für die ich keine tieferen Gefühle empfinde. Wilfried ist für mich auch eine Person, die mir unangenehm ist. Ich empfinde ihn als oberflächlich und nervig, kann ihm kaum zuhören, wenn er spricht, fühle mich von ihm nicht wirklich gemeint. Er plappert mir die Ohren voll mit Dingen, die mich gar nicht interessieren, und merkt nicht, daß er mich damit nervt. Ich kann keine zwei normalen Sätze mit ihm reden. Um so wütender bin ich, daß mich mein Mann auffordert, mit Wilfried zu telefonieren. Wie ich es auch in Realität tun würde, lehne ich im Traum vehement ab. Das bringt mir dann das Prädikat ›menschenscheu‹ ein; vermutlich wirke ich nicht selten so auf meine Umwelt. Als dann ein zweites Telefon im Traum klingelt, empfinde ich es wie eine Strafe, nicht rangehen zu dürfen. Und weil ich mit Wilfried nicht reden will, gehe ich leer aus.

Die Traumszenerie spielt im Badezimmer. Als Ort der Reinigung zeigt mir dieses Ambiente, daß es hier wohl noch einiges zu bereinigen gibt. Da mein Vater genannt wird, haben meine Beziehungsprobleme wohl mit ihm zu tun. Im Geburtshoroskop finde ich das durch die Konstellation SATURN (Vater) im siebten Haus (WAAGE-Haus) bestätigt. Das dritte Kind, das ich im zweiten Traumteil noch bekomme, sehe ich als Neugeburt im Bereich meines individuellen WAAGE-Themas. Das macht mir Hoffnung, daß sich hier eine neue, menschenfreundlichere Einstellung entwickelt. Ein Transit des laufenden URANUS (Umbruch) in Konjunktion mit meinem Natal-SATURN, den ich derzeit erlebe, ist hierfür die astroenergetische Entsprechung. Die Astrologie zeigt mir an diesen Konstellationen, daß jetzt eine gute und wichtige Zeit dafür ist, um einen Durchbruch innerhalb meiner Beziehungsblockaden zu erreichen. Ich will diese Zeit nutzen und ganz bewußt an der Pflege und der Erziehung der Traumkinder arbeiten.«

Traum im WAAGE-Monat 1994: »Das Comicbüchlein«

»Ein Büchlein von mir ist erschienen. Es ist ein kleiner Roman, den ich geschrieben habe. Mit der Aufmachung bin ich aber gar nicht zufrieden. Es ist im Kleinformat wie die Kleinkinder-Pixibüchlein, und der Text ist mit Donald-Duck-Comics untermalt; es ist praktisch ein Comicbüchlein.«

Dieser eigene Traum erinnerte mich an die Wichtigkeit, neben meiner anspruchsvollen und mich beanspruchenden geistigen Tätigkeit auch die Beziehung zum inneren Kind, zur Lust- und Triebseite nicht zu vernachlässigen. Da ich über die Aufmachung des Buches nicht gerade erfreut bin, scheint der Traum im Bild des Kleinkinderbüchleins meine geistige Überaktivität zu kompensieren (auszugleichen). Ich hatte zum Traumzeitpunkt meine Arbeit zu ernst genommen und mich über verschiedene Dinge geärgert. Wie mir das Symbol des Comicbuches nahebringt, soll ich die lustige, lustvolle Seite des Daseins wieder mehr ins Blickfeld rücken, einen Ausgleich zwischen der feingeistigen WAAGE-Seite und der lustbetonten WIDDER-Seite herstellen. Da ich Donald-Duck-Comics als Kind sehr liebte, ist es für mich durchaus ein positives Symbol, ein Lebensgefühl, das mich in meiner Kindheit begleitet hat. Ich habe immer die Kinder bedauert, denen aus »pädagogischen« Gründen die »Entenhausener Welt« verwehrt blieb.

Traum vom 7.10.1993: »Unterwegs«

»(1) Mit Freundinnen gehe ich in die Disco. Es ist anders als früher. Eine junge Frau, die uns begleitet, hat ständig an allem etwas auszusetzen. Sie nervt mich.

(2) Dann wandere ich mit Maria in der Natur. Rechts sind Kürbisse an hohen Bäumen wie Kletterpflanzen hochgewachsen. Es hängen viele Früchte daran. Gerade fällt ein Kürbis runter, knapp an Maria vorbei. ›Das ist ja richtig gefährlich‹, denke ich. Andererseits bin ich von dieser Anbaumethode begeistert. In einer Scheune, die aussieht wie unsere, wachsen auch Kürbisse hoch, es sind Prachtstücke. Diese werden künstlich beleuchtet und mit Mist gedüngt.

(3) Jetzt müssen wir den Rückweg antreten. Maria will unbedingt durch den Wald gehen. Dafür müssen wir Eintritt bezahlen. Jetzt regnet es auch noch, und es wird bereits dunkel. Mir mißfällt das alles. Als ich zahle und durch das Tor gehe, das in den Wald führt, äußert der Kassierer sein Mißfallen darüber, daß wir durch den Wald gehen. Maria war währenddessen auf der Toilette. Als sie wiederkommt, teile ich ihr mit, was der Mann sagte. Doch sie meint nur, daß es durch den Wald kürzer sei und daß sie den Weg von früher kenne. Es ist Vollmond, und ich hoffe, daß er uns leuchtet. In meiner Jackentasche entdecke ich meine Katze und hoffe, daß sie auch die ganze Zeit drinbleibt.

(4) Auf unserem Weg besuchen wir eine Freundin von Maria. Dort sitzt auch mein Vater, der eine Flasche Schnaps trinkt. Ich frage mich, wie wir Vater durch den Wald bringen sollen, wenn er betrunken ist.

(5) In der nächsten Szene komme ich mit einer Gruppe an einem See vorbei. Ich sehe, wie ein Mönch mit schwarzer Kutte am Ertrinken ist. Ein anderer Mönch versucht ihn zu retten, geht dabei aber fast mit unter. Irgendwie schaffen die beiden es doch, rauszukommen. Dann merke ich, daß ich meinen Schlüssel verloren habe. Jetzt dämmert mir, daß wohl ich selbst der Mönch gewesen bin und den Schlüssel im Wasser verloren haben muß.«

Zur besseren Übersicht habe ich diesen Traum einer WASSERMANN-geborenen Seminarteilnehmerin in fünf Abschnitte aufgeteilt; dieses Vorgehen empfiehlt sich immer bei längeren Träumen.

Vor dem Hintergrund der WAAGE fragen wir uns vor allem, was der Traum zum Beziehungsthema der Träumerin sagt. Die erste und damit prägende Beziehung, die der Mensch erfährt, ist in der Regel die Partnerschaft der Eltern. Wie es zwischen Vater und Mutter läuft, hat initiatorische Bedeutung für die Beziehungsfähigkeit des Kindes. Und speziell für das Mädchen ist die Vaterbeziehung ein wichtiger Impulsgeber für die Formung ihrer weiblichen Seite (VENUS). Betrachten wir die VENUS-Position im Tierkreis, dann bekommen wir einen Eindruck davon, auf welche Art das Kind die Elternbeziehung im allgemeinen und das Mädchen die Beziehung zum Vater im speziellen erlebt hat.

Unsere Teilnehmerin hat die VENUS im STEINBOCK, was zunächst auf eine Blockade im VENUS-Bereich hindeutet. Das Zeichen der VENUS, die WAAGE, befindet sich im Tierkreis in einem archetypischen Spannungsaspekt zum STEINBOCK (Quadrat), was auf eine schwierige Beziehung zwischen beiden Kräften hinweist. Das Erdzeichen STEINBOCK verleiht der VENUS zunächst ein herbes, zuweilen hartes und schweres Aussehen, was der luftig-leichten venusianischen Energie eigentlich völlig zuwiderläuft. Zunächst besteht also eine Blockade, was wir aber nicht nur negativ bewerten wollen, denn in allen Problemen stecken gleichzeitig Entwicklungschancen! Der Druck im Partnerbereich führte die Teilnehmerin auf den Individuationsweg, den sie mit Hilfe der Träume und der Astroenergetik geht.

Nach der Elternbeziehung gefragt, schilderte sie uns einen mürrischen Vater, der verächtlich auf die weiche, einfühlsame Mutter herabblickte. Hiermit kommen wir gleich zum ersten Traumteil: Die Träumerin erkennt in der Nörgelei der jungen Frau in der Disco ihre eigene Tendenz, an allem etwas auszusetzen. Hier wird eine Blockade ihrer STEINBOCK-VENUS deutlich, die zunächst nicht in Frieden mit dem ist, was sie umgibt. Zwischen ihren hoch gesteckten Erwartungen (vor allem in bezug auf Partnerschaft) und dem, was sie vorfindet, besteht eine Kluft. Innen und Außen, beziehungsweise Erwartungen und Realität, sind nicht im Gleichgewicht. Lebenskunst dagegen wäre es, die Dinge anzunehmen, wie sie sind, und das Beste daraus zu machen! Sie notierte folgende Gedanken zum ersten Traumteil:

»Ich merke, wie verletzend und zerstörerisch ständiges Nörgeln sein kann. Eigentlich bedingt durch Launenhaftigkeit und Unzufriedenheit, die an anderen ausgelassen wird. Mein Vater war früher schlimm. Wenn er seine Launen hatte, hatte er an allem was auszusetzen, nur damit er seine schlechte Stimmung ausleben konnte. Wie ich das haßte! Meine Mutter dagegen empfand ich als die beste Frau der Welt, aber wenn sie in seinen Augen einen Fehler beging, war sie für ihn der Abschaum der Menschheit. Die letzten Monate mußte ich erschrocken feststellen, daß auch ich diesen Wesenszug in mir trage, vor allem im Partnerbereich. Vermutlich hatte ich deshalb lange Zeit große Probleme mit Liebesbeziehungen. Ich zog die falschen Männer an, wußte dann nicht so recht mit ihnen umzugehen, wurde getäuscht und betrogen.«

Den Bezug zum Vaterthema stellt das vierte Traumstück her, in dem der Vater im angetrunkenen Zustand auftaucht. »Betrunken« bedeutet hier, daß Illusionen bestehen, daß kein Klarblick herrscht in der Vaterbeziehung. Er konnte ihr kein positives männliches Vorbild für die VENUS-Integration sein. Im Traum empfindet die Teilnehmerin ihn eher als Last. Was sie da mit sich herumschleppt, ist ein negatives Vaterbild, das ihre Beziehungsfähigkeit belastet.

Teil zwei und drei des Traumes lassen Maria als Traumfigur in Erscheinung treten. Sie ist eine WAAGE-Geborene und daher als Symbol für die WAAGE-/VENUS-Seite der Träumerin geradezu prädestiniert. In der Realität war die Freundschaft zu Maria seit dem letzten gemeinsamen Urlaub belastet, daher auch der Kürbis, der Maria beinahe getroffen und dann schwer am Kopf verletzt hätte. Im Kopf unserer Teilnehmerin spielt sich überhaupt sehr viel ab; auch die Kürbisse muten als Symbole für einen (Dick-)Kopf an. In ihrer realen Lebenssituation drückt sich das derzeit so aus, daß sie sich um eine neu beginnende Partnerschaft zu viele Gedanken macht – negative Gedanken, die ihr einreden wollen, daß der neue Freund nicht der richtige sei, obwohl sie sich sehr wohl mit ihm fühlt. Das sind massive Bedenken, die sie wie schwere Kürbisse zu erschlagen drohen. Dabei weisen die reifen Früchte durchaus auch darauf hin, daß für sie jetzt die Zeit für eine neue Partnerschaft reif geworden ist und sie nur zuzugreifen braucht.

Warum taucht gerade jetzt Maria im Traum auf? Die Träumerin notierte dazu: »Bei Maria sind viele Beziehungen auseinandergegangen, weil sie unbegründet eifersüchtig war und selbst wenig Initiative zeigte. Auch hatte sie viel an ihren Partnern auszusetzen und keine Geduld. Vielleicht ist sie den Weg einer Beziehung nie ganz gegangen. Und ich selbst frage mich, ob ich den Weg schon mal zu Ende gegangen bin. Auch mir mangelt es oft an Geduld (Spannungsaspekt meiner Gefühlsseite, dem WIDDER-MOND, zur VENUS im STEINBOCK). Im Traum ist es mir jedenfalls nicht geheuer, den Weg durch den Wald zu gehen. Vermutlich will mir der Traum sagen, daß ich mit meinem neuen Freund durch die Phase des Ungewissen (der Wald im Traum) gehen muß.«

Positiv ist die Bereitschaft der Träumerin zu werten, den Eintrittspreis zu bezahlen. Sie zeigt damit, daß sie den geforderten Energieeinsatz erbringt. Gut ist es auch, daß sie sich nicht von den Einwänden des Mannes abbringen läßt, sondern mit Maria, die ihre VENUS-Seite verkörpert, den Weg geht. Lange genug hatte sie mehr auf ihre Ratio (der Mann im Traum) gehört und den Wald (Symbol ihrer Naturseite) umgangen. Um zum Partner zu finden, ist die Durchquerung des Waldes aber unbedingt erforderlich, denn keine Partnerschaft läßt sich auf Dauer rein intellektuell leben.

Positiv ist es ebenfalls, daß Maria auf der Toilette war und etwas losgelassen werden konnte. Deshalb entdeckt die Träumerin daraufhin auch ihre Katze, die als Sinnbild ihrer selbstbewußten Weiblichkeit steht. Mehr Selbstbewußtsein als Frau und mehr Eigeninitiative brachten sie in der Folgezeit auch in ihrer neuen Beziehung weiter.

Der letzte Teil des Traumes schließlich weist noch einmal auf die Wurzel ihres Beziehungsproblemes hin. In den STEINBOCK gestellt, identifizierte sich ihre VENUS im Übermaß mit asketischen Tugenden, und ihre Weiblichkeit kam nicht genügend zum Zug. Sie erkennt, daß sie selbst der Mönch ist, der am Ertrinken ist. Mit »mönchischen« Einstellungen wird sie im Beziehungsleben weiterhin »baden gehen«. Auf diese Weise verliert sie den Schlüssel zum Du. Daß sie die Szene bereits aus der Distanz als Beobachterin betrachtet, stimmt hoffnungsvoll. Die Walddurchquerung und das Entdecken der Katze sind die Lösungen des Traumes. Schließlich gibt die erinnerte Traumreihenfolge nicht zwangsläufig auch die logische Entwicklung des Themas wieder; diese muß jeweils selbst herausgefunden werden! Wir können also davon ausgehen, daß sie den Schritt gewagt hat oder noch wagen wird, von einer asketischen Einstellung zum Leben zur Fülle ihrer Gefühle und Weiblichkeit zu finden.

Traum vom 30.9.1992: »Der Kollege«

»Ich bin bei meinem Kollegen Hartmut. Er wohnt mit seiner Freundin zusammen in einer relativ kleinen Wohnung und hat sich von seiner Familie getrennt. Er sagt mir, daß er in seiner Lage finanziell knapp dran sei, da er freiberuflich tätig ist.«

Dies ist ein klassischer Kompensationstraum, der die bisherige einseitige Idealisierung des Kollegen durch den Träumer ausgleichen will. Letzterer bewundert Hartmut wegen seines beruflichen Erfolges, den er sich auch wünscht, aber noch nicht erreicht hat. Ein Grund dafür ist sicher das wesentlich geringere Alter unseres Seminarteilnehmers. Der Traum zeigt dem in beruflicher Hinsicht unzufriedenen jungen Mann die Kehrseite der Medaille. Der verehrte Kollege hat die Familie verlassen und steht auch finanziell (also energetisch) nicht so gut da, wie es nach außen hin scheint. Unserem Teilnehmer, der sehr viel Wert auf sein Familienleben legt und eine glückliche Ehe führt, wird hier der Preis demonstriert, den der berufliche Erfolg möglicherweise fordert. In der letzten Zeit hatte er in die berufliche Waagschale zuviel Gewicht gelegt und beinahe vergessen, wieviel ihm Frau und Kinder bedeuten. Die kleine Wohnung im Traum symbolisiert auch die beschränkte Sichtweise des Träumers bezüglich des Erfolges von Hartmut. Eine realistischere Sicht der Dinge kann ihm seine verlorene Zufriedenheit wiederbringen.

Traum vom 3.10.1994: »Der Anruf«

»Ich betrete ein helles Zimmer, habe in einem Arm Einkaufssachen und unter dem anderen mein Kind. Der Raum ist leer, nur ein Telefon steht da. Es klingelt, und ich lasse Kind und Einkauf stehen und eile hin, weil ich denke, daß es Hans sein wird. Doch anscheinend zu spät, niemand ist dran. Dann höre ich meinen Anrufbeantworter ab: Peter, ein Bekannter von mir, hat daraufgesprochen. Er sagt: ›Ruf mich doch bitte zurück‹, dann singt er den Satz noch einmal. Ich denke mir: ›So ein Depp, ich habe doch seine Telefonnummer nicht.‹ Über den scheußlichen Gesang muß ich herzhaft lachen.«

Der Traum spiegelt die Schwierigkeiten der Träumerin wider, mit dem »Mann ihrer Träume« in Verbindung zu treten. Wie sie sagte, hatte sie im

Traum gehofft, daß Hans, den sie gerne als Partner gewinnen möchte, am Apparat ist. Jedoch Fehlanzeige! Und der Anrufbeantworter liefert ihr mit Peter jemanden, zu dem sie keine intime Partnerschaft wünscht. Selbst dessen Telefonnummer hat sie nicht, sie kann also auch zu ihm nicht in Verbindung treten. Möglicherweise wünscht sich Peter eine tiefere Verbindung zu der Träumerin, schließlich singt er ihr sogar sein Anliegen nach Rückruf vor. Im Gesang und in der Musik finden wir die Welt der Gefühle widergespiegelt. Anscheinend bringt er ihr Gefühle entgegen, die die Träumerin nicht erwidert, ja sogar als »scheußlich« bezeichnet.

Die Träumerin sollte sich einmal Gedanken darüber machen, ob sie nicht aktiv werden sollte, wenn sie etwas von Hans will, anstatt in der Wartestellung zu verharren. Der leere Raum verleiht dem Telefon eine dominierende Position; ein Bild dafür, wie dieses Thema ihren »inneren Raum« – ihre Gedanken und Gefühle – beherrscht. Daß sie Kind und Einkauf liegen und stehen läßt, um zum Telefon zu eilen, scheint mir ungünstig. Möglicherweise läuft sie Gefahr, ihre persönlichen Belange und ihre eigene Entwicklung (Kindsymbol) wegen ihrer Verliebtheit links liegenzulassen.

Eine Partnerbeziehung wird erst dann gelingen, wenn wir zu uns selbst stehen, eine gewisse Unabhängigkeit entwickelt haben und unser eigenes Wachstum nicht vernachlässigen. Als SKORPION-Geborene muß die Träumerin besonders darauf achten, ihren Selbstwert nicht von der Identifikation mit anderen Menschen abhängig zu machen.

Traum im WAAGE-Monat: »Die Alarmanlage«

»Ich bin mit meiner Frau in einem Laden. Es geht darum, eine Art Alarmanlage anzuschaffen, um Wertgegenstände abzusichern. Der Verkäufer rät von dieser kostspieligen Angelegenheit in unserem Fall eher ab. Doch nach einiger Zeit kommt meine Frau mit der Rechnung über 3000 DM für eine solche Anlage. Ich bin nach wie vor dagegen und will den Kauf rückgängig machen.«

Die Alarmanlage steht hier für eine größere Sensibilität, um Beziehungsstörungen rechtzeitig zu erkennen und (seelischen) Schaden abzuwenden. Wenn der Träumer den »Beziehungsalarm« rechtzeitig hört, dann kann er die Wertsachen – also die Werte der Beziehung, die Gefühle, das Vertrauen, die gemeinsame Nähe und so weiter – rechtzeitig schützen, bevor er einen inneren Einbruch erleidet. Daß seine Gattin den Kauf tätigt, zeigt zum einen, daß sie auch in Realität diejenige ist, die die ersten Alarmsignale wahrnimmt, wenn etwas schiefzulaufen droht. Und auf seelischer Ebene ist es die weibliche Seite des Träumers, die VENUS, die eher ein Gespür für Harmonie und Disharmonie hat als das Ego. Eine »funktionierende« VENUS ist ein hervorragender Signalgeber, wenn es um Beziehungsangelegenheiten geht.

Traum im WAAGE-Monat 1994: »Absturz vom Turm«

»Mit meinem Mann und meinen Eltern bin ich unterwegs, um Grundstücke und Häuser wegen Kaufabsichten anzuschauen. Es ist eine unbekannte Gegend, in der wir uns befinden. Ein riesiger Turm aus roten Steinen, der alt auf mich wirkt, steht mitten in der Landschaft. Er scheint wackelig zu sein. Trotzdem sagt eine Stimme, daß er stabil sei und bestiegen werden könne. Ich kann nicht sehen, wer das spricht. Wir steigen hoch, und die Steine bröckeln daraufhin doch auseinander. Als wir oben angelangt sind, stürzt meine Mutter hinunter, ich kann sie unten aber nicht liegen sehen. Oben neben mir stehen dann mein Mann und mein Vater.

Später sage ich zu meinem Mann: ›Mutti ist nicht mehr da, und Vati ist ein Pflegefall. Siehst du, wie gut es ist, hiergeblieben und nicht weggezogen zu sein.‹«

Dieser Traum zeigt, daß bei näherer Betrachtung unserer Lebenslage häufig andere Dinge hinter den vordergründigen Problemen stecken. Das Wissen um die Zeitqualität half dabei, die eigentliche Bedeutung des Traumes im Zusammenhang mit einem realen Vorhaben der Träumerin ans Licht zu bringen. Sie überlegte zum Traumzeitpunkt, ob sie mit ihrer Familie aufs Land ziehen sollte, weil dort die Preise für Eigenheime für sie erschwinglich wären. Vordergründig stellte sich ihr derzeitiges Lebensthema als Hinundherschwanken (WAAGE) zwischen Stadt (zur Miete) und Land (Eigenheimkauf) dar. Sie war sich selbst nicht im klaren darüber, ob sie wirklich (gefühlsmäßig) aufs Land ziehen wollte und ihr Stadtleben für ein Eigenheim auf dem Land aufzugeben bereit war. Ihre Mutter, zu der sie ein enges Verhältnis hat, konnte den Umzugsplänen der Tochter nichts Gutes abgewinnen. Sie äußerte ihre Ablehnung zwar nicht direkt, indem sie der Tochter dies hätte verbieten oder ausreden wollen. Sätze der Mutter wie »Nie im Leben würde ich aufs Land ziehen« verunsicherten die Träumerin jedoch. Letztlich wußte sie nicht mehr, ob sie nun aus eigenen Stücken nicht mehr wegziehen wollte oder ob sie es sich durch die Mutter hatte ausreden lassen.

Um das herauszufinden, veranstalteten wir im Seminar ein kleines Rollenspiel. Die Träumerin sollte in einem spontan geführten Dialog mit ihrer Mutter – die von einer anderen Teilnehmerin gespielt wurde – ihre Gefühle und Gedanken äußern. Dabei stellte sich heraus, daß sie selbst gar kein Bedürfnis nach einem Wohnortwechsel hatte. Sie erkannte, daß sie eigentlich sehr zufrieden mit ihrer Situation war.

Warum also das Ganze, und wie reagiert der Traum darauf? Zunächst fällt auf, daß sie mit Mann und Eltern unterwegs auf Haussuche ist. Andererseits ist das Wohl ihrer Eltern für sie auch ein wichtiges Thema. Würde sie wegziehen, könnte sie die beiden nicht mehr in dem Maße unterstützen wie bisher. Was bedeutet in diesem Zusammenhang der einstürzende Turm, den alle vier erklimmen? Die Mutter fällt herunter. Zu diesem Traumbild assoziierte sie, daß sie sich, wenn die Mutter in Wirklichkeit »wegfallen« würde, für ihren pflegebedürftigen Vater zuständig fühlen würde. Ihr großes Verantwortungsgefühl den Eltern gegenüber brachte sie in Gefahr, sich selbst und die eigene Familie zu vernachlässigen. Der abbröckelnde Turm mag ein Warnsignal dafür sein, daß ihre Tatkraft (Turm als Phallussymbol für Lebenskraft, siehe WIDDER) am »Abbröckeln« ist, wenn sie zu hoch hinaus will. Damit sie selbst nicht unter ihren zu hoch gesteckten Idealen, anderen zu helfen, zusammenbricht, sollte sie mehr Gewicht in die Waagschale ihrer eigenen Belange legen. Die Mehrfachbelastung als berufstätige Familienmutter, die auch den Haushalt der Eltern »so nebenbei« noch erledigt, wird auf Dauer über ihre Kräfte gehen.

Daß die Mutter im Traum dann verschwunden ist, mag die positive Bedeutung haben, daß die Träumerin sich allmählich von der starken Mutterbindung und -prägung löst. Wir dürfen dieses Traumbild nicht wörtlich nehmen. Vielmehr spiegelt der Traum seelische Prozesse der Träumerin wider und will ihr einen Anstoß geben, ihre Beziehungen zu überprüfen. Daß der Vater neben dem Gatten steht, könnte eine Vaterprojektion auf den Ehemann bedeuten. Wenn das der Fall ist, wird sie daran arbeiten müssen, diese aufzulösen, um eine wirkliche Beziehung zum Gatten herzustellen.

Traum vom 2.10.1993: »Ehestreit«
»Ich habe Streit mit meiner Frau, wahrscheinlich wegen Sex. Sie geht in
einen anderen Raum, im selben Haus oder in der Nähe. Ich will mich daraufhin selbst befriedigen, lasse dann jedoch davon ab, als ich feststelle, daß
jetzt noch mehr Leute im Raum sind. Anscheinend bin ich jetzt im Naturkostladen. Der Ladenbesitzer ist zugegen. Als ich merke, daß ich in Hamburg bin, habe ich große Lust, mich mit Mona zu treffen, die hier wohnt. Es
ist zwar schon nach Mitternacht, doch ich will mal telefonisch versuchen, sie
zu erreichen, vielleicht ist sie ja noch wach. Doch ich kann sie im Telefonbuch nicht finden, bis ich erkenne, daß es der Band von Baden-Baden ist.
Aber auch im Hamburger Telefonbuch kann ich sie nicht finden. Langsam
habe ich den Eindruck, daß es wohl nicht sein soll; zudem ist es jetzt bereits
ein Uhr nachts.
    Jetzt ist eine Frau hier, der ich einen Papierhut in Zuckertütenform vom
Kopf herunterschießen will. Ich habe eine Pistole mit einem Stab oder rohrähnlichen Gebilde als Pfeil. Da Pistole und Pfeil gebogen sind, muß ich um
die Frau herum, auf die Seite zielen und vermute, daß der Pfeil einen Bogen
beschreiben wird. Doch der Pfeil kommt ziemlich langsam heraus und fällt
auch vor dem Ziel auf den Boden, er hat zuwenig Schwung.«

In diesem Traum eines Seminarteilnehmers geht es vor allem darum, die Beziehung zu seiner Lust- und Triebseite zu verbessern beziehungsweise überhaupt eine Beziehung zu dieser Wesensseite (MARS-Energie) herzustellen.
Bislang war er, was das Empfinden von sexueller Lust oder »Lebenslust« be-
traf, angewiesen auf seine Frau. Lief es in der Partnerschaft gerade nicht gut,
war sein Lust- und Energiepegel auf dem Nullpunkt. Er bezog seine Lebenskraft in erster Linie aus seiner Partnerschaft beziehungsweise aus den
Beziehungen zur Umwelt anstatt aus sich selbst; astroenergetisch finden wir
bei ihm den MARS in das WAAGE-Haus (siebtes Haus) gestellt. Astrokonstellationen dürfen natürlich nicht als Ausreden mißbraucht werden. Der
Träumer ist um so mehr aufgefordert, eine Beziehung zu seiner Lust- und
Triebseite herzustellen und zu lernen, sich selbst die Befriedigungen zu verschaffen, die er braucht. Dann wird er nicht mehr auf die Partnerin angewiesen sein und eine freiere, lustvollere Beziehung auch zu ihr haben. Sein
Selbstbefriedigungsimpuls im Traum ist als positiver Ansatz zu werten, seine
Bedürfnisbefriedigung nun selbst in die Hand zu nehmen; hierbei geht es
natürlich nicht nur um körperlich-sexuelle Belange. Daß er sich wegen der

anderen Leute dann davon abhalten läßt, zeigt seine Unsicherheit darüber, wie die Umwelt darauf reagieren wird, wenn er seine Befriedigung ganz aus sich selbst zieht. Es ist wohl vor allem die Angst, nicht mehr akzeptiert zu werden, wenn die Abhängigkeit von der Umwelt wegfällt. In Wirklichkeit ist aber erst dann eine Beziehung zum Du möglich, wenn der Partner (oder Mitmensch) nicht mehr als Bedürfnisbefriedigungsanstalt angesehen wird.

Daß seinem Geschoß im letzten Traumstück der Schwung fehlt, liegt an der mangelnden Beziehung zu seiner männlichen Triebkraft. Wir dürfen in dem rohrähnlichen Gegenstand und der Pistole Phallussymbole vermuten, die – auf die Frau gerichtet – als Aufforderung oder Versuch des sexuellen Aktes gesehen werden können. Aber es gelingt ihm nicht, die Frau zu »erlegen«, wie man umgangssprachlich über den Geschlechtsverkehr spricht. Der Grund dafür liegt zum einen in seiner Kopflastigkeit, die im Traum durch den Zuckertütenhut symbolisiert wird, und zum anderen in der zu indirekten Art der Annäherung, anstatt direkte, deutliche Signale zu geben. Auch hier haben wir das energetische Problem einer MARS-Stellung im WAAGE-Haus, das es zu lösen gilt.

Der Schauplatz Naturkostladen weist ihn darauf hin, daß es darum geht, mit seiner Naturseite in Kontakt zu kommen. Den realen Ladenbesitzer empfindet der Träumer als einen Mann, der weniger Probleme mit seiner Lustseite hat. Von ihm soll er sich in dieser Hinsicht »eine Scheibe abschneiden«, wenn ihm die Beziehung zur Frau, der inneren wie der realen, gelingen soll.

Am Abend vor dem Traum hatte er wieder einmal Sex-Frust. Er hatte das Gefühl, sich abzumühen und zu wenig Ermutigung von der Frau zu erhalten, empfand den Akt als zu anstrengend und verlor schnell die Lust. Er war deshalb auf seine Frau wütend. Wie wir sehen, reagiert der Traum darauf und zeigt ihm, was wirklich abgelaufen ist. Es wird deutlich, wie eng die beiden Seiten WAAGE und WIDDER, also die Beziehungsfähigkeit und die Lustfähigkeit, zusammenhängen. Ohne Integration der WIDDER-Seite gibt es keine wirklich befriedigende Beziehung. Der Traum warnt ihn davor, in eine neue Projektion zu verfallen. Mona ist eine Bekannte, die er immer dann idealisiert, wenn die eheliche Beziehung nicht so läuft, wie er sich das wünscht. Daß er im Traum nach ihrer Telefonnummer sucht, diese aber nicht findet, ist ein deutliches Signal, daß er nur »baden gehen« würde, wenn er versuchte, seine Phantasien in die Realität umzusetzen. Das Telefonbuch von Baden-Baden ist in diesem Sinne als Wink mit dem Zaunpfahl zu verstehen.

Traum im WAAGE-Monat 1994: »Im Hotel«
»Ich bin mit Hans, meinem neuen Partner, und meiner Freundin Ria in
einem komfortablen Gutshofhotel. Es ist sehr schön, geräumig und gemüt-
lich hier, und es gibt auch Pferde. Während Hans noch mit einer Frau an der
Rezeption verhandelt, knutsche ich mit Ria. Eine unbekannte Frau will meinen Mantel nehmen, den Ria aber vehement verteidigt.
    Dann ist Szenenwechsel, aber immer noch im Hotel. Jetzt gehe ich mit
einem etwa sechsjährigen Mädchen zu einem Theater, das ebenfalls hier ist.
Wir wollen dort zusammen Theater spielen, müssen aber zunächst noch
warten, bis wir drankommen. Wir laufen deshalb noch öfters über den Hof,
und ich sehe jeweils einen Kasperlkopf aus einem Fenster zu mir her-
schauen. Mit einem Gefühl der Ratlosigkeit wache ich auf.«

Die Träumerin ist im mittleren Alter und seit einiger Zeit Witwe. Vor kurzem hat sie sich neu verliebt. Hans ist ihr Auserwählter, der ihre Gefühle erwidert. Problematisch ist für sie, daß Hans verheiratet ist. Sie hat zwar den
Eindruck, daß die Beziehung zwischen Hans und seiner Ehefrau schon seit
längerer Zeit abgestorben ist, was eine Trennung rechtfertigen könnte. Sie
tut sich jedoch schwer, ihren starken moralischen Ansprüchen gerecht zu
werden. Als JUNGFRAU-betonter Mensch identifiziert sie sich mit Moralvorstellungen, die ihr (zunächst) suggerieren, daß es nicht in Ordnung ist,
einen verheirateten Mann als Geliebten zu haben, noch dazu wenige Monate
nach dem Tod ihres eigenen Ehegatten. Der Traum spiegelt ihren inneren
Konflikt wider und zeigt, wo sie steht.
    Der gemütliche und komfortable Traumort, an dem sie sich mit Hans be-
findet, spiegelt wider, daß sie sich miteinander wohl fühlen. Es gibt auch
Pferde hier, die Vitalität und Kraft anzeigen. Mit dem Landhotel ist hier zudem die Beziehung zur Naturseite (Gefühlsseite) hergestellt. Zunächst ist
aber noch einiges zu erledigen, bevor das Liebespaar das Ambiente und die
heimelige Atmosphäre genießen kann. Hans verhandelt mit einer Frau an
der Rezeption, die vom Alter her seine Ehefrau sein könnte. Mit ihr hat er –
auf äußerer wie auch auf innerlicher Ebene – sicher noch einiges abzuklären,
bis er ganz frei für eine neue Partnerschaft mit unserer Träumerin ist.
    Doch auch sie selbst hat, wie der weitere Traumverlauf zeigt, noch einiges
zu erledigen. Da ist zunächst die fremde Frau, die ihren Mantel wegnehmen
will; diese Frau erinnert die Träumerin an ihre Mutter. Ria verkörpert dagegen eine resolute und willensstarke Seite der Träumerin, mit der sie hier in

guter Verbindung steht (durch das »Knutschen« symbolisiert) und die das Eigentum der Träumerin verteidigt. Das ist bei ihr nicht immer so gewesen. Einige Wochen zuvor beispielsweise träumte sie, daß ihr die Mutter das Tafelsilber wegnahm und an die Nachbarn verschenkte.

Durch die Integration der Lust- und Triebseite – verkörpert durch die WIDDER-Geborene Ria – verfügt sie jetzt jedoch über einen Abwehrmechanismus, der verhindert, sich von der verinnerlichten Moral der Mutter weiterhin berauben zu lassen. Der Mantel ist ein Kleidungsstück, das im besonderen Maße als Schutz dient. Wird er uns gestohlen, geht uns Wärme und Schutz verloren. Damit sind ihre eigenen Zweifel, Ängste und Schuldgefühle gemeint, die an ihrem guten Gefühl Hans gegenüber zerren und ziehen. Aber weil sie auf ihre Triebseite hört, kann sie sich erfolgreich dagegen wehren.

In der zweiten Traumszene begegnet ihr in dem sechsjährigen Mädchen ihre eigene Kindheit. Nach dieser Zeit gefragt, kamen in ihr spontan die negativen Gefühle gegenüber der Mutter hoch. Gefühle durften nicht gezeigt werden, und vor allem mit Tränen konnte die Mutter nichts anfangen, klagte die Träumerin. Daß sie im Traum mit dem Kind Theater spielen will, zeigt, daß etwas in Bewegung kommt. Schließlich geht es im Theater ja insbesondere um die Darstellung und den Ausdruck von Gefühlen und Emotionen. Aber auch diesbezüglich ist es noch nicht soweit. Erst muß sie noch mit dem Kasperlkopf fertig werden. Mit dem Kasperl verbindet sie einerseits den moralischen Zeigefinger, gleichzeitig aber auch eine Kraft, die aus allen schwierigen Situationen siegreich hervorgeht. Daß es sich lediglich um den Kopf handelt, unterstreicht seine Symbolik als Moralinstanz. Indem sie diese »Kasperlseite« erkennt und integriert, wird sie deren andere, lustige beziehungsweise lustvolle Seite kennenlernen, für die ja der Kasperl insbesondere steht und die hier von Moralvorstellungen überlagert ist.

Traum vom 15.10.1994: »Warten auf den Sonnenaufgang«

»Ich laufe mit meiner Frau im Dorf meiner Kindheit am alten Taufbecken hinter der Kirche vorbei. Sie will mir einen Sonnenaufgang zeigen. Es ist früher Morgen. Wir laufen einen Hügel hoch, von dort oben aus wollen wir den Sonnenaufgang beobachten. Meine Frau trägt eine weiße Eisenstäbe-Sitzbank (Zweisitzer), auf die wir uns dann setzen können. Ich habe ihren blauen Bürodrehstuhl dabei. Als wir oben sind, sehen wir zunächst den

Vollmond zwischen einer Nadelbaumgruppe untergehen – eigentümlicherweise im Osten, wo die Sonne bald aufgehen soll. Dann ist meine Frau zeitweise verschwunden, und da die Sonne noch immer nicht aufgeht, verlasse ich diesen Platz und trete den Rückweg an, mitsamt dem Bürostuhl. Wieder in der Nähe des Taufbeckens angelangt, sehe ich auf der linken Seite am Himmel, daß die Sonne jetzt gerade aufgehen muß, kann von da unten den Sonnenaufgang aber nicht sehen. Ich will deshalb die Felsbrocken hochklettern, um von oben den Aufgang mitzuerleben. Es gelingt mir jedoch nicht, hochzukommen. Dann kommt meine Frau dazu.«

Dieser Traum stammt von einem SCHÜTZE-Geborenen. Er verkündet den nahenden Beginn einer neuen Phase in seiner Partnerschaft, was sich symbolisch in dem erwarteten Sonnenaufgang ausdrückt. Das alte Taufbecken, an dem sie vorbeikommen, mutet archaisch an und hat initiatorischen Charakter. Bevor die Sonne aufgehen kann und ein neues, erweitertes Bewußtsein in die Partnerschaft bringt, muß zunächst erst noch der Mond untergehen. Das Nachtgestirn (das hier für unbewußte Beziehungsmuster und Mutterprojektionen steht) muß erst weichen und Platz für das Tagesgestirn machen.

Wir haben es hier mit dem archetypischen Konflikt zwischen der KREBS- und der WAAGE-Energie zu tun, die im Tierkreis im Spannungsaspekt (Quadrat) zueinander stehen; sehen wir den Tierkreis als Entwicklungsmodell an, dann kommt der KREBS vor der WAAGE – wenn wir vom Frühlingszeichen WIDDER als dem Anfang des Zyklus ausgehen und uns (in Richtung der Planetenbewegungen) gegen den Uhrzeigersinn durch den Tierkreis bewegen. KREBS vor WAAGE bedeutet vor allem, daß wir erst unsere Mutterbindung auflösen, unsere Gefühle »erlösen« müssen, bevor wir zu wirklich freien partnerschaftlichen Beziehungen fähig werden. Was heutzutage unter dem Namen Partnerschaft abläuft, hat bei näherem Hinsehen häufig nicht viel Partnerschaftliches an sich.

Der Träumer, der schon mehrere Jahre intensiv mit seinen Träumen arbeitet, ist fast an dem Punkt einer selbstbewußten Partnerschaft angelangt. Der Arbeitsstuhl seiner Frau, den er im Traum trägt, symbolisiert die Arbeit, die er geleistet hat, um seiner (inneren und realen) Frau wirklich partnerschaftlich zu begegnen. Es steckt darin wohl auch noch zukünftige Beziehungsarbeit. Schließlich kann es ja nicht darum gehen, sich auf seinen Lorbeeren auszuruhen, denn das Leben (und damit auch die Beziehungen) ist in einer beständigen Entwicklung begriffen. Daß es auch Phasen des Ausruhens gibt, Zeiten, in denen man das Erreichte im Miteinander einfach nur genießen, sich am Du und der gemeinsamen Harmonie erfreuen darf, das mag der Zweisitzer bedeuten, den die Gattin des Träumers mit sich trägt. Daß diese Sitzgelegenheit aus Eisen ist, kann die stabile Beziehung der beiden unterstreichen. Die Herausforderung anzunehmen, eine Partnerschaft wirklich zu leben, mag zuweilen auch »eiserne« Nerven verlangen, vor allem aber den »eisernen« Willen, die vielen Stolpersteine und Hürden auf dem Weg zum Du zu meistern.

Es geht um Durchhaltevermögen auch dann, wenn wir den Partner manchmal »aus den Augen verlieren«, so wie unser Teilnehmer seine Gattin gegen Ende des Traumes vermißt. Statt geduldig abzuwarten, bis die Natur ihren Lauf nimmt und die Sonne erscheint – wir wissen aus tagtäglicher Erfahrung, daß sie aufgehen wird, wenn ihre Zeit gekommen ist! –, macht er sich allein auf den Rückweg. Geduld und Vertrauen in den natürlichen Gang der Dinge sind Qualitäten, die unser Feuerelement-betonter Teilnehmer noch entwickeln muß. Seine Wasserelement-betonte Ehefrau ist ihm dabei ein ideales Vorbild. Als schließlich die Sonne aufzugehen scheint, befindet er sich in einer ungünstigen Position und kann das Schauspiel nicht mit eigenen Augen sehen. Noch stehen Felsen im Weg, die auf innere Blockaden hinweisen. Daß er am Schluß seine Gattin wiederfindet, werten wir aber als gutes Zeichen. Die Initiation in eine höhere (freiere und selbstbewußtere) Ebene der Partnerschaft ist im Gange; ein künftiger Sonnenaufgangstraum könnte dann davon künden, daß dieser Prozeß in sein Bewußtsein gedrungen ist und ihm »ein Licht aufgeht«.

Der Arbeitsstuhl seiner Gattin, den er mit sich herumschleppt, kann auch auf eine kommende berufliche Beziehung der Partner hindeuten. Zum Zeitpunkt des Traumes war davon noch nicht die Rede, ein dreiviertel Jahr später hatten die beiden allerdings bereits berufliche Visionen einer gemeinsamen freiberuflichen Tätigkeit entwickelt. Tief im Unbewußten des Träumers mag diese Zukunftsperspektive bereits angeklungen sein, und auch hier wird die aufgehende Sonne Klarheit bringen.

Traum vom 19.10.1993: »Unter Wasser«

»Ich bin in einem Blumenladen und sehe dort eine Frau, die sich drei Orchideenpflanzen und eine braune Schale dazu ausgewählt hat. Es gefällt mir so gut, daß ich das gleiche suche.

Dann bin ich mit meiner Familie an einem Fluß. Es regnet stark. Nach dem Regen schwimme ich mit den Kindern ans andere Flußufer. Es geht sehr schnell und leicht, trotz der starken Strömung. Dann möchte ich wieder zurückschwimmen, halte dabei mein jüngstes Kind, das noch nicht schwimmen kann. Auf einmal merke ich, daß mich jemand am Fuß hinunterzieht. Mein Kind und ich geraten unter Wasser. Ich drehe mich um und sehe, daß es mein Mann ist, der uns unter Wasser zieht. Vielleicht will er nur Spaß machen, aber er merkt nicht, daß wir dabei fast ertrinken. Ich versuche ihm zuzurufen, aber er hört mich nicht. Schließlich kann ich mich doch noch befreien und komme mit meinem Kind wohlbehalten ans Ufer.«

Dieser Traum einer Seminarteilnehmerin ist ein Beispiel dafür, daß unsere Seele besser über uns und unsere Beziehungen Bescheid weiß, als unser Verstand in der Lage ist, unser Leben in seiner ganzen Dimension zu sehen. Die junge Familienmutter hatte kurz zuvor im WAAGE-Monat mit ihrem Gatten eine Eheberatung begonnen und war zuversichtlich, auf diese Weise ihre Eheprobleme in den Griff zu bekommen. Der Traum belehrte sie jedoch eines Besseren, und etwa ein Jahr nach dem Traum trennte sie sich von ihrem Mann. Wir wollen hier keine Gründe suchen, sondern uns klarmachen, daß die Seele sie vorgewarnt hatte, was sie damals allerdings nicht in der ganzen Tragweite erkannte. Den Traum brachte sie erst Monate später in die Gruppe ein, nachdem die Trennung bereits vollzogen war.

Im WAAGE-Monat spiegeln die Träume deutlicher als zu anderen Zeiten wider, wie es mit unseren Beziehungen – vor allem den Partnerschaften – wirklich aussieht, jenseits aller Illusionen, Rationalisierungen und Verdrängungen. Das dramatische Geschehen im Fluß zeigt der Träumerin, in welche Gefahr sie der Gatte bringt. Auch wenn er es gar nicht beabsichtigt, ertrinken sie und das jüngste Kind fast. Im sprichwörtlichen Sinne »zieht er sie runter«, er nimmt ihr die Luft zum Atmen. Der Traum macht in seiner Bildersprache deutlich, daß es keine gemeinsame Zukunft geben wird. Sie schwimmt mit ihren Kindern ohne Ehemann ans andere Ufer, das hier eine neue Lebensphase ankündigt.

Und dann haben wir noch das Traumstück im Blumenladen. Pflanzen symbolisieren Wachstum. Im WAAGE-Monat geträumt, haben sie mit Wachstum und Gedeihen von Beziehungen zu tun. Die Familie der Teilnehmerin besteht aus vier Personen, sie kauft jedoch nur drei Pflanzen. Damit sind sie und die beiden Kinder gemeint, die von der Familie schließlich übrigbleiben und deren Beziehung »in einem Topf« zusammen weiter wächst. Die Traumseele wußte schon zu diesem Zeitpunkt, was ein Jahr später auch äußere Realität wurde. Hätte sie den Traum bereits damals in aller Deutlichkeit erkannt, wäre ihr vielleicht manches erspart geblieben. Immerhin hat sie jetzt in der rückschauenden Traumbesprechung eine Bestätigung dafür, daß die Trennung nötig und richtig für sie war.

Traum vom 16.10.1994: »Auf Schatzsuche«

»Zwei junge Männer graben auf einer Wiese nach einem Schatz. Sie haben diese Stelle anscheinend nach einer Schatzkarte ausgewählt und sind davon überzeugt, hier etwas zu finden. Ich stehe als Beobachter daneben. Sie graben einige Zeit, doch es kommt zunächst nichts Schatzähnliches zum Vorschein. Nach einiger Zeit haben sie einen vorzeitlichen Steinbau freigelegt, noch gut erhalten. Es ist ein Gewölbe, etwa einen Meter hoch und breit und einen bis zwei Meter nach hinten tief. Es erinnert mich an einen vorzeitlichen Altar. Alles ist aus Stein: Nischen, Ablagen und ähnliches. Jetzt wird mir klar, daß dies der Schatz ist, und ich denke, daß hier ein guter Platz zum Meditieren sein wird.

In der nächsten Szene bin ich mit meiner Familie in eine Wohngemeinschaft gezogen, in der noch andere junge Leute (Studenten) wohnen. Wir haben zwar unseren eigenen Bereich – mehrere Zimmer, die aneinander angeschlossen sind, einen eigenen Flügel sozusagen –, doch wir benutzen mit den Studenten die Küche und andere Gemeinschaftsräume zusammen. Irgendwie gefällt mir die Vorstellung immer weniger, daß unsere Intimsphäre durch diese Art zu wohnen bedroht sein könnte. Vor allem frage ich mich, ob das mit den gemeinsamen Arbeiten, wie Kochen und Abwasch, klappen wird.«

In diesem Traum eines Klienten geht es um die Wiederherstellung der Beziehung zu einer verschütteten, vergrabenen Wesensseite. Der Altar, der zum Vorschein kommt, wirkt archaisch und ist ein Symbol des Glaubens und Urvertrauens. Am Altar werden Opferhandlungen vollzogen, und im eigentlichen Sinne geht es um die »Opferung« des Egos, die Hingabe an den göttlichen Geist. Der steinerne Altar weist darauf hin, daß diese Wesensseite des Träumers versteinert war. Ein starres Ego läßt auch die Beziehung zu den Mitmenschen erstarren! In der zweiten Traumszene werden die Bedenken des Träumers laut, mit den jungen Leuten zusammen in einem Haus zu wohnen. Im STIER- oder im STEINBOCK-Monat geträumt, hätte diese Szene Abgrenzungsprobleme signalisieren können. Doch der Traum stammt aus der WAAGE-Zeit, und die Frage nach den Beziehungen des Träumers zu seinen Mitmenschen stehen jetzt im Vordergrund. Es zeigt sich, daß er sich zu sehr abgrenzt. Obwohl er mit der Familie einen eigenen Flügel bewohnt, ist ihm die Gemeinschaftsküche nicht geheuer. Anstatt sich darüber zu freuen, daß mit den jungen Leuten neue, lebendige Impulse in sein Dasein treten, will er sich dagegen verschließen (natürlich ist hier die innere Ebene gemeint, und es geht nicht darum, daß er in Realität seine häusliche Intimität aufgeben soll).

Die Traumarbeit gleicht einer inneren Schatzsuche. Und was wir durch diese »psychische Ärchäologie« freischaufeln, sind verschüttete Gefühle, Liebe, Vertrauen, Freude, aber auch unerlöste Emotionen, die im Lichte des Bewußtseins heranreifen wollen. In dem ausgegrabenen Altar hat der Träumer einen inneren Ort gefunden, an dem er zu sich selbst finden und seine Beziehungen zu den Mitmenschen erhellen kann.

Traum vom 30.9.1992: »Runentraum«

»Mein Ehemann Jörg und ich sitzen im Speisesaal eines Seminarzentrums. Im Tisch ist ein Schlitz, der uns voneinander trennt, ich sitze auf der einen, Jörg auf der anderen Seite. Ich schenke mir aus einer Kanne Pfefferminztee ein. Die Tasse hat drei kleine Füßchen. Deshalb und wegen des Schlitzes im Tisch kippt die Tasse beim Einschenken. Jörg macht eine kritisierende Bemerkung. Ich brülle ihn daraufhin an, warum er nicht hingelangt hat. Da er hier schon Seminare besucht hat und sich auskennt, hätte er doch wissen müssen, wie das hier mit den Tassen ist.

In der nächsten Traumszene sitze ich neben Jörg, der jetzt eher wie der französische Filmschauspieler GÉRARD DEPARDIEU aussieht. Ich finde ihn ein bißchen häßlich, dafür um so mehr sexy. Ich bin ganz verrückt nach ihm. Er reicht mir sehr bedeutungsvoll einen kleinen Stab, auf dem eine Rune abgebildet ist. Die Rückseite und der vordere Rand des Stabes sind hellblau, und vorne ist die Rune darauf: ein gerader Strich, der sich an einem Ende gabelt. Als ich frage, was das ist, meint Jörg, das wäre der Zauberstab für unsere Beziehung. Ich habe ein intensives Gefühl der Beglückung.«

»Beziehung ist möglich« könnte dieser ermutigende Traum heißen. Die Träumerin hat selbst eine Deutung ihres Traumes niedergeschrieben:
»Dieser Traum ist mir lange und deutlich vor Augen geblieben und hat

mich innerlich sehr berührt. Das Bild, als ich die Rune in der Hand halte, habe ich gemalt. Jedesmal wenn ich es betrachte, löst es ein Gefühl von Heilsein aus, und ich denke daran, daß ich damit die ›Zauberformel‹ für eine glückliche Partnerschaft in der Hand habe.

Der erste Traumteil zeigt ein recht nüchternes Alltagsbild. Mir geschieht ein Mißgeschick, Jörg kritisiert mich, und ich gehe gleich in die Luft. Das ist ein Negativbeispiel für einen achtlosen und lieblosen Umgang miteinander. Dabei entspricht ein solches Verhalten gar nicht meinen Vorstellungen von einem liebevollen Miteinander.

Momentan durchlebe ich eine eher frustrierende Phase meiner Ehe. Ich habe das Gefühl, Jörg müßte sein Verhalten mir gegenüber verändern, sollte dieses und jenes anders machen, dann ginge es uns besser miteinander. Vor allem wünsche ich mir, daß er männlicher wird. Jörg hat in der Realität schon einmal an einem Traumseminar in dem geträumten Seminarzentrum teilgenommen. Ich hatte das Gefühl, daß es ihm und auch unserer Beziehung sehr gut getan hat. In Kürze will er wieder zu einem Seminar dorthin fahren, und ich habe große Hoffnungen, daß es auch diesmal viel in Gang bringt.

Im Traum bin ich dabei. Auch ich habe anscheinend Bedarf an Weiterentwicklungsimpulsen. Ich kann das Jörg nicht allein überlassen. Wir sitzen beide im Speisesaal; die Traumarbeit ›nährt‹ also unsere Beziehung. Normalerweise trinke ich keinen Pfefferminztee. Diese Pflanze gilt als eine der vielseitigsten und ältesten Heilmittel. Sie soll belebend und ordnend auf die Vitalströme wirken und das innere Sichtvermögen schärfen. Das schenke ich mir hier – symbolisch gesehen – in Form von Tee ein; ich soll damit auch die Beziehung beleben. Im Tisch ist ein Schlitz. Ich sitze auf der einen und Jörg auf der anderen Seite. Schade, wo ich so gerne neben ihm sitzen möchte. Aber alles hat eben auch seine zwei Seiten! Als mir die Tasse umfällt, will ich Jörg dafür verantwortlich machen. Er ist schließlich schon mal hiergewesen und kennt sich besser aus als ich Neuling. Im übertragenen Sinne hat er bereits inneres Neuland betreten und damit neue Impulse (›Pfeffer‹) in die Beziehung gebracht. Ich bin hier noch etwas ungeschickt, unerfahren.

GÉRARD DEPARDIEU verkörpert für mich einen begehrenswerten Mann, eine Verbindung aus männlicher Urgewalt (MARS) und weiblichem Charme (VENUS). Im zweiten Traumbild sehe ich endlich, daß Jörg auch ein »Depardieu« ist, also all das in sich trägt, was mich verrückt werden läßt nach einem Mann. Astroenergetisch sehe ich den Zusammenhang darin, daß der Schauspieler seine VENUS am SCHÜTZE-Aszendenten konstelliert hat und mein Mann ein SCHÜTZE-geborener ist. Die VENUS am Aszendenten ist für mich ein Symbol dafür, daß die venusianische, ›himmlischleichte‹ Liebe nun endlich auch in unserer Beziehung Einzug halten soll. Daß mein Mann als GÉRARD DEPARDIEU nicht gerade hübsch ist, finde ich unwesentlich; es geht mir viel mehr um die innere Schönheit.

Schließlich erhalte ich die Rune. Runen sind altnordische Schriftzeichen, die seit dem ersten Jahrhundert nach Christus bei den Germanen verbreitet waren. Der Begriff stammt von ›run‹ ab, was ›Geheimnis‹, ›Rat‹ bedeutet. Ihre Verwendung hatte meist magischen Charakter. Für mich ist die Rune Zauberstab, Rat und Orakel für eine glückende und beglückende Partnerschaft. Die beiden Enden verkörpern die weibliche und die männliche Seite, die miteinander eine Verbindung eingehen. Heute, drei Jahre nach diesem Traum, kann ich bestätigen, daß mir die Traumrune eine positive Beziehungsentwicklung voraussagte. Die lange und zuweilen mühevolle Beziehungsarbeit hat sich gelohnt. Frei von Projektionen, gelingt es mir/uns jetzt, die auftretenden Probleme und Problemchen mit einer viel größeren Leichtigkeit zu meistern und uns gegenseitig fair und partnerschaftlich zu behandeln.

Das Traumbild der Rune hat mich so tief berührt, daß ich keine passenden Worte dafür finde. Das dazu gemalte Bild [auf Seite 161 abgebildet] beglückt mich noch heute und sagt mir mehr als tausend Worte.«

Literaturhinweise

Traumarbeit

ERNST AEPPLI: *Der Traum und seine Deutung*. Knaur Verlag, München 1992.
ANN FARADAY: *Deine Träume – Schlüssel zur Selbsterkenntnis*. Fischer TB-Verlag, Frankfurt/Main 1980.
HELMUT HARK: *Träume als Ratgeber*. Walter Verlag, Olten 1983.
HELMUT HARK: *Der Traum als Gottes vergessene Sprache*. Walter Verlag, Olten 1985.
JÜRGEN VOM SCHEIDT: *Das große Buch der Träume*. Heyne Verlag, München 1985.
HILDEGARD SCHWARZ/NORBERT TEUPERT: *Das Bilderbuch der Träume. Neue Möglichkeiten des Verstehens*. Ariston Verlag, Genf/München 1992.
HILDEGARD SCHWARZ: *Mit Träumen leben – Einsichten*. Verlag Darmstädter Blätter, Darmstadt 1981.
HILDEGARD SCHWARZ: *Aus Träumen lernen*. Knaur Verlag, München 1987.

Astrologie

STEPHEN ARROYO: *Astrologie, Psychologie und die vier Elemente*. Hugendubel Verlag, München 1982.
LIZ GREENE: *Kosmos und Seele – Wege zur Partnerschaft*. W. Krüger Verlag, Frankfurt/Main 1978.
NIKOLAUS KLEIN/RÜDIGER DAHLKE: *Das senkrechte Weltbild. Symbolisches Denken in astrologischen Urprinzipien*. Hugendubel Verlag, München 1986.
PETRA NIEHAUS (Hrsg.): *Sternenlichter. Astro-Jahreskalender*. Verlag Petra Niehaus, Aachen.
FRITZ RIEMANN: *Lebenshilfe Astrologie. Gedanken und Erfahrungen*. Pfeiffer Verlag, München 1976.
DANE RUDHYAR: *Die astrologischen Zeichen. Der Rhythmus des Zodiak*. Hugendubel Verlag, München 1983.
HANS TAEGER: *Astroenergetik. Die zwölf kosmischen Energien*. Papyrus Verlag, Hamburg 1983.
HANS TAEGER: *Internationales Horoskope Lexikon*. Bauer Verlag, Freiburg 1991.

Psychologie

Franz Alt (Hrsg.): *C. G. Jung Lesebücher*. 6. Auflage. Walter Verlag, Olten 1988.

C.G. Jung: *Der Mensch und seine Symbole*. Walter Verlag, Olten 1979.

C.G. Jung: *Erinnerungen, Träume, Gedanken*. Walter Verlag, Olten 1985.

C.G. Jung: *Grundwerk in 9 Bänden*. Walter Verlag, Olten 1984.

Verena Kast: *Mann und Frau im Märchen*. Deutscher Taschenbuch Verlag, München 1987.

Weitere Bücher zu WAAGE-Themen

Franz Alt: *Frieden ist möglich*. Piper Verlag, München 1990.

Franz Alt: *Liebe ist möglich*. Piper Verlag, München 1991.

Franz Alt: *Jesus, der erste neue Mann*. Piper Verlag, München 1992.

Richard Bach: *Brücke über die Zeit*. Ullstein Verlag, Berlin 1985.

Jane Roberts: *Die Natur der persönlichen Realität*. Ariston Verlag, Genf/ München 1985.

John A. Sanford: *Unsere unsichtbaren Partner*. Ansata Verlag, Interlaken 1986.

Richard Wilhelm: *I Ging – Das Buch der Wandlungen*. 21. Auflage. Eugen Diederichs Verlag, München 1993.

Hellmut Wolff: *Metaphysik der Ehe*. 2. Auflage. Bernadette Wolff Verlag, Kempten 1985.

Seminarhinweis

Leserinnen und Leser, die sich für Seminare oder Einzelberatungen (auch telefonisch) des Autors interessieren oder ein Horoskop erstellen lassen wollen, wenden sich bitte an folgende Adresse:

Norbert Teupert
Postfach 16 0144
95427 Bayreuth

Die Tierkreisreihe von NORBERT TEUPERT im Ariston Verlag umfaßt folgende Bände:

Die Rätsel des Lebens
Energetische Astrologie und Traumarbeit
(erschienen)   ISBN 3-7205-1821-3
Die FISCHE und ihre Lebensrätsel
(erschienen)   ISBN 3-7205-1855-8
Der WIDDER und seine Lebensrätsel
(erschienen)   ISBN 3-7205-1823-X
Der STIER und seine Lebensrätsel
(erschienen)   ISBN 3-7205-1825-6
Die ZWILLINGE und ihre Lebensrätsel
(erschienen)   ISBN 3-7205-1857-4
Der KREBS und seine Lebensrätsel
(erschienen)   ISBN 3-7205-1863-9
Der LÖWE und seine Lebensrätsel
(erschienen)   ISBN 3-7205-1865-5
Die JUNGFRAU und ihre Lebensrätsel
(erschienen)   ISBN 3-7205-1867-1
Die WAAGE und ihre Lebensrätsel
(erschienen)   ISBN 3-7205-1869-8
Der SKORPION und seine Lebensrätsel
(erschienen)   ISBN 3-7205-1871-X
Der SCHÜTZE und seine Lebensrätsel
(erscheint 1996)   ISBN 3-7205-1873-6
Der STEINBOCK und seine Lebensrätsel
(erscheint 1996)   ISBN 3-7205-1875-2
Der WASSERMANN und seine Lebensrätsel
(erscheint 1996)   ISBN 3-7205-1877-9

Auftakt zu neuer Energie

mit Prof. Dr. Christoph Ruegers Erfolgswerk

»Die musikalische Hausapotheke«

für jedwede Lebens- und Stimmungslage
– Buch und CDs –

Eine Energie- und Heilquelle

Das große Hörerlebnis
Dazu gibt es die vom Autor empfohlenen
musikalischen Kostbarkeiten, dargeboten
von den besten Dirigenten, Solisten und
Orchestern, in je 5 CDs *Philips Classics.*
Die musikalische Hausapotheke
Vol. 1–5 im Schuber, 6,5 Std.
ISBN 3-7205-1721-7
Aufstehen – Tagesbeginn, Einsamkeit –
Innere Kraft, Entspannung – Meditation,
Erinnerung – Nostalgie, Hoffnung –
Glaube
Vol. 6–10 im Schuber, 6,5 Std.
ISBN 3-7205-1723-3
Verliebtsein – Verliebtbleiben, Einschlaf-
hilfen – Gute Träume, Reifen durch
Krankheit, Absturz – Sammlung – Auf-
schwung, Liebeskummer und
Ent-Täuschung

Prof. Dr. Christoph
Rueger
Die musikalische
Hausapotheke
268 Seiten, mit
Diskographie,
Register, geb.,
ISBN 3-7205-1665-2
Ein neuartiges Va-
demekum als Arz-
nei für Leib und
Seele. Unter 500
Kompositionen
finden Sie immer
etwas für jede Stim-
mung und jeden
Schmerz. »Musik-
therapie: Mozart
statt Kamillentee«
(Der Spiegel).
»Ruegers Buch kann auch zum Aufbau einer
eigenen CD-Sammlung genutzt werden«
(Kölner Philharmonie).

ARISTON VERLAG · KREUZLINGEN/MÜNCHEN
CH-8280 KREUZLINGEN · HAUPTSTRASSE 14 · TEL. 072/72 72 18 · FAX 072/72 72 19
D-81379 MÜNCHEN · BOSCHETSRIEDER STRASSE 12 · TEL. 089/724 10 34